SHAFIQUE KESHAVJEE

Der König, der Weise
und der Narr

Es beginnt wie im Märchen. Von seltsamen Träumen beunruhigt, beschließt der König eines fernen Landes, dem Rat seines Weisen und seines Narren zu folgen, und lässt den ersten großen Wettstreit der Religionen einberufen. Er will seinem Volk, das eigentlich alles hat, was es sich wünschen kann, aber dennoch trübsinnig und griesgrämig vor sich hin lebt, eine Religion geben. Doch welche? Wie soll das entschieden werden? Sorgfältig ausgewählte Repräsentanten der Weltreligionen und des Atheismus treten nun an, die Besonderheiten ihrer Glaubensrichtung vorzustellen und zu empfehlen. Doch was kann nicht alles geschehen, wenn ein Jude, ein Christ, ein Muslim, ein Hindu, ein Buddhist und ein Atheist aufeinander treffen? Gibt es eine Religion, die besser ist als alle anderen?

Turbulente Dialoge, aufregende Konfrontationen und unvorhergesehene Unterbrechungen – ein spannender Wettkampf entbrennt.

Ein überzeugendes Plädoyer für gegenseitige Toleranz und ein Grundlagenwerk zu den großen Weltreligionen in Form einer charmanten, wunderschön erzählten Fabel.

Autor

Shafique Keshavjee, Jahrgang 1955, wurde als Sohn indischer Eltern in Kenia geboren. Er studierte Politikwissenschaften und Theologie in der Schweiz und promovierte über den großen Religionswissenschaftler Mircea Eliade. Shafique Keshavjee ist einer der Initiatoren der ökumenischen Begegnungsstätte l'Arzillier in Lausanne.

Shafique Keshavjee

Der König, der Weise und der Narr

Der große Wettstreit der Religionen

Aus dem Französischen
von Stefanie Schäfer

GOLDMANN

Die Originalausgabe erschien 1998
unter dem Titel »Le Roi, le Sage et le Bouffon«
bei Editions du Seuil, Paris

Der Goldmann Verlag
ist ein Unternehmen der Verlagsgruppe Bertelsmann

Deutsche Erstausgabe September 2000
Wilhelm Goldmann Verlag, München,
in der Verlagsgruppe Bertelsmann GmbH
© 1998 Editions du Seuil, Paris
Umschlaggestaltung: Design Team München
Satz: Uhl + Massopust, Aalen
Druck: Elsnerdruck, Berlin
Verlagsnummer: 15070
Redaktion: Hanna van Laak
KF · Herstellung: Sebastian Strohmaier
Made in Germany
ISBN 3-442-15070-1
www.goldmann-verlag.de

1 3 5 7 9 10 8 6 4 2

Inhalt

I. In einem fernen Land 13

Der Narr 14

Der Weise 16

Der König 17

Die Träume 19

Unruhe und Verwirrung 21

Der große Wettstreit der Religionen 24

Die Wahl der Kandidaten 27

Die Eröffnung des Wettstreits 29

Die Wettkampfregeln 34

II. Der Vortrag des Atheisten 36

Gott existiert nicht 39

Konfrontationen 42

Der Sinn des Universums 44

Gott ist größer 48

Kontroversen 52

Ein jesuitisches Gleichnis 55

Eine Blume als Geschenk 57

Die erste Nacht 58

III. Der Vortrag des Buddhisten 62

Der Gründer des Buddhismus 66

Die vier edlen Wahrheiten 67

Ein buddhistisches Gleichnis 70

Konfrontationen 74

Existiert der Buddha? 76

Existiert Gott? 78

Mitleid mit den Menschen 80

Atman oder *Anatman* – ein Selbst oder kein Selbst? . . 84

Ein Drohbrief 87

IV. Der Vortrag des Hindus 91

Das Gleichnis von den beiden Vögeln 93

Die Grundlagen des Hinduismus 95

Leiden und Befreiung 98

Die Verhaftung 101

Konfrontationen 102

Gurus und Kängurus 104

Zwei Seiten einer Medaille 107

Religiöse Toleranz und weltliche Probleme 110

Der Ursprung des Bösen 113

ANY – AYN 115

Amina 117

Allgemeine Bestürzung 123

V. Der Vortrag des Muslims 126

Das Leben des Scheichs 128

Schönheit und Liebe 129

Der Prophet Allahs 134

Die Grundpfeiler des Islam 137

Konfrontationen 139
Nadel oder Schere? 141
Gottes Sohn und Gott als Sohn 143
Gott in allem? 149
Eine Religion der Gewalt? 151
Ein heikles Problem 153
Eine gleichmacherische Religion? 155
Das Geständnis des Rabbiners 158
Erhöhte Wachsamkeit 161

VI. Der Vortrag des Juden 163
Der verborgene Gott 163
Die Schönheit der Thora 165
Das Resümee des Rabbiners 169
Vielfalt und Einheit der Juden 171
Die wahren Reichtümer 173
Konfrontationen 174
Die jüdische Frage 174
Israel und Palästina 176
Auf dem Weg zu gegenseitiger Anerkennung? 179
Gott als Vater und Mutter? 182
Ein Gott der Befreiung und der Liebe 184
Die Untersuchung 187
Das Mahl im Palast 189

VII. Der Vortrag des Christen 192
Am Scheideweg 193
Der Begründer des Christentums 198
Gnade und Glaube 201
Ein Text als Leitfaden 203

Eine Übersicht 205

Der Tod Christi in Gleichnissen 207

Konfrontationen 211

Die Bibel und der Koran 211

Meister und Anhänger 216

Gott und das Leiden 217

Einzigartigkeit und Pluralität 219

Der Angriff des Atheisten 222

Die letzte gemeinsame Mahlzeit 225

VIII. Das Finale 228

Das Urteil der Jury 234

Wenn ein Narr sich einmischt 235

Die Synthese des Weisen 237

Die Entscheidung des Königs 240

Eine Zärtlichkeit zu viel 246

Ausgleichende Gerechtigkeit 247

Schlussworte 250

IX. In einem gar nicht so fernen Land 254

Anhang 257

Der Buddhismus 259

Der Hinduismus 263

Der Islam 267

Das Judentum 272

Das Christentum 277

Bibliographie 281

Übersichtstafel der Religionen 286

Der König sprach:

»Hochverehrte Abgesandte [...] Sie verkörpern die Weisheit dieser Welt in ihrer ganzen Vielfalt, und zum ersten Mal in der Geschichte der Menschheit wird die Quintessenz Ihrer umfassenden Erkenntnis anderen Menschen auf einfache und verständliche Weise dargelegt werden.«

Der König meines Landes hat mich gebeten, diesen Bericht für Sie zu verfassen. Genau genommen nicht nur für Sie, sondern auch für ihn selbst. Er bittet Sie darum, Ihre Meinung zu den unvorhergesehenen Ereignissen zu äußern, die plötzlich das gewohnte Leben in seinem Königreich auf den Kopf stellten. Am Ende des Wettstreits, von dem in diesem Buch die Rede sein wird, musste der König eine gewichtige Entscheidung treffen. Doch er wünschte, vorher die Meinung seines Volkes und aller angrenzenden Völker seines Reiches zu hören. Daher schlug er vor, nach dem Beispiel der Leserbriefrubriken in den Zeitungen ein Buch mit den gesammelten Kommentaren der Leser herauszugeben. Bitte schicken Sie Ihre Einsendungen an die am Ende des Buches auf Seite 285 angegebene Adresse.

Nun möchte ich jedoch ohne weitere Umschweife auf die Dinge zu sprechen kommen, die sich in unserem Königreich zugetragen haben. Alles begann vor etwas über einem Jahr:

I

In einem fernen Land

Es war einmal ein fernes Land, in dem lebte ein friedliches Volk. Nur selten strandeten die Probleme der übrigen Welt wie dunkle, stürmische Wellen an seinen lieblichen Gestaden. Seine Bewohner waren stolz auf ihre Abgeschiedenheit und widmeten sich überwiegend der Arbeit, ihrer Familie, ihren Hobbys und ihren Freunden.

Seit einiger Zeit indessen vollzog sich eine unerklärliche Veränderung. Die Blumen dufteten nicht mehr wie früher, und der Honig hatte an Süße verloren. Die Kinder spielten zwar weiterhin in den sonnendurchfluteten Gassen, doch ihr Lachen klang nicht mehr so unbeschwert. Die Atmosphäre war bedrückend, wie aufgeladen von einem dumpfen Grollen, dem Vorboten eines heftigen Sturms.

Das Land wurde von einem König regiert. Er war allgemein beliebt und konnte stolz sein auf die Errungenschaften seiner Regierungszeit. Jeden Morgen ließ er vom Balkon seines Palastes aus den Blick über das Königreich schweifen. Im Gegensatz zu den meisten anderen Herrschern, die mehr um die Wahrung ihrer eigenen Privilegien als um das Wohl ihrer Untertanen besorgt sind, besaß der König sehr viel Einfühlungsvermögen. Schon die geringsten Stimmungsschwankungen in seinem Volk übertrugen sich auf ihn, und so spürte er nun auf diffuse Weise die Unzufriedenheit, die das Verhältnis zwischen ihm und seinen Untertanen bis tief in die Wurzeln zu vergiften drohte. Doch die Gründe dafür blieben ihm verborgen.

Neben vielen anderen guten Eigenschaften zeichnete den König vor allem die Fähigkeit aus, dass er seine eigenen Grenzen kannte. In schwierigen Situationen wandte er sich daher ohne zu zögern an einen Mann, der »der Weise« genannt wurde, einen besonnenen Menschen, dessen Ratschläge Gold wert waren. Da der König aber auch klug genug war zu wissen, dass selbst die Weisheit Grenzen hat, befragte er außerdem gerne noch einen anderen, den er – in aller Freundschaft – den »Narren« nannte. Dieser Mann, den das Volk seiner Spontaneität wegen bewunderte und seines Zynismus wegen fürchtete, hatte einen temperamentvollen Charakter und war stets in Schwarz gekleidet.

Die nun folgende Geschichte ist die wahrheitsgetreue Wiedergabe der erstaunlichen Abenteuer des Königs, des Weisen und des Narren. Die Ereignisse, von denen in diesem Bericht die Rede sein wird, begannen in einer ganz gewöhnlichen Vollmondnacht im Monat Mai.

Der Narr

Der Narr kam müde und mit leerem Magen nach Hause. Seine Laune war noch finsterer als seine Kleidung. Er lebte nach einer recht einfachen Philosophie, die er ständig allen verkündete und die sich auf folgende drei Dinge beschränkte: Essen, Schlafen und Spazierengehen.

An dem besagten Abend jedoch hatte er sehr schlecht gespeist, obwohl er in einem der renommiertesten Restaurants des Landes eingekehrt war.

»Was für eine trübe Tasse, dieser Restaurantbesitzer!«, brummte er.

Ein kleines boshaftes Lächeln umspielte seine Lippen, als er an die Antwort dachte, die er dem Wirt versetzt hatte. »Und, wie fanden Sie das Fleisch?«, hatte sich dieser frohgemut erkundigt, in Erwartung des unvermeidlichen Kompliments. »Oh, rein zufällig, als ich die Erbsen beiseite schob«, hatte der Narr beiläufig geantwortet. Doch da Scherze ebenso wenig satt machen wie die Gerichte so mancher berühmter Küchenchefs, war er noch immer hungrig.

Der Narr liebte sein Heimatland nicht. Er empfand die Seelenruhe der Menschen dort wie ein Schlafmittel, das sie heimtückisch ihrer Kräfte und Fähigkeiten beraubte. Als Zeichen seiner Missbilligung ging er gerne während der Hauptverkehrszeiten mit seiner Schildkröte Eloïse spazieren. Dann begab er sich zur größten Kreuzung der Stadt und brauchte manchmal über zwanzig Minuten, um sie, begleitet von einem Hupkonzert, zu überqueren. »Ihr seid immer in Bewegung«, schrie der Narr dann, »aber niemand ändert sich! Ihr seid überallhin unterwegs, aber niemand weiß, wohin er geht! Ihr rast immer schneller, aber keiner von euch macht Fortschritte! Gegen euch ist meine Eloïse wie Carl Lewis höchstpersönlich!« Trotz des entrüsteten Geschreis und der Wut der Autofahrer nahm sich der Narr alle Zeit der Welt, um Eloïse bis zum Bürgersteig auf der anderen Straßenseite zu folgen. In aller Ruhe meditierte er dabei über den Wert der Langsamkeit in einer von Hektik erfüllten Welt.

Bereits seit einigen Jahren, lange vor allen anderen, hatte der Narr gespürt, dass sich ein Sturm zusammenbraute. Seine

Possen sollten im Grunde als Warnung dienen. Doch wovor? Er wusste es selbst nicht so genau, aber er spürte, dass eine große Erschütterung unmittelbar bevorstand.

Übellaunig ging er zu Bett und stellte sich auf eine schlimme Nacht ein.

Der Weise

Der Weise war ein bemerkenswerter Mann. In seiner Jugend hatte er mit zahlreichen Problemen zu kämpfen gehabt. Trotzdem, oder vielleicht gerade deshalb, hatte er sich zu einer vielseitigen und anpassungsfähigen Persönlichkeit entwickelt, die auch die schwierigsten Lebenssituationen zu meistern im Stande war. Nachdem er sein Studium der Philosophie und der Physik mit *summa cum laude* abgeschlossen hatte, bewarb er sich um eine Professorenstelle an der Universität. Aus völlig unerfindlichen Gründen wurde ihm jedoch ein anderer Kandidat vorgezogen.

»Eine Tür schließt sich, eine andere wird sich stattdessen auftun«, sagte er sich daraufhin mit einer Zuversicht, die ihn selbst überraschte. Er hatte Beharrlichkeit von Halsstarrigkeit zu unterscheiden gelernt: Er wusste, wann es darauf ankam, standhaft zu bleiben und nicht aufzugeben, aber auch, wann es besser war, sich zurückzuziehen und nachzugeben. »Wahre Weisheit«, so lautete sein Motto, »besteht darin, wachsen zu lassen, was entsteht, zu genießen, was reif ist, und loszulassen, was gestorben ist.«

Seine Lebenseinstellung wurde belohnt. Der Weise stieg zu einem der wichtigsten Männer des Landes und zum persönlichen Berater des Königs auf. Die Begleitumstände dieser

Karriere, die übrigens viel Neid erweckte, sind für unsere Geschichte nur von untergeordneter Bedeutung. Man muss jedoch wissen, dass der König an den Schriften wie an der Person des Weisen vor allem die absolute Offenheit für jedes Forschungs- und Wissensgebiet schätzte. Den Weisen faszinierte einfach alles. Außerdem besaß er die Fähigkeit, andere mit seiner Begeisterung anzustecken, und diese Eigenschaft mochte der König besonders.

Nach einem langen Arbeitstag kehrte der Weise nach Hause zurück. Er speiste genussvoll zu Abend, spielte mit seinen Kindern und hörte mit Vergnügen seiner Frau zu, die ihm von den kleinen Ereignissen des Tages berichtete. Danach ging er in seine Bibliothek und wählte ein Werk von Nietzsche aus, in dem er seit Jahren nicht mehr gelesen hatte. Er legte sich zu Bett und schlief nach ein paar Seiten friedlich ein.

Der König

Über den König haben wir bereits berichtet, dass er bei seinen Untertanen beliebt war und über ein hohes Maß an Sensibilität verfügte. Was Sie hingegen noch nicht wissen, ist, dass er ein großer Sportfan war. Dies wäre an und für sich nicht weiter bemerkenswert, wenn seine übermäßige Sportbegeisterung dem König nicht manchmal zum Nachteil gereicht hätte. Das Volk erinnerte sich nur zu gut an die Wut des Präsidenten eines Nachbarlandes, der zwei Stunden lang am Flughafen warten musste, bis ihn der Herrscher endlich abholte – und zwar nur wegen eines Tennismatchs, das sich ewig hinzog und schließlich doch unentschieden endete!

Der König war stolz auf sein Land. Wäre da nicht diese eigenartige Missstimmung gewesen, die sich allmählich in allen Bereichen des Lebens einnistete, er hätte sich zu Recht mit seinen Erfolgen brüsten können. In seinem Land war Arbeitslosigkeit bisher so gut wie unbekannt. Auf politischer Ebene hätte man natürlich die Monarchie als Anachronismus kritisieren können, doch zum einen war die Macht des Königs begrenzt, und zum anderen gingen immer weniger Bürger überhaupt noch zur Wahl, weil niemand Interesse daran hatte, ein so bewährtes System abzuschaffen. Was die Kultur betraf, so gab es zwar ein paar geniale Künstler, doch da ihre provokanten Werke beim Volk kaum auf Verständnis stießen, störten sie niemanden. Einen besonderen Stellenwert hatte hingegen der Sport, der sich hervorragend dazu eignete, überschüssige Energie und potenzielle Aggressionen zu kanalisieren. Mehr als alles andere hielt er das Land zusammen. Die großen Ideologien der Rechten, der Linken, der Grünen oder Roten weckten niemandes Interesse mehr. In einer mehr und mehr vernetzten und zugleich immer stärker individualisierten Welt war die Bildung einer eigenen Weltanschauung zur Privatangelegenheit geworden.

Seit vielen Jahren mussten immer mehr Kirchen schließen, und zwar aus einem einfachen Grund: Niemand brachte mehr genügend Energie auf, um sonntags morgens früh aufzustehen. Wozu sollte man sich mit trübseligen Leuten an einem ungemütlichen Ort treffen und sich einem ebenso unverständlichen wie langweiligen Wortschwall aussetzen? Da blieb man doch lieber zu Hause oder amüsierte sich woanders. So waren zahlreiche religiöse Gebäude zu Museen oder Schwimmbädern umgewandelt worden.

Astrologen, Kabbalisten, Geisterbeschwörer und Hellseher aller Art hatten dagegen regen Zulauf. Da ihre Botschaften *immer* ermutigend waren – wer würde auch ein statt-liches Sümmchen dafür ausgeben, dass er aus der Ruhe ge-bracht wird? – und außerdem keine einschneidenden Verän-derungen im Lebensablauf mit sich brachten, war ihnen der Erfolg sicher. Sogar der König hatte sie schon öfter zurate ge-zogen. Anfangs empfand er es als Bereicherung, in einer mys-teriösen Verbindung mit den Planeten, mit bestimmten Zah-len und den Geistern des Jenseits zu stehen, doch nach und nach hatte ihn die Trivialität dieser Reden wieder auf Distanz gehen lassen. Andererseits freute es ihn, dass sein Volk Trost darin fand, besonders, weil es den Staat keinen Pfennig kos-tete. Die Kirchen von früher waren viel teurer gekommen.

Der König ging an jenem Abend, wie gewöhnlich mit sich und der Welt zufrieden, zu Bett.

Die Träume

Der Mond, der am wolkenlosen Himmel stand, hüllte das Königreich in ein sanftes Licht.

Im Gegensatz zum Narren war der König ruhig eingeschla-fen, und auch der Weise schlummerte friedlich. Doch un-versehens und unmerklich drang eine Art geistiges Wesen gleichzeitig in die Träume aller drei Schläfer ein.

Der König träumte von einem Fußballspiel. Zu seiner gro-ßen Überraschung blieben alle Spieler plötzlich stehen und richteten ihre Blicke gen Himmel. Als der König verwundert ihrem Beispiel folgte, sah er dort oben ganz deutlich eine HAND, die aus dem Nichts kam und in feurigen Lettern etwas schrieb, das ihn bis ins Innerste aufwühlte …

Den Weisen führte sein Traum ins schweizerische Graubünden, dorthin, wo Nietzsche einst gelebt hatte. Just in dem Moment, als er das frühere Haus des Philosophen in Sils-Maria betreten wollte, wurden auf der Eingangstür aufwühlende Worte sichtbar…

Der Narr träumte von einer riesengroßen Pizza, die ihm gerade gebracht wurde, als plötzlich die HAND etwas Geheimnisvolles auf die Tischdecke schrieb…

Alle drei schreckten aus dem Schlaf hoch.

Der König fühlte sich beklommen, schwitzte und erschauerte zugleich. Er dachte einen Augenblick lang nach und rief dann, nach einem gewissen Zögern, den Weisen an. Zu seinem größten Erstaunen war dieser bereits wach und keineswegs überrascht darüber, mitten in der Nacht gestört zu werden. Der König schilderte kurz seinen Traum und bat den Weisen, unverzüglich in den Palast zu kommen. Der Weise willigte sofort ein, ohne weitere Fragen zu stellen, da er den Ernst der Lage spürte. Kaum hatte er sich angezogen, als zum zweiten Mal das Telefon klingelte. Diesmal war der Narr am Apparat.

»Ach! Du lebst!«, rief er erleichtert, als der Weise sich meldete. »Es war also nur ein dummer Traum.«

»Wie? Du etwa auch?«

»Was soll das heißen, ich auch?«

»Ich habe jetzt keine Zeit, es dir zu erklären. Komm mit in den Palast. Der König hat mich zu sich gerufen.«

Eine halbe Stunde später saßen sie zusammen im Privatsalon des Königs. Der Herrscher, zutiefst beunruhigt, erzählte dem Weisen und dem Narren den Inhalt seines Traums. Als er zu der Botschaft kam, die er am Himmel gelesen hatte, stockte ihm der Atem.

»Dann sah ich eine Hand, die schrieb: ›Wie der Mond am

Himmel vergeht, so muss auch dein Volk sterben.‹ Gezeichnet ›ANY‹. Was könnte das bloß bedeuten? Und wer ist dieser ›ANY‹?«

Der Weise war starr vor Entsetzen, nachdem er die Worte des Königs vernommen hatte. Als der König ihn drängte, er möge seine Bestürzung erklären, flüsterte er: »Auch ich habe einen geheimnisvollen Traum gehabt. Mir ist folgender Satz erschienen: ›Wie das Volk, so muss auch dein König sterben.‹ Gezeichnet mit ›AYN‹.«

»›ANY‹…«

»Nein, ›AYN‹, ich bin mir ganz sicher. Es gab sogar ein Postskriptum: ›Sucht nach der Nadel und ihr werdet leben.‹«

Der König war nun völlig niedergeschlagen.

»Ich muss sterben?«, seufzte er bedrückt.

»Nicht nur das Volk und Ihr, Eure Hoheit, sondern auch der Weise und ich«, fügte der Narr hinzu. »In meinem seltsamen Traum sah ich eine Hand, die schrieb: ›Wie der König und der Weise, so musst auch du sterben.‹ Gezeichnet ›GOTT‹. Hätte mir dieser Witzbold doch wenigstens Zeit gelassen, meine Pizza zu essen!«

Unruhe und Verwirrung

Wie man sich sicherlich vorstellen kann, legte sich in jener Nacht keiner der drei wieder schlafen. Dazu waren sie viel zu aufgewühlt und zu viele Fragen gingen ihnen durch den Kopf. Die Gleichzeitigkeit der drei Botschaften konnte einfach kein Zufall sein. Was sollte diese grausame Ankündigung eines bevorstehenden Todes? Was hatte der Vergleich »wie der Mond« zu bedeuten? Wer war dieser geheimnisvolle »ANY«

oder »AYN«? Und was hatte »GOTT« mit dieser Sache zu tun?

Bei Tagesanbruch versammelte der König unverzüglich seine Astrologen und Wahrsager, doch auch von ihnen wusste keiner Rat. Der Narr vertrat nach außen hin die Überzeugung, dass es sich nur um einen absurden Zufall handle, obwohl ihm eine innere Stimme zuflüsterte, gerade das Gegenteil sei der Fall.

Der Weise dachte wieder und wieder über seinen Traum nach: Graubünden, das Haus Nietzsches, die Worte an der Tür… Plötzlich kam ihm Mircea Eliade in den Sinn, ein Autor, dessen Schriften er in seiner Jugend gelesen hatte. Eine grundlegende These des rumänischen Religionswissenschaftlers lautete, alles sei in irgendeiner Form Zeichen und alles könne eine *Hierophanie* sein, eine Manifestation des Heiligen. Es komme nur auf die Einstellung des Betrachters an. Da der Weise nicht besonders gläubig war, hatte er sich mit dieser Lehre nicht weiter beschäftigt. Doch nun, wo sie so verzweifelt auf der Suche nach einer Lösung für die rätselhaften Geschehnisse waren, erinnerte er sich wieder daran. Anschließend kam er auf die Idee, die Seite in Nietzsches Buch, über der er am Abend zuvor eingeschlafen war, noch einmal zu lesen. Er holte das Buch und las dem König und dem Narren daraus die folgende Passage vor:

»Habt ihr nicht von jenem tollen Menschen gehört, der am hellen Vormittage eine Laterne anzündete, auf den Markt lief und unaufhörlich schrie: ›Ich suche Gott! Ich suche Gott!‹ – Da dort gerade viele von denen zusammenstanden, welche nicht an Gott glaubten, so erregte er ein großes Gelächter. ›Ist er denn verloren gegangen?‹, sagte der eine. ›Hat er sich verlaufen wie ein Kind?‹, sagte der andere. ›Oder hält er sich versteckt?‹ […] Der Verrückte sprang mitten unter sie und durchbohrte sie mit seinen Blicken. ›Wohin ist Gott?‹, rief er. ›Ich will es euch sagen! *Wir haben ihn getötet* – ihr und ich! Wir alle sind seine Mörder! Aber wie haben wir dies gemacht? Wie vermochten wir das Meer auszutrinken? Wer gab uns den Schwamm, um den ganzen Horizont wegzuwischen? Was taten wir, als wir diese Erde von ihrer Sonne losketteten? […] Stürzen wir nicht fortwährend? […] Irren wir nicht wie durch ein unendliches Nichts? Haucht uns nicht der leere Raum an? Ist es nicht kälter geworden? Kommt nicht immerfort die Nacht und mehr Nacht? Müssen nicht Laternen am Vormittage angezündet werden? Hören wir noch nichts von dem Lärm der Totengräber, welche Gott begraben? Riechen wir noch nichts von der göttlichen Verwesung? – Auch Götter verwesen! Gott ist tot! Gott bleibt tot! Und wir haben ihn getötet!‹«

Beim Zuhören wurde der König von Entsetzen ergriffen. Wie viel Macht diese wenigen Worte besaßen!

»Ist Gott denn tot?«, fragte er.

»Er ist nicht nur tot, er wurde auch niemals geboren«, erwiderte der Narr. »Oder besser gesagt, im Geiste der Unwissenden wird er geboren, und im Geist der Weisen stirbt er.«

Als er den Narr so reden hörte, kam dem Weisen folgende Anekdote in den Sinn:

»Einer meiner Professoren hatte an seine Tür geschrieben: ›Gott ist tot‹, gezeichnet: ›Nietzsche.‹ Boshafterweise fügte ein Student hinzu: ›Nietzsche ist tot‹, gezeichnet: ›Gott.‹«

Der beunruhigte König wies auf die stilistische Ähnlichkeit zwischen diesem Scherz und den Botschaften hin, die sie selbst empfangen hatten.

»Der Tod des Menschen… könnte er etwas mit der Ermordung Gottes zu tun haben? Und diese Oberflächlichkeit und

Gleichgültigkeit, die von meinem Volk Besitz ergriffen haben… könnten sie vielleicht mit dem Verlust eines tieferen Sinns im Leben zusammenhängen?«

Dem Narren war bei diesen metaphysischen Gedanken seines Königs gar nicht wohl:

»Oh nein! Ihr wollt uns doch nicht wirklich solchen Unfug einreden, Majestät?«

Doch der König hörte ihm schon gar nicht mehr zu. Er hatte sich erhoben und ließ vom Fenster aus die Blicke über sein Königreich schweifen.

»Ich habe ihnen Arbeit und Freizeit gegeben, Brot und Spiele. Vielleicht aber fehlt meinem Volk ein tieferer *Sinn*, nach dem es sein Leben ausrichten kann. Mein Volk braucht eine Religion!«

Der große Wettstreit der Religionen

»Welche Religion denn?«, fragte der Narr hämisch. »Die jüdische, christliche oder muslimische? Die hinduistische oder die buddhistische? Die shintoistische, taoistische oder konfuzianische? Oder vielleicht alle auf einmal? Oder keine von ihnen? Ah! Ich habe eine gute Idee. Wir könnten ja eine neue erfinden? Mein König, Ihr werdet unser Gott sein und ich Euer Hohepriester. Ich werde alle Opfergaben einsammeln, und wir werden sie unter uns aufteilen. Sagen wir – eine Hälfte für Euch und die andere für mich. Einverstanden?«

»Schweig, Narr! Du weißt ja nicht, was du redest!«

Doch der König war ratlos. Welche Religion er für sein Volk auswählen sollte, war tatsächlich eine schwierige Frage. Der Narr hatte nicht ganz Unrecht.

Der Weise war überrascht über die Wendung, die das Gespräch nahm.

Plötzlich hellte sich das Gesicht des Königs auf:

»Und wenn wir nun die ehrwürdigen Oberhäupter aller Religionen einladen würden, zu uns zu kommen und uns ihren Glauben vorzustellen? Dann könnten wir die Beste davon auswählen! Das Volk könnte an den Debatten teilnehmen und seinerseits ein Mitspracherecht erhalten. Und dich, Weiser, könnte ich mir gut als Moderator vorstellen.«

»Und was ist mit mir?«, fiel ihm der Narr in die Rede. »Kann ich vielleicht auch an diesem Wettstreit teilnehmen? Ich würde ganz bestimmt die Goldmedaille gewinnen!«

Dem König, schon voller Begeisterung für sein Projekt, war die Ironie dieser Frage entgangen.

»Medaillen! Eine ausgezeichnete Idee! Unser Land hatte zwar noch nie die Ehre, den Idolen des Sports Olympische Spiele auszurichten, doch dafür werden wir den ersten großen Wettstreit der Religionen veranstalten! Ein sportlicher Wettkampf, genauso soll es sein!«

»Wenn ich Euch richtig verstanden habe, mein König«, sagte der Weise, »dann habt Ihr statt Olympischer Spiele eine Art ›Oratorischer Spiele‹ im Sinn?«

»Genau!«

»Aber wen wollt Ihr dazu einladen?«

»Gute Frage«, erwiderte der König. »Na ja, ganz einfach das Oberhaupt jeder Religionsgemeinschaft!«

Der Weise schüttelte bedächtig den Kopf:

»Wenn Ihr die obersten Würdenträger einladet, besteht die große Gefahr, dass der Dialog scheitert. Jeder wird wahrscheinlich verschweigen, was an seiner Religion schändlich und problematisch ist.«

»Wenn ich den Weisen richtig verstanden habe«, bemerkte der Narr nicht ohne einen gewissen Zynismus, »ist es wohl charakteristisch für hohe Würdenträger, dass sie mit Würde verschweigen, was zutiefst unwürdig ist?«

»Was sollen wir also tun?«, fragte der König.

»Ich schlage vor«, fuhr der Weise fort, »von jeder Religionsgemeinschaft einen relativ jungen Vertreter einzuladen, sagen wir unter vierzig Jahren, der aber trotzdem gut über seinen Glauben Bescheid weiß und in der Lage ist, ihn offen und kritisch zu präsentieren. Dabei sollten wir es jeder Religion selbst überlassen, einen solchen Vertreter auszuwählen.«

»Wie viele Konkurrenten gäbe es dann wohl?«, bohrte der Narr weiter. »Mit den Vertretern aller Religionen, aller Konfessionen, aller neuen religiösen Splittergruppen und aller Sekten befänden sich schließlich mehr Personen am Start als im Publikum!«

»Ich schlage daher vor«, erklärte der Weise, »zu diesen ersten ›Oratorischen Spielen‹ nur die fünf großen traditionellen Religionen einzuladen: die jüdische, die christliche, die muslimische, die hinduistische und die buddhistische. Schließlich steht es uns frei, in einem späteren Jahr auch noch andere Konkurrenten antreten zu lassen.«

Diese Idee fand zwar den Beifall des Königs, aber nicht den des Narren.

»Ich habe dazu auch noch einen Vorschlag zu machen«, sagte er. »Es wäre doch ungerecht, wenn sich bei den ›Oratorischen Spielen‹ keine Freidenker äußern dürften. Daher bin ich dafür, noch einen sechsten Konkurrenten einzuladen, nämlich einen Atheisten.«

Diese Idee fand beim König und dem Weisen Anklang.

Noch am selben Tag wurden die Einladungen an die höchsten Vertreter der fünf oben genannten großen Religionen sowie an den Internationalen Freidenker-Verband verschickt.

Die Wahl der Kandidaten

Alle, die einen solchen Brief empfingen, gerieten dadurch in große Verlegenheit.

Der Kardinal im päpstlichen Sekretariat zur Förderung der Einheit der Christen in Rom fühlte sich einerseits von der Einladung geschmeichelt, andererseits war es ihm aber seinen orthodoxen und protestantischen Glaubensbrüdern gegenüber peinlich, die nicht eingeladen worden waren. Nach einer Unterredung mit dem Papst faxte er eine Depesche zum ökumenischen Rat der Kirchen in Genf und zum Patriarchen in Istanbul.

Der Generalsekretär der Islamic Conference Organisation (CIO), der Dachorganisation der Muslime, nahm Kontakt mit dem Scheich der Al-Azhar-Universität in Kairo auf. Der Vorsitzende des World Jewish Congress reagierte ähnlich: Er zog einen guten Bekannten zurate, einen Professor an der Neuen Hebräischen Universität von Jerusalem.

Der Dalai-Lama entschied in seiner großen Weisheit, Kopien des Einladungsbriefes an einige seiner buddhistischen Freunde in Sri Lanka, Thailand und Japan sowie anderen Ländern Südostasiens zu schicken. Auf welchem Wege allerdings der Weltverband der Buddhisten – die World Buddhist Sangha –, der Freundeskreis der Buddhisten und die Gesellschaft buddhistischer Mönche informiert wurden, entzieht sich genauerer Kenntnis. Sicher ist nur, dass sie die Nachricht von der Zusammenkunft erhielten.

Noch unklarer blieb der Beratungsprozess der Hindus. Sobald der Orden des Ramakrishna in Belur Math in der Nähe von Kalkutta die Einladung erhalten hatte, wurden einige berühmte *Swamis* unverzüglich davon in Kenntnis gesetzt. Wie allerdings ihre Debatten verliefen, weiß man bis heute nicht.

Der Präsident des Internationalen Freidenker-Verbandes benachrichtigte direkt die in allen Teilen der Welt lebenden Mitglieder seines Komitees. Ein Durchschlag seines Briefes ging sogar an die Rationalistische Union sowie an die von Sir Julian Huxley gegründete International Humanist and Ethical Union.

Selbstverständlich sorgte die Einladung zum »Großen Wettstreit der Religionen« bei den geladenen Organisationen für erhebliche Aufregung, und womöglich sogar für noch mehr Aufruhr bei denen, die nicht geladen waren und von der Angelegenheit Wind bekamen: Rivalität ist leider ein universales menschliches Phänomen.

Die verschiedenen Glaubensgemeinschaften sahen sich mit den unterschiedlichsten Problemen konfrontiert. Wer könnte rechtmäßig im Namen ihrer Religion beziehungsweise im Namen des Atheismus sprechen? Welcher in Frage kommende Repräsentant war über alle verschiedenen Richtungen informiert, die innerhalb eines jeden Glaubens existierten, und wer wäre dazu fähig, sie alle richtig darzustellen? Sollte man den Wettstreit besser boykottieren? Doch angenommen, die anderen Eingeladenen täten dies nicht, konnte man dann überhaupt das Risiko eingehen, nicht anwesend zu sein?

Monatelang wurden erregte Geheimverhandlungen geführt: zwischen den Anhängern des Theravada-, des Mahayana- und des Vajrayana-Buddhismus, zwischen Shiva, Vishnu oder Shakti verehrenden Hindus, zwischen schiitischen und sunnitischen Muslimen, zwischen konservativen, orthodoxen und liberalen Juden und zwischen katholischen, orthodoxen und protestantischen Christen. Vergeblich ersuchten sie den König darum, mehrere Delegierte schicken zu dürfen, doch dieser dachte an den Rat des Weisen und bestand auf der Notwendigkeit, nur einen Repräsentanten für jede Religion zuzulassen. Er führte als Argument an, es sei schon schwierig genug, sechs verschiedene Standpunkte einander gegenüberzustellen, und man wolle die Sache nicht unnötig komplizieren, indem man auch noch jede der zahlreichen Glaubensrichtungen mit ins Spiel bringe. Er fügte außerdem hinzu, dass eine Religion, die noch nicht einmal im Stande sei, innere Einigkeit zu schaffen, wohl kaum dazu geeignet sei, sein Volk zu einen.

Es fehlte nur wenig, und der Wettstreit hätte nie stattgefunden, wenn nicht die Vorsehung, auch Schicksal oder Zufall genannt, eingegriffen und die Herzen und Ereignisse in die richtige Richtung gelenkt hätte.

Die Eröffnung des Wettstreits

Der König hatte Lampenfieber. Nach vielen endlosen Diskussionen und Verzögerungen, nach langem Warten und einer Menge Hin und Her würde endlich »sein« Großer Wettstreit der Religionen beginnen. Ein Jahr war inzwischen seit jener Nacht der drei Träume vergangen.

»Bist du dir über die Bedeutung dieser Sache im Klaren, Narr? Wir werden den allerersten großen Wettstreit der Religionen in der gesamten Geschichte der Menschheit eröffnen!«

»Und vielleicht auch den letzten«, murmelte der Mann in Schwarz. »Die Teilnehmer werden im Namen ihrer jeweiligen Wahrheiten so erbittert aufeinander losgehen, dass sie für immer und ewig Todfeinde sein werden.«

Ein altes, zum Schauspielhaus umgebautes Kloster war als Austragungsort für den Wettstreit auserkoren worden. Inmitten eines großen, hell erleuchteten Saales plätscherte ein Springbrunnen. Man hatte ein Podium für die Jury errichtet, die aus sechs Personen bestehen würde: drei Männern und drei Frauen aus dem Volk, die auf Grund ihres besonderen Urteilsvermögens ausgewählt worden waren. Neben ihnen würden der Weise, der Moderator des Wettstreits, sowie der Narr Platz nehmen. Über allem thronte der König, der so mit einem Blick alles überschauen und auch selbst gesehen werden konnte. Sechs Plätze hatte man für die Vertreter der Religionen reserviert; der Rest des Saales war dem Publikum zugänglich. Wie bei solchen Ereignissen üblich, war für alle eine kleine Broschüre mit dem Veranstaltungskalender sowie einer Zusammenfassung grundlegender Informationen zu den vorgestellten Religionen vorbereitet worden[1]. Schon lange vor Beginn der Feierlichkeiten waren die Zuschauer-

[1] Im Anhang finden Sie diese kurzen Zusammenfassungen mit den wichtigsten Informationen über die jeweiligen Religionen, die von der *Plateforme interreligieuse* ausgearbeitet und uns freundlicherweise zur Verfügung gestellt wurden. Die Schreibweise der Namen und die verwendeten Begriffe haben wir, teilweise abweichend von den im Wettstreit benutzten, unverändert übernommen. Wir bedanken uns bei den Verfassern, insbesondere bei Jean-Claude Basset, der an der Ausarbeitung maßgeblich beteiligt war. Im Anschluss an diese zusammenfassenden Informationen findet sich eine Übersichtstafel mit den wichtigsten Daten der Geschichte der Religionen.

plätze restlos besetzt. In aller Eile wurden zusätzliche Räumlichkeiten zur Verfügung gestellt, in denen man das Ereignis auf Videowänden verfolgen konnte.

Punkt vierzehn Uhr begann das Orchester die eigens für diese Gelegenheit komponierte Hymne zu spielen. Alle im Saal versammelten Personen erhoben sich, um das königliche Gefolge zu begrüßen, das nun in langer Reihe einzog. Das Protokoll war Gegenstand langwieriger und sorgfältiger Überlegungen gewesen. Aus Rücksicht auf mögliche Empfindlichkeiten hatte man beschlossen, dass die Delegierten in der alphabetischen Reihenfolge ihrer Namen Einzug halten sollten. Doch obwohl das Orchester bereits minutenlang spielte, erschien zunächst niemand. Die Wachen, die am Ehreneingang der Konkurrenten aufgestellt worden waren, begannen miteinander zu flüstern. Irgendetwas stimmte nicht. Dann, plötzlich, erschien zögernden Schrittes ein Mann. Doch im Gegensatz zur Programmankündigung handelte es sich nicht um den Scheich Ali ben Ahmed.

Aus den Lautsprechern ertönte eine feierliche Stimme:

»Für die Delegation der Christen: Doktor Christian Clément aus der Schweiz.«

Der ganze Saal applaudierte, allerdings ein wenig verhalten. Der Vertreter der Christen, der etwas unsicher wirkte, begab sich zu dem für ihn reservierten Platz. Direkt nach ihm folgten die anderen Konkurrenten.

»Für die Delegation der Juden: Rabbiner David Halevy aus Israel. Für die Delegation der Hindus: Swami Krishnananda aus Indien. Für die Delegation der Buddhisten: der Lehrmeister und Mönch Rahula aus Sri Lanka. Und für die Delegation der Atheisten: Professor Alain Tannier aus Frankreich.«

Bei der Ankündigung des Atheisten ertönten ein paar Pfiffe im Saal und jemand brüllte mit lauter Stimme: »Hinaus mit den Ungläubigen! Diese Gottlosen haben hier nichts verloren! Im Namen Allahs, werft sie hinaus!«

Alle suchten mit den Blicken den Ort, von dem dieses Keifen ausging. Der Urheber war ein bärtiger, dunkelhäutiger Mann.

Der Weise war empört über die unvorhergesehene Unterbrechung des zeremoniellen Ablaufs. Entschlossen erhob er sich und gab den Wachen ein Zeichen. Trotz seines energischen Widerstands wurde der Störenfried aus dem Saal entfernt. Das Publikum war wie erstarrt. Ein paar Leute erhoben sich sogar und verließen unter viel Lärm den Ort der Zusammenkunft. Nur Alain Tannier blieb die ganze Zeit über ruhig, ein leichtes Lächeln umspielte seine Lippen, als hätte der Zwischenrufer ohne es zu wollen die These untermauert, die er vertreten wollte.

Es war das Privileg des Königs, die Spiele zu eröffnen. Noch erregt von dem, was gerade geschehen war, zögerte er, mit seiner Rede zu beginnen. Er beschloss, sie ein wenig zu verkürzen und proklamierte ganz ohne den feierlichen Tonfall, den er so sorgfältig geübt hatte:

»Im Namen meines Volkes und aller Menschen guten Willens erkläre ich hiermit offiziell den ersten großen Wettstreit der Religionen für eröffnet. Zunächst möchte ich die Herren Delegierten recht herzlich willkommen heißen, die sich hier eingefunden haben, um ihre verschiedenen Glaubenstraditionen oder Weltanschauungen zu vertreten. Wir bitten Sie, Ihre eigenen Ansichten denen Ihrer Kontrahenten auf faire und sportliche Weise gegenüberzustellen. Mögen bei diesen Spielen die Wahrheit und die Weisheit obsiegen…«

In dem Moment wandten sich die Köpfe des gesamten Publikums der Eingangstür der Delegierten zu. Eine junge Frau von betörender Schönheit war dort erschienen, den Körper in einen seidigen Stoff gehüllt. Ihr Gesicht drückte tiefen inneren Frieden aus, und ein kleiner Schleier verhüllte teilweise ihr wallendes schwarzes Haar. Sie stützte diskret einen älteren, offensichtlich blinden Mann.

»Für die Delegation der Muslime: der Scheich und Imam Ali ben Ahmed aus Ägypten.«

Der muslimische Delegierte bewegte sich mit liebevoller Unterstützung der jungen Frau auf seinen Platz zu. Dann sagte er in langsamem, aber selbstsicherem Ton:

»Eure Majestät, Herr Moderator, meine Damen und Herren der Jury, liebe Repräsentanten der anderen Religionen sowie des Atheismus, ich bitte Sie, meine Verspätung zu entschuldigen und auch die meiner Tochter Amina, die mir Allah als Ersatz meiner Augen und Trost meines Lebens schenkte. Die Eröffnungszeremonie des Wettstreits fand leider genau zur Stunde unseres dritten täglichen Gebetes statt, und wie jeder gute Muslim muss ich Gott zuerst, noch vor den Menschen, dienen. Daher mein verspätetes Erscheinen. Ich danke Ihnen für Ihr Verständnis.«

Es herrschte absolute Stille, als er sich setzte. Mit seinem sicheren Auftreten, seinem Glauben und seiner Autorität hatte dieser Mann das Publikum für sich gewonnen, wobei die strahlende Erscheinung sowie die taktvolle Art seiner Tochter sicher das Ihre dazu beitrugen. Der König führte seine Rede nicht zu Ende, sondern beschränkte sich auf ein paar kurze Dankesworte. Einige davon waren an den Weisen gerichtet, dem der König bei dieser Gelegenheit offiziell den Vorsitz über den Wettstreit übertrug.

Die Wettkampfregeln

»Meine Damen und Herren«, begann der Weise, »wir werden in den kommenden Tagen Zeugen bedeutender historischer Momente für unser Land, ja für die ganze Menschheit werden. Nach Abschluss dieser Spiele wird die Entscheidung fallen, ob wir eine Religion für unser Volk wünschen, und wenn ja, welche. Wir erwarten Folgendes von den Konkurrenten: Sie sollen uns in einer deutlichen, unmissverständlichen und überzeugenden Weise den Inhalt ihrer Religion vorstellen. An dieser Stelle möchte ich auch Herrn Professor Tannier für seine Teilnahme danken. Seine Aufgabe ist es, uns auf wichtige, grundsätzliche Kritikpunkte aufmerksam zu machen, die uns eventuell entgehen könnten. Wir werden folgendermaßen vorgehen: In einer durch das Los bestimmten Reihenfolge wird jeder Teilnehmer uns den Gründer und die Basis seiner Religion sowie einen Haupttext und ein wichtiges Gleichnis vorstellen. Nach jedem Auftritt können sich die übrigen Konkurrenten zu Wort melden und Fragen an den Redner richten. Je nach der zur Verfügung stehenden Zeit kann sich auch das Publikum äußern. Am Ende des Wettstreits werden die Jury und der König gemeinsam entscheiden, welche Religion oder Weltanschauung von unserem Land übernommen werden soll. Der Wettbewerb kann beginnen!«

Das Orchester spielte den Refrain der Hymne des großen Wettstreits. Währenddessen fand die Auslosung statt. Alain Tannier wurde als Erster gezogen. Ihm fiel die schwere Aufgabe zu, mit seiner Rede den Wettstreit zu eröffnen.

Der Narr nutzte diese kurze Überleitungsphase, um sich dem Weisen zuzuwenden und ihm ins Ohr zu flüstern:

»Außer der schönen Muslimin, die ja sowieso nichts zu sagen hat, ist keine einzige Frau unter den Konkurrenten. Ich dachte immer, Frauen seien religiöser als Männer. Aber wenn's ums Reden geht, meldet sich wohl immer das andere Geschlecht zu Wort!«

»Gut beobachtet, Herr Narr«, antwortete der Weise.

»Du weißt genau, dass ich Recht habe. Aber wenigstens ist ja Eloïse hier, um dem weiblichen Geschlecht auf der Tribüne etwas mehr Gewicht zu verleihen.«

Woraufhin der Narr seine Schildkröte liebevoll am Hals kraulte.

II

Der Vortrag des Atheisten

Alain Tannier erhob sich. Er wirkte ruhig und entschlossen. Als Professor der Philosophie an einer großen Pariser Universität musste er häufig Vortragsreisen in die Vereinigten Staaten unternehmen, und er ließ sich von einem großen Publikum nicht nervös machen. Ganz im Gegenteil: Er liebte diese Art der Kommunikation, die ihm erlaubte, das Beste aus sich herauszuholen. Seine Konkurrenten betrachteten ihn mit einem Anflug von Besorgnis im Blick. Tannier wandte sich, angespornt von ihrer offensichtlichen Anspannung, entschlossen der Jury und dem König zu.

»Eure Majestät, meine sehr verehrten Damen und Herren, erlauben Sie mir zunächst, mich bei Ihnen zu bedanken. Auf Grund seltsamer Träume, die angeblich von Gott oder einfach nur vom kollektiven Unterbewusstsein herrührten, haben Sie sich dazu entschlossen, auch einen Ungläubigen zu Ihrer Veranstaltung einzuladen. Ich fühle mich geehrt, nun hier bei Ihnen sein zu dürfen. Als das Komitee des Internationalen Freidenker-Verbandes mich für diesen Wettstreit nominierte, war ich allerdings zunächst recht unschlüssig. Ich fragte mich, ob bei einem solchen Wettkampf wirklich etwas Vernünftiges herauskommen könne. Nun aber, da ich unter Ihnen stehe, hege ich nicht mehr den geringsten Zweifel daran. Außerdem steht zu viel auf dem Spiel, als dass eine Ablehnung ernsthaft in Frage gekommen wäre. Doch warum ist die Wahl des Komitees ausgerechnet auf mich gefallen? Nun, vielleicht deshalb, weil ich zunächst ein Theologiestudium abgeschlossen habe, bevor ich zum Atheisten wurde.«

Eine Welle des Erstaunens, ja der Entrüstung, ging durch den Saal. Nur der Narr frohlockte innerlich.

»Ich bin Atheist«, fuhr Alain Tannier fort, »und ich bin stolz darauf. Vielleicht überrascht es Sie, dass ein Theologe zum Atheisten werden kann. Nun, Ludwig Feuerbach, der Philosoph, der Marx in dessen Jugend inspirierte, war beispielsweise auch Theologe, bevor er ein vehementer Verfechter des Materialismus wurde. Sogar Josef Stalin besuchte eine Zeit lang ein theologisches Seminar, und Nietzsche war der Sohn eines Pastors und studierte ebenfalls in Bonn ein paar Semester Theologie. Aber haben Sie vielleicht schon einmal einen Theologen über den Tod Gottes reden hören? Nicht? Nun, es tut im Grunde auch nichts zur Sache. Ich habe nicht vor, Ihnen einen Vortrag über die Geschichte des Atheismus angefangen bei Demokrit über Darwin und Freud bis zu Sartre zu halten. Der Moderator hat um Klarheit und Einfachheit gebeten, und auch mir erscheint es wichtig, nun zum Wesentlichen zu kommen.«

Alain Tannier holte tief Luft. Sein Gesichtsausdruck war ernst und entschlossen.

»Majestät, die religiösen Teilnehmer werden Euch mit Enthusiasmus die besten ihrer Texte und Traditionen vorstellen. Doch es sind nicht ihre Worte, die mich mit Besorgnis erfüllen, sondern das, was sie verschweigen. ›Gott ist Treue‹, werden Euch die Juden sagen. ›Gott ist Liebe‹, werden Euch die Christen erzählen. ›Gott ist Barmherzigkeit‹, werden die Muslime erklären. Was sie jedoch ›vergessen‹ Euch zu sagen, ist, dass ihre Texte Gott nicht zuletzt auch als ›voll Grausamkeit, Grimm und glühendem Zorn‹ (Jesaja 13,9), als ›verzehrendes Feuer‹ (der Brief an die Hebräer 12,29) oder zur ›Irreführung‹ fähig gegenüber denjenigen, die Zweifel hegen (Koran 40,34), beschreiben. Die Hindus werden Euch gegenüber die Vorzüge ihrer spirituellen Befreiung preisen, doch dabei kein Wort über die Millionen von Sklaven verlieren, die innerhalb und außerhalb ihres Kastensystems leiden müssen, nur weil manche ihrer religiösen Texte diese Form der Unterdrückung rechtfertigen. Die Buddhisten werden besonders auf ihr großes Mitgefühl für alle Lebewesen hinweisen; aber werden sie Euch auch von den Rivalitäten zwischen einzelnen Klöstern oder von dem sozialen und wirtschaftlichen Entwicklungsrückstand in vielen ihrer Länder berichten? Jeden Tag werden auf der Welt sechs Millionen junger muslimischer, animistischer und christlicher Mädchen beschnitten; das heißt, alle fünfzehn Sekunden wird ein kleines Mädchen für immer in seinem Intimbereich verstümmelt, und es gibt tatsächlich Menschen, die solche Praktiken im Namen der Religion gutheißen. Während wir also hier an diesem abgelegenen Ort metaphysische Diskussionen führen, dreht sich die Erde weiter wie ein aus dem Takt geratenes Karussell. Und was unternehmen die religiösen Oberhäupter gegen all diese Abscheulichkeiten? Nichts, oder nur sehr wenig, und wenn sie etwas sagen, dann tragen sie oft eher dazu bei, die Lage zu verschlimmern, als sie zu verbessern.

Muss ich wirklich an die Millionen von Männern, Frauen und Kindern erinnern, die im Laufe der Zeit Religionskriegen zum Opfer gefallen sind? Darüber wissen Sie doch genau Bescheid, jedenfalls sollten Sie es. Und natürlich sind mir die

Antworten der religiösen Würdenträger wohl bekannt: ›Kriege‹, so lautet ihr Kommentar, ›sind nicht in erster Linie religiös, sondern politisch motiviert. Es sind die Politiker, die religiöse Argumente dazu missbrauchen, ihre Aktionen zu rechtfertigen und ihre Truppen zu verstärken‹. Dies trifft zwar in manchen Fällen zu, aber nicht immer. Im Namen absoluter Wahrheiten sind schon so viele Menschen einen sinnlosen Tod gestorben…«

Professor Tannier machte eine kurze Pause, um einen Schluck Wasser zu trinken. Er genoss die Kühle des Getränks und stellte zufrieden fest, dass sein Publikum ihm gebannt lauschte.

Der Weise warf dem Narren einen kurzen Blick zu. Dieser war in andächtiges Schweigen versunken und ganz offensichtlich begeistert von der guten Leistung, die »sein« Kandidat erbrachte.

»Nein, Eure Majestät«, fuhr der Professor fort. »Ich brauche mich gar nicht auf lange Argumentationen einzulassen, um zu beweisen, in welchem Maße die Religionen ihre Anhänger in einem Zustand der Betäubung, des Infantilismus und der Verantwortungslosigkeit verharren lassen. Von allen offenen Glaubensfragen, die mich zum Atheisten werden ließen, möchte ich hier nur zwei erörtern.«

Gott existiert nicht

»Mein erstes Problem betrifft die Existenz Gottes selbst. Eines meiner Kinder stellte mir im Alter von vier Jahren folgende Frage: ›Wenn Gott die Welt erschaffen hat, wer hat dann Gott erschaffen?‹ Gott als *erste* Ursache? Gott als *aller-*

letzte Ursache der Ursachen der Ursachen? Mein Verstand kann eine solche Versteinerung nicht akzeptieren, die das Beharren auf einer Ursache ohne Ursachen bedeuten würde. Aber woher kommt denn dieser Gott nun? Bis zum heutigen Tag konnte mir kein Theologe oder Philosoph darauf eine vernünftige Antwort geben.

Mein zweites Problem, unter dem Aspekt der Wichtigkeit gewiss mein Hauptproblem, betrifft die Unsichtbarkeit und Unhörbarkeit Gottes. Wenn er existiert, warum sieht man ihn dann nicht und warum hüllt er sich in Schweigen? Die Geistlichen werden mir antworten, dass Gott sich sehr wohl Propheten und Sehern offenbart habe. Juden, Christen und Muslime sprechen in ihren heiligen Schriften von der ›unmittelbaren prophetischen Offenbarung‹ Gottes, die Hindus von *Shruti*, ›gehörtem Wissen‹, das von den heiligen ›Sehern‹, den *Rishis*, *vernommen* wurde. Nun sind die genannten Überlieferungen Jahrhunderte, ja zum Teil sogar schon Jahrtausende alt. Womöglich waren all diese Texte ursprünglich nur Mittel zum Zweck, um den sozialen Zusammenhalt im Namen einer unverrückbaren Wahrheit zu garantieren. Doch was mir wirklich Sorgen bereitet, ist nicht sosehr, was sich vor langer Zeit zugetragen hat, sondern wie wir heute leben. Warum wirkt Gott, wenn er denn existiert, auch *heute* so unmerklich und so im Verborgenen? Dass er sich nicht gerade einem kleinen Philosophieprofessor offenbart, kann ich ja noch akzeptieren. Möglicherweise bin ich für ihn zu uninteressant. Aber dass er, ohne einzugreifen, das Leid so vieler Unschuldiger mit ansieht, ist ganz und gar unerträglich. Ach, was sage ich, das Leid vieler Unschuldiger? Schon ein einziges Kind, das vor Schmerzen schreit, wiegt schwerer auf der Waagschale der Argumente gegen Gott als der Inhalt aller theologischen

Bibliotheken dieser Welt. Doch ich befürchte, ich drücke mich immer noch zu abstrakt aus.«

Alain Tannier legte nochmals eine Pause ein, als wolle er nun all seine Energien für ein kraftvolles Schlussplädoyer sammeln.

»In einem afrikanischen Land – aber das Gleiche könnte auch überall sonst auf der Welt geschehen – werden eine Mutter und ihre beiden Kinder mitten in der Nacht geweckt. Vom Vater, der als Soldat in den Krieg gezogen ist, haben sie seit Monaten kein Lebenszeichen mehr erhalten. Ist er es, der nach Hause kommt? Würde das Leben nun endlich wieder seinen normalen Gang gehen? Würde der halbwüchsige Sohn sich endlich wieder über die stolzen Blicke, die sein Vater auf ihm ruhen lässt, freuen dürfen? Könnte das junge Mädchen nun endlich seinen Traum verwirklichen und den stattlichen jungen Mann heiraten, der sie so innig liebt? Die Tür geht auf. Soldaten der feindlichen Truppen dringen unter wüstem Gebrüll und gemeinen Schimpfworten gewaltsam in die winzige Hütte ein. Unter den verängstigten Blicken der Mutter und der Tochter bemächtigen sie sich des Jungen. Vor den Augen von Mutter und Schwester, angestachelt von deren Schreien, zerstückeln sie ihn mit ihren Messern. Die Beine, das Geschlecht, den Bauch, das Gesicht... Danach nageln sie in aller Hast ein Gerüst zusammen und schlagen, was von dem blutigen zerfetzten Körper noch übrig ist, ans Kreuz, gleich an Ort und Stelle, auf das rohe Holz. Hat Ihnen das den Magen umgedreht? Aber es ist ja noch nicht vorbei, hören Sie sich auch den Rest an! Die Soldaten, unaufhaltsam in ihrem Blutrausch, packen das junge Mädchen. Brutal reißen sie ihm die Kleider vom Leib und besudeln mit ihren noch blutigen Händen den Leib der jungen Frau, den sie für die Zärtlichkeiten eines liebenden Ehemannes keusch bewahrt hatte. Einer nach dem anderen, stundenlang, vergewaltigen sie sie, zerreißen sie, zerbrechen sie. Danach legen sie sie in Ketten und verschleppen sie, in der Hoffnung, sie als Sklavin an den einen oder anderen braven Familienvater zu verkaufen, der jeden Tag seine Gebete aufsagt. Wenn Gott existiert, wie kann er dann so etwas zulassen, ohne auch nur einen Finger zu rühren? Aber am Himmel bleibt alles ruhig. Abscheulich ruhig. ›Die einzige Entschuldigung für Gott ist, dass er nicht existiert‹, hat Stendhal gesagt. Und damit hatte er absolut Recht.

Eure Majestät, meine Damen und Herren von der Jury, seien Sie auf der Hut vor den Geistlichen und ihren einschläfernden, honigsüßen Reden, hinter denen sich in Wahrheit unstillbarer Machthunger verbirgt. Möge Ihr Land von ihren einfachen Antworten auf komplizierte Fragen und von ihren Anrufungen des Göttlichen verschont bleiben, die den Schatz an Menschlichkeit in uns verstümmeln.«

Abrupt brach Alain Tannier ab und setzte sich langsam auf seinen Platz nieder. Der Überraschungseffekt war durchschlagend. Im ganzen Saal war es mucksmäuschenstill. Die Delegierten der verschiedenen Religionen hielten die Blicke gesenkt, als seien sie in Meditation oder ins Gebet versunken.

Konfrontationen

Der Weise brach das Schweigen. Mit knappen Worten erinnerte er nochmals an die Regeln und erteilte den Repräsentanten der verschiedenen Religionen das Wort.

Der Erste, der reagierte, war der hinduistische Swami. Er

erhob sich und verließ zum allgemeinen Erstaunen den Saal. Ratlos fragten sich die Organisatoren, wie sie reagieren sollten, aber noch bevor sie einen Entschluss fassen konnten, kehrte der Swami bereits wieder zurück. In der Hand hielt er eine Blume, die er im wunderbar angelegten Garten des Klosters gepflückt hatte. Ohne ein Wort zu sagen, ging er auf Alain Tannier zu und überreichte ihm die Blume mit einer knappen, würdevollen Gebärde. Der Philosophieprofessor, peinlich berührt von dieser Geste, blickte den Swami fragend an. Dieser lächelte ihn lange an, sagte aber nichts.

Es herrschte allmählich eine gespannte Atmosphäre. Der Atheist war nicht der Einzige, der überrascht war. Der buddhistische Konkurrent fühlte sich, möglicherweise zu Unrecht, von der Geste provoziert. Sie ähnelte zu sehr einer Handlung Buddhas, der bei einer bestimmten Gelegenheit einem Gesprächspartner eine Rose überreicht hatte. Zur Erleichterung aller ergriff der Mönch schließlich das Wort:

»Herr Professor Tannier, Ihre bemerkenswerte Rede hat uns alle bewegt. Als Buddhist muss ich Ihnen gestehen, dass ich mich Ihrer Analyse in vielen Punkten anschließen kann, obwohl ich ein religiöser Mensch bin – wobei man diese Bezeichnung allerdings richtig verstehen muss. Ihnen ist sicherlich bekannt, dass der Buddhismus die Existenz eines welterschaffenden Gottes ablehnt, der, wenn es ihn gäbe, eben auch für die Leiden des Universums verantwortlich wäre. Siddharta Gautama, der Buddha Shakyamuni, hat sich bezüglich dessen, was Sie ›Gott‹ nennen, nicht geäußert. Seine Gedanken, und darin folgen wir seinem Beispiel, kreisten vielmehr um das Leiden, genauer gesagt, die Befreiung vom Leiden. Wohlgemerkt, die Buddhisten negieren nicht, dass es eine höchste Realität gibt, die manche sogar als ›Gott‹ bezeichnet haben mögen. Sie lehnen es jedoch ab, diese in geistige Kategorien einzusperren, die ihrer Natur nicht entsprechen.«

Alain Tannier war erleichtert und legte die Blume beiseite. Die Worte des Lehrmeisters Rahula erlaubten ihm, in die diskursive Welt zurückzukehren, aus der ihn die Geste des Swami auf unangenehme Weise entrückt hatte.

»Verehrter Meister, ich verstehe nur wenig von der buddhistischen Religion und ihrer Philosphie. Von einigen meiner Kollegen weiß ich allerdings, dass die Schlussfolgerungen unserer strukturalistischen Denker den Ihren manchmal ähnlich sind.«

Der Weise fiel ihm ins Wort:

»Ich möchte die Konkurrenten daran erinnern, dass sie sich keinesfalls auf abstrakte Lehren oder Theorien beziehen dürfen, es sei denn, sie erklären sie klar und deutlich dem Publikum!«

Alain Tannier erschien es nicht sinnvoll, den Dialog mit dem buddhistischen Mönch an dieser Stelle fortzuführen. Er wartete nun gespannt die Reaktionen der anderen Konkurrenten auf seine scharfe Kritik an den Religionen ab.

Der Sinn des Universums

Nun erhob sich der Rabbiner Halevy, zutiefst bewegt.

»Verehrter Herr Professor, ich bin Jude, und im Gegensatz zum Vertreter des Buddhismus, der soeben gesprochen hat, glaube ich und glaubt mit mir mein ganzes Volk an einen Schöpfergott – gepriesen sei sein Name. Als Sie eben die Leiden jener afrikanischen Familie schilderten, musste ich an meine Großeltern denken, die im Konzentrationslager Treblinka umkamen, sowie an die anderthalb Millionen jüdischer Kinder, die im Zweiten Weltkrieg ermordet wurden. Des Nachts werden wir von ihren flehenden, hilflosen, erloschenen Augen heimgesucht. Morgens, wenn ich erwache, wünschte ich, ich könnte nur eines dieser Kleinen in den Arm nehmen und ihm sagen, dass ich es liebe. Doch ich bleibe allein mit diesen Bildern des Grauens, ohne ihre Realität erfassen zu können. Und doch, trotz der *Schoah*, trotz dieses Unheils, das unser Volk dezimiert hat, glaube ich, glaube ich weiterhin an den Schöpfer des Himmels und der Erde, den Befreier aus allen Formen der Sklaverei, der zur rechten Zeit den Messias entsenden wird, seinen Gesalbten. Für mich liegt das Problem nicht in der Existenz Gottes, sondern in der Existenz im Allgemeinen. Viele berühmte Philosophen haben schon die Frage gestellt: ›Warum existiert überhaupt irgendetwas außer dem reinen Nichts?‹ Nehmen wir einen Moment lang an – Gott vergebe mir –, dass Gott nicht existiert; akzeptieren wir für den Augenblick Ihre Hypothese. Was bliebe dann noch? Die Welt in ihrer ganzen wunderbaren Vielfalt und mit ihren erbarmungslosen Kämpfen. Doch woher kommt sie? Aus dem absoluten Nichts? Das ist doch undenkbar! Wie könnte denn aus dem *Nichts* etwas hervorgehen?«

Der Weise, der die Argumentation aufmerksam verfolgte, vergaß seine Funktion als Moderator und mischte sich in die Debatte ein:

»Aber verehrter Herr Rabbiner, in der Physik spricht man doch heutzutage von der ursprünglichen, quantenfreien Leere, aus der das Universum entstanden sein soll!«

Auch seine eigenen Forderungen nach Einfachheit hatte er wohl vorübergehend vergessen.

»Mag sein«, erwiderte David Halevy, »doch diese Leere ist

nicht das reine Nichts. Sie ist eher eine Art Potenzial, eine Latenz. Natürlich war ursprünglich *Etwas* da, eine Art nicht zu beschreibender Energie aus ›Materie und Antimaterie‹, aus der sich das Universum entwickelte. Die einzige Frage, die ich stelle, ist: Woher stammt diese ›Energie‹? Und ich wiederhole noch einmal meine ursprüngliche Frage: Warum existiert überhaupt irgendetwas außer dem reinen Nichts?«

Mit diesen Fragen war Alain Tannier bereits häufig konfrontiert worden, hatte aber bisher nie gewagt, sie bis zur letzten Konsequenz zu durchdenken. Ihm wurde bewusst, wie mächtig der menschliche Verstand sein musste, um die vielen verschiedenen Standpunkte in Bezug auf Glaubensvorstellungen kritisieren zu können, und wie schwach andererseits, da er doch keine religiöse Theorie aufstellen konnte, die wirklich jeder Kritik standgehalten hätte. Da er mit einer Antwort zögerte, ergriff Doktor Christian Clément das Wort:

»Die Frage von Rabbiner Halevy erinnert mich an eine Anekdote, die Pastor Richard Wurmbrand erzählte, der während seiner jahrelangen Gefangenschaft in Rumänien unaussprechliche Qualen erdulden musste. Einem christlichen russischen Bauern, der wegen seines Glaubens ins Gefängnis geworfen worden war, versprachen seine Folterer: ›Sag uns, wer Gott geschaffen hat, und wir lassen dich frei.‹ Nachdem er einen Augenblick lang nachgedacht hatte, soll der Bauer ihnen erwidert haben: ›Wenn ihr meine Frage beantwortet, werde ich auch eure beantworten. Welche Zahl kommt vor der Eins?‹ Was sollten sie antworten? Null? Die Null ist jedoch keine Zahl, sondern ein neutrales Element, das die Abwesenheit einer Zahl kennzeichnet. Minus eins? Aber Minus eins ist eins, nur unter einem umgekehrten Vorzeichen. Nein, die Eins ist der Anfangspunkt, um den man nicht herumkommt. Und genauso, schlussfolgerte der Bauer, ist auch Gott die ›Eins‹, von der alles Denken und Leben ausgeht. Die Frage besteht also nicht so sehr darin, ob Gott existiert oder nicht, sondern vielmehr, wer dieser ›Gott‹ ist, diese ›Eins‹, die die Basis alles anderen ist.«

Alain Tannier unterbrach den Christen auf fast schon rücksichtslose Weise:

»Das geht zu weit! Ihre spitzfindige Wortklauberei führt in die Irre, statt Klarheit zu schaffen! Ich bin bereit anzuerkennen, dass der Ursprung aller Existenz für uns ein Mysterium bleibt, aber diesen Ursprung ›Gott‹ zu nennen, schafft nur Verwirrung, und außerdem eignen Sie sich damit theologisch etwas an, das Ihnen nicht gehört. Ich glaube nicht an Gott, und doch kann ich die Existenz einer Energie anerkennen, deren Ursprung ich nicht begreife und aus der infolge des Zufalls und durch die Wirkung der Naturgesetze das Universum, wie wir es kennen, entstanden ist. Aber drängen Sie mir deswegen doch bitte nicht gegen meinen Willen einen Glauben an ›Gott‹ auf!«

Christian Clément hatte gar keine Zeit, Alain Tannier zu fragen, woher denn wohl die Naturgesetze stammten und wie durch puren Zufall irgendeine Art von Ordnung entstehen könne, weil der Rabbiner nun seine Ausführungen fortsetzte.

»Mein lieber Herr Philosoph, Sie müssen doch wohl zugeben – da Sie selbst ja eine Energie annehmen, deren Ursprung für Sie unbegreiflich ist –, dass der Ursprung dessen, was wir ›Gott‹ nennen, für uns ebenfalls ein Mysterium sein kann. Daher muss Ihre Frage nach dem ersten Ursprung ohne Antwort bleiben. Alles, was wir darüber sagen können – ob wir nun gläubig oder ungläubig sind – ist, dass das Universum tatsächlich existiert, und zwar auf Grund von Ursprüngen, die sowohl für uns wie auch für Sie im Dunkeln liegen. Was gläubige Menschen von anderen unterscheidet, ist, dass die Welt für uns einen *Sinn* hat. Und es ist diese ›richtungsweisende Kraft‹, das Mysterium Gottes selbst, das wir in der religiösen Erfahrung demütig zu empfangen versuchen.«

Gott ist größer

»Damit kommen wir«, fuhr der Professor fort, »zu meiner zweiten Frage, die für mich eigentlich die wichtigere ist: Wenn dieser *Sinn*, von dem Sie sprechen, wirklich existiert, warum hält er sich dann so konsequent verborgen? Ihre Argumente können weder die afrikanische Familie trösten, von der ich Ihnen erzählt habe, noch die jüdischen Kinder retten, die in Auschwitz ermordet wurden.«

Alle Blicke waren auf den Rabbiner gerichtet. Nach kurzem Zögern antwortete er:

»Ich möchte nicht zu viel Redezeit für mich beanspruchen, aber da Sie mich noch einmal nach meiner Meinung fragen, erlauben Sie mir wiederum, die Frage an Sie zurückzugeben. Nehmen wir also abermals für den Augenblick an – Gott vergebe mir auch diesmal –, dass Gott nicht existiere. Woher stammt dann all das Böse, zu dem der Mensch im Stande ist? Sie müssen doch zugeben, dass es vom Menschen selbst ausgeht und von nirgendwo anders herrührt. Das Böse, das verübt wird, ist menschlicher Natur. In diesem Punkt sind wir uns sicherlich einig. Was mich aber bei den Atheisten wundert – wenigstens bei manchen von ihnen –, ist, dass sie zwar das Vertrauen in Gott verloren, paradoxerweise aber das Vertrauen in die Menschen behalten haben. Wie kann man nur den Mut zum Weiterleben auf dieser Erde aufbringen, wenn man davon überzeugt ist, dass die Menschheit hilflos jener Monstrosität ausgeliefert ist, zu der der Mensch fähig ist? Was uns von den Atheisten unterscheidet, ist, dass für uns Gläubige das Böse selbst in seiner ganzen Absurdität nie das letzte Wort haben kann. Und woher nehmen wir dieses Vertrauen, das manche von ›Opium‹ sprechen lässt? Wir schöpfen es aus unserem Glauben und aus jener ›richtungsweisenden Kraft‹, die wir ›Gott‹ nennen. Mehr noch, dass wir diese ›Kraft‹ in unserem Leben spüren, verleiht uns Glauben.«

Christian Clément war erfreut darüber, dass der Rabbiner so viele Dinge vorbrachte, die ebenso gut aus seinem Munde hätten stammen können. Sogar Scheich Ali ben Ahmed pflichtete seinem jüdischen Kollegen im Stillen bei und fragte sich, warum noch immer so viel Feindseligkeit ihre beiden Religionen entzweite. Der buddhistische Mönch hingegen akzeptierte David Halevys Sichtweise zwar nicht, beschloss jedoch, zunächst nicht in die Diskussion einzugreifen. Das Gesicht des Swami wurde noch immer von einem mysteriösen Lächeln erhellt.

»Aber es spürt doch nicht jeder diesen Glauben«, sagte Alain Tannier leise. »Vielleicht ist die ›richtungsweisende Kraft‹, wie Sie sie nennen, nur bei einigen Auserwählten wirksam?«

Dem Rabbiner war klar, dass die Kritik des Philosophen sich auf die Vorstellung des Auserwähltseins bezog, die für die Juden eine so große Bedeutung hat und die später von den Christen und den Muslimen übernommen wurde.

»Jeder ist auf seine Weise auserwählt«, war daher alles, was er Alain Tannier antwortete.

Doktor Clément bat nochmals um Redeerlaubnis:

»Seit dem Zeitalter der Aufklärung sind die christlichen Konfessionen eingeschworene Gegner des Atheismus. Doch mit der Zeit wurde ihnen klar, dass ihnen die scharfe Kritik der Atheisten an kirchlichen Institutionen und religiösen Überzeugungen eine Hilfe dabei sein konnte, sich weiterzuentwickeln und ein klareres Bild Gottes und des Menschen herauszuarbeiten. Für uns Christen liegt auch im Atheismus etwas Wahres. Wie Sie wissen, wurden die ersten Christen selbst als Atheisten betrachtet, weil sie die Götter des römischen Imperiums ablehnten und sich zu dem einen Gott bekannten, dem alleinigen Herrscher über Himmel und Erde. Wie George Bernanos erkannte, müssen wir uns damit abfinden, dass einige unserer Vorstellungen über Gott unhaltbar sind. Der Gott mit dem Schlüsselbund, der auf alle Fragen eine Antwort bereithält, der Gott mit dem Taschentuch, der uns in all unseren Leiden tröstet, der Gott mit dem Portemonnaie als Quelle all unserer Sicherheit – diese Götterbilder mussten früher oder später zu Grabe getragen werden. Wie Freud ganz richtig zeigte, projizieren die Menschen häufig Vorstellungen aus ihrem Unterbewusstsein sowie das Bild, das sie sich von ihrem irdischen Vater machen, auf Gott. Der Soziologe Emile Durkheim stellte ähnliche Überlegungen an, indem er das Heilige als eine Projektion des sozialen Zusammenlebens beziehungsweise gesellschaftlicher Bindungen beschrieb. In unseren Augen indes steht Gott, der wahre Gott, immer über allen menschlichen Vorstellungen.«

Scheich Ali ben Ahmed, der bis dahin geschwiegen hatte, erhob sich nun mit Unterstützung seiner Tochter Amina von seinem Platz und sagte:

»Herr Tannier, wenn ich mich bisher nicht an der Debatte beteiligt habe, dann nicht etwa deswegen, weil mich ihre

Worte nicht berührt hätten – ganz im Gegenteil. Es gibt natürlich Muslime, die Atheisten grundsätzlich ablehnen und sie von vornherein verurteilen. Doch auch für diese Menschen muss man Verständnis aufbringen. In unseren Ländern, die zu Unrecht als ›islamisch‹ bezeichnet werden – da keines heute wirklich ganz islamisch ist –, hat es nämlich nie eine ähnlich scharfe Religionskritik von Seiten atheistischer Philosophien gegeben wie im Okzident. Natürlich fanden denkwürdige Streitgespräche statt, in denen die Atheisten ihre Standpunkte äußern konnten. Doch unsere großen Philosophen, die berühmten philhellenischen *Falasifa*, die auf so entscheidende Weise dazu beigetragen haben, die griechischen Philosophen im Abendland bekannt zu machen, waren praktisch allesamt Geistliche. Dies war etwa bei al-Kindi (Alkindus) der Fall, bei al-Farabi (Alfarabius), Ibn Sina (Avicenna) und später Ibn Ruschd (Averroes), um nur einige zu nennen. Sogar ar-Razi, umgangssprachlich Rhazes genannt, bekannt für seine scharfe Kritik gegenüber selbst ernannten Propheten, war kein Materialist im westlichen Sinne des Wortes. Für uns Muslime ist Gott so wichtig, dass uns jedwedes Leugnen seiner Existenz einfach undenkbar erscheint. Deswegen wiederholen wir in unserer *Schahada*, unserem Glaubensbekenntnis, ohne Unterlass: ›Es gibt keinen Gott außer Allah – Gott.‹ Unser Credo beginnt mit einer Verneinung. Um den wahren Gott hervorzuheben, müssen wir erst die falschen Götter ablehnen, vor allem die falschen Vorstellungen von Gott. ›*Allahu akbar*‹ verkünden eine Milliarde Muslime auf der ganzen Welt. Für die weniger Gebildeten bedeutet dies ›Allah ist der Größte‹, er ist größer als die Götter anderer Religionen. Doch ›*Allahu akbar*‹ heißt eigentlich ›Gott ist größer‹, Gott steht immer über unseren Vorstellungen von ihm.

Insofern kann ich mich den Ausführungen Doktor Cléments anschließen. Ich komme allmählich selbst zu der Überzeugung – auch wenn diese Ansicht unter den Muslimen bisher noch wenig verbreitet ist –, dass der Atheismus nicht unbedingt ein Feind der wahren Religion sein muss.«

Ruhig setzte sich der muslimische Gelehrte zurück auf seinen Platz. Christian Clément ergriff sogleich das Wort:

»Nicht nur ist der Atheismus nicht unbedingt unser Feind, im Gegenteil, ich würde sogar sagen, dass er ein Verbündeter sein kann auf unserer Suche nach der wahren Vorstellung von Gott. Der Atheismus ist ein Stachel in unserem Fleisch, der verhindert, dass wir träge werden. Lessing sagte, die Suche nach der Wahrheit sei wertvoller als die Wahrheit selbst, und damit hatte er völlig Recht.«

Alain Tannier war gereizt. Ihm gefiel die Art nicht, in der Doktor Clément den Atheismus in seinen Glauben integrierte. Es schmeckte ihm zu sehr nach Vereinnahmung. Doch er bekam keine Gelegenheit, diese diffusen Gefühle zu äußern. Im Publikum war ein junger Mann abrupt aufgesprungen. Sein Wortschwall war Ausdruck der extremen inneren Anspannung, die er nun offensichtlich nicht mehr länger beherrschen konnte.

Kontroversen

»Gott ist nicht Ihrer Meinung! Herr Clément kennt wohl die Worte Jesu nicht, der im Johannesevangelium, Kapitel 14, Vers 6, sagt: ›Ich bin der Weg und die Wahrheit und das Leben; niemand kommt zum Vater außer durch mich.‹ Ein wahrer Christ, durch die Taufe wieder geboren, braucht die Wahrheit nicht zu suchen – in Jesus hat er sie bereits gefunden. Und ob es den anderen passt oder nicht, er muss sie auch ihnen verkünden. Der Apostel Petrus erklärte an Pfingsten: ›Er (Jesus), ist der Stein, der von den Bauleuten verworfen wurde, der aber zum Eckstein geworden ist. Und in keinem anderen ist das Heil zu finden. Denn es ist uns Menschen kein anderer Name unter dem Himmel gegeben, durch den wir gerettet werden sollen.‹ So steht es in der Apostelgeschichte, Kapitel 4, Vers 11–12 geschrieben. An anderer Stelle heißt es…«

Energisch unterbrach der Weise den jungen Mann:

»Mein Herr, das Publikum erhält gleich Gelegenheit, sich zu äußern. Wenn Sie nicht einmal ein Minimum an Höflichkeit und Respekt für Andersdenkende aufbringen können, sind Sie hier fehl am Platze. Ich werde keine weiteren unangebrachten Unterbrechungen wie die Ihre dulden. Doktor Clément, bitte führen Sie zu Ende, was Sie soeben sagen wollten.«

»Ich danke Ihnen, aber ich bin fertig. Ich werde dem jungen Mann antworten, wenn ich mit meinem Vortrag an der Reihe bin.«

»Und Sie, Professor Tannier«, fuhr der Moderator fort, »wünschen Sie uns noch etwas mitzuteilen?«

Doch der intolerante Ausbruch des jungen Mannes war auf seine Art ein viel schlagkräftigeres Argument für seine Thesen, als der Atheist mit Worten hätte ausdrücken können.

»Nein, ich habe nichts mehr hinzuzufügen«, antwortete Alain Tannier daher ruhig.

»Gut, dann erteile ich nun zuerst dem Publikum das Wort und danach der Jury. Wer möchte sich gern äußern?«

Im Saal hob ein Mann mittleren Alters die Hand:

»Ich habe Professor Tannier mit viel Interesse zugehört. Mich erstaunt jedoch, dass er sich in seinem Vortrag mit keinem Wort über die Naturwissenschaften geäußert hat, die, wie man weiß, der Religion ablehnend gegenüberstehen. Könnte ich den Grund für sein Schweigen erfahren?«

Dann bat eine junge Frau um das Wort.

»Bezieht sich Ihre Frage auf die vorher gestellte?«, fragte der Weise.

»Ja, ganz recht«, antwortete sie. »Praktisch alle großen Physiker des 20. Jahrhunderts waren religiös – denken Sie nur an Einstein oder Heisenberg, an Max Planck und viele andere. Müsste man daher nicht ein für alle Mal sagen, dass die Naturwissenschaften heutzutage bescheidener geworden sind und die Religionen nicht mehr grundsätzlich ablehnen?«

Professor Tannier beschloss, an dieser Stelle einzugreifen.

»Das Verhältnis zwischen Naturwissenschaften und Religion ist ein zu weites Feld, als dass ich mich an dieser Stelle damit befassen könnte. In meinem Vortrag habe ich dieses Thema nicht erwähnt, weil sich tatsächlich zahlreiche Gelehrte als gläubig bezeichnen. Ich weise darauf hin, dass dies natürlich kein Beweis für die Existenz Gottes ist, da viele Wissenschaftler außerhalb ihres Spezialgebietes höchst leichtgläubig sein können. Ihr Glaube beweist nur, dass sie ein umfassenderes, zusammenhängenderes Konzept der Welt suchen. Meiner Meinung nach befinden sie sich auf einem Irrweg, wenn sie geistige Zuflucht bei den Religionen suchen.«

Ein jesuitisches Gleichnis

Der Moderator stellte fest, dass es bereits spät wurde, und erteilte das letzte Wort der Jury. Ein besonders prinzipientreues Jurymitglied bemerkte:

»Ich muss feststellen, dass Herr Tannier sich nicht an die Vorgaben des Moderators gehalten hat. Vielleicht fühlte er sich nicht dazu verpflichtet. Trotzdem möchte ich ihn fragen, ob er uns kein Gleichnis zu erzählen hat.«

Allein Tannier machte keine Anstalten, sich zu entschuldigen. Sein Vortrag konnte zwangsläufig nicht denselben Regeln unterliegen, wie sie der Weise für die Beiträge der übrigen Teilnehmer vorgeschlagen hatte. Daher antwortete er auf diese Bitte nur:

»Das Erzählen von Gleichnissen liegt mir nicht besonders, doch es gibt eines, das vom Jesuitenpater Anthony de Mello stammt – einem Mann, den ich besonders verehre –, welches ich Ihnen gerne vorstellen möchte.«

Als er das Erstaunen des Publikums bemerkte, fragte er mit einem amüsierten Lächeln:

»Nun, warum sollte ein Atheist nicht einen Jesuiten zitieren? Ich habe einmal einen Katholiken sagen hören, dass es nur eines gäbe, was Gott nicht wisse, nämlich, was ein Jesuit wirklich denkt. Und da es die Jesuiten im Laufe der Zeit zu wahrer Meisterschaft darin brachten, uns zu zitieren, um uns besser angreifen zu können, warum sollte ich sie dann nicht mit ihren eigenen Waffen schlagen dürfen? Doch hören Sie nun das Gleichnis, das ich mit meinen eigenen Worten wiedergeben werde.

Es geschah vor langer Zeit, in einer Wüstenregion, in der es nur wenige Bäume gab und Früchte kaum gediehen. Ein Mann, der sich selbst als ›Prophet‹ ausgab, überbrachte dem Volk ein Gebot, von dem er behauptete, es stamme von Gott selbst. ›Hiermit befehle ich allen: Ihr dürft nicht mehr als eine Frucht pro Tag essen. Dies soll im Heiligen Buch niedergeschrieben werden. Wer auch immer dieses Gesetz überschreitet, begeht ein schweres Verbrechen gegenüber Gott und den Menschen.‹ Nun zeugte dieses Gebot in der damaligen Zeit wirklich von gesundem Menschenverstand und trug zum Wohl der Gesellschaft bei. Das Gesetz wurde jahrhundertelang treu befolgt, bis die Wissenschaftler Mittel und Wege fanden, die Wüste in Ackerland zu verwandeln. Das Land wurde reich an Obstbäumen von außerordentlicher Fruchtbarkeit. Doch wegen des alten Gesetzes, das von den religiösen und sogar den staatlichen Autoritäten des Landes peinlich genau befolgt wurde, bogen sich die Bäume unter dem Gewicht der nicht abgeernteten Früchte. ›Eine Frucht pro Tag‹, so stand es geschrieben. Wer auch immer zu bedenken gab, dass es eine Sünde wider die Menschheit sei, so viel Obst verfaulen zu lassen, wurde der Blasphemie bezichtigt. Man sagte, wer es wage, den Wert und die Gültigkeit von Gottes Wort anzuzweifeln, sei von Hoffart geleitet und unfähig zu Glauben und Demut, die allein den Geist für die höchste Wahrheit öffneten. Da der angebliche ›Prophet‹ schon lange tot war, konnte ihn niemand mehr fragen, ob das Gesetz auch unter den nunmehr grundlegend veränderten Umständen noch gültig sei. Aus diesem Grund forderten die religiösen Oberhäupter, dass das Gesetz weiterhin angewandt werden solle. Im Laufe der Jahre ignorierten aber mehr und mehr Menschen das Gebot, Gott und die Religion im Allgemeinen. Andere wiederum verstießen heimlich dagegen, stets mit einem schlechten Gewissen. Die ›Gläubigen‹, die sich streng an das Gesetz hielten, waren davon überzeugt, besser zu sein als die anderen, obwohl sie eine unsinnige, veraltete Sitte beibehielten, die sie einfach nicht aufzugeben wagten.«

Eine Blume als Geschenk

Der Narr sprang auf, applaudierte heftig und rief begeistert aus:

»Bravo, Herr Professor! Vielen Dank für Ihren mutigen Vortrag!« Dann fuhr er fort: »Apropos, kennen Sie die Geschichte von dem Bischof, der eines Tages eine Gruppe von Kindern fragte: ›Meine Söhne und Töchter, wisst ihr, was Mut ist?‹ Und als niemand antwortete, erklärte ihnen der Bischof in belehrendem Ton: ›Also, Mut ist, wenn ihr in einem Kinderschlafsaal seid und euch traut, einfach aus dem Bett zu springen, niederzuknien und euer Nachtgebet zu sprechen.‹ Dann fragte er, von pädagogischem Stolz erfüllt: ›Weiß noch jemand ein Beispiel für mutiges Verhalten?‹ Schüchtern meldete sich ein kleiner Junge und sagte: ›Ja ich, ich weiß noch ein Beispiel. Mut ist, wenn in einem Schlafsaal für Bischöfe einer von ihnen beim Zubettgehen einfach ins Bett springt, ohne niederzuknien und sein Gebet zu sprechen.‹

Herr Professor Tannier, Ihr Mut inmitten dieser Löwengrube voller Geistlicher hat mir ebenfalls Mut gemacht. Sie haben sich wirklich als würdiger Verfechter des Atheismus erwiesen!«

Der Narr nahm Eloïse auf den Arm und führte einen lächerlichen Tanz rund um den Springbrunnen auf, bis ihn der Weise energisch aufforderte, sich zurück auf seinen Platz zu begeben. Als schließlich wieder Ruhe eingekehrt war, beendete er den ersten Teil des Wettbewerbs:

»Am Ende dieses ersten Tages des großen Wettstreits der Religionen möchte ich mich noch einmal ganz herzlich bei Herrn Professor Tannier sowie bei den anderen Teilnehmern für ihre Beiträge bedanken. Sie alle haben zu unserer geistigen Bereicherung beigetragen.«

Nachdem der Weise seine Rede beendet hatte, erhob sich der Swami und ging auf den Professor zu. Er nahm die Blume, die er ihm vorher gegeben hatte, und reichte sie ihm nochmals mit folgenden Worten:

»Ein Mensch ohne Gott ist wie eine Blume ohne Erde. Nicht das Absolute ist Ursache seines Dahinwelkens, sondern seine absolute Entwurzelung.«

Danach grüßte der Swami den verblüfften Professor respektvoll und verließ den Saal.

Am Ende dieses ersten Tages waren die Mitglieder der Jury noch lange mit der Ausarbeitung ihrer Notizen beschäftigt. Da für den Abend nichts Besonderes geplant war, gingen die meisten Teilnehmer und Zuschauer, noch müde von der Anreise, früh zu Bett.

Die erste Nacht

Der König konnte nicht einschlafen. Es wollte ihm einfach nicht gelingen, die vielen Bilder zu vertreiben, die ihm im Kopf herumgingen. Ihn verfolgten die misshandelte afrikanische Familie, das Gleichnis von den Obstbäumen, der alberne Tanz des Narren, die schöne Amina mit ihrem blinden Vater – und nicht zuletzt seine misslungene Eröffnungsrede, die er so dilettantisch hervorgestammelt hatte. Die Tatsache, dass er sich mit so etwas Oberflächlichem noch im Nachhinein herumquälte, ärgerte ihn noch mehr. »Wir sind zusammengekommen, um unseren Träumen auf die Spur zu kommen und um zu entscheiden, welche Weltanschauung dem Volk einen Sinn bieten kann. Und ich mache mir Vorwürfe, weil mein Auftritt bei der Eröffnungszeremonie missglückt ist!«

Dem König wurde klar, in welchem Maße er sich selbst für den Nabel des Reichs hielt, als gelte alle Aufmerksamkeit nur ihm allein. »Doch wer oder was sollte statt meiner das Zentrum sein?«, fragte er sich. »Die Menschen meines Volks stehen jeden Morgen auf, arbeiten, amüsieren sich und essen; jeder geht seiner Beschäftigung nach. Abends kommen alle nach Hause zurück und legen sich schlafen. Wenn ich nicht der *einigende Mittelpunkt* bin, wer oder was ist es sonst? Wofür oder für wen leben sie?«

Mit diesen und ähnlichen ganz neuen Fragen zermarterte sich der König den Kopf und fand noch lange keinen Schlaf.

Der Narr dagegen war hocherfreut über den Verlauf des ersten Tages. Die Leistung »seines« Kandidaten hatte seine kühnsten Erwartungen noch übertroffen. Glücklich sprang er ins Bett – natürlich ohne vorher niederzuknien und zu beten.

Der Weise war ebenfalls im Großen und Ganzen mit sich zufrieden. Abgesehen von den wenigen unkontrollierten Einwürfen aus dem Publikum hatte er den ersten Tag des Wettkampfs gut gemeistert. Zwar war die Gebetsstunde des Muslimen nicht im Programm berücksichtigt worden, doch wollte der Weise ihr in den kommenden Tagen gebührenden Respekt erweisen. Angeregt und heiter ging er zu Bett und schlief bald darauf ruhig ein.

Professor Tannier war der Einzige, der die ganze Nacht kein Auge zutat. Er hatte eine gute Leistung erbracht, nach Meinung des Narren sogar eine ausgezeichnete. Doch konnte er diesen skurrilen Menschen wirklich ernst nehmen? Am heftigsten grübelte er jedoch über die Blume des Swami nach. Der Hindu, der von allen am wenigsten gesagt hatte, hatte ihn am meisten aus der Fassung gebracht. Eine Blume… die Erde… ein Mensch… Gott… Das Bild war eigentlich trivial, zu stark vereinfacht, ja sogar naiv – und trotzdem! Auch die Argumentation des Rabbiners hatte ihn verunsichert: Gott nicht als Geist irgendwo an einem imaginären Himmel, sondern als »richtungsweisende Kraft« mitten in der Realität. Dies erinnerte ihn an den Gedanken des »Lebensschwungs« bei Bergson sowie die »Organisationsfunktion des Lebens«, bei Piaget. Letzterer war übrigens, genau wie er selbst, Christ gewesen, bevor er seinem Glauben abschwor.

Wie aus dem Gleichnis hervorging, das er erzählt hatte, war Alain Tannier davon überzeugt, dass der positive Sinn, den gewisse theologische Gebote enthalten mochten, nichts weiter als theologisch garnierter gesunder Menschenverstand war. Doch plötzlich stellte der Philosoph sowohl im Geist wie auch im Herzen eine Verbindung zwischen dem »gesunden Menschenverstand«, der ihm so wichtig war, und der »richtungsweisenden Kraft« des Rabbiners her, und leiser Zweifel begann an seinen Überzeugungen zu nagen. »Und wenn trotz allem das Positive in der Geschichte der Menschheit eine Art innerer Offenbarung dieser ›richtungsweisenden Kraft‹ wäre, die auf ihre Weise versucht, die Menschheit in irgendeine… in eine gute Richtung zu lenken? Und wenn Gott gar kein fleischloser, kein phantomartiger Geist wäre, sondern eine Art ›Schwingung des Lebens‹ im Herzen der Menschheit?

Doch warum gibt es dann so viele Kriege und so viel Hass? Und warum so viele Differenzen zwischen den Religionen? In den Naturwissenschaften gibt es nur eine Wahrheit, auch wenn diese Wahrheit manchmal, wie etwa in der Quantenphysik, auf den ersten Blick paradox und widersprüchlich erscheinen mag…«

Diese und ähnliche Gedanken plagten den Philosophen wie lästige Mücken bis in die frühen Morgenstunden hinein.

III

Der Vortrag des Buddhisten

Ich möchte den Lesern und Leserinnen die Details der praktischen Organisation des Wettstreits ersparen, obwohl sie alles andere als uninteressant sind. Besonders was die Verpflegung anging, wurde den Köchen viel Flexibilität und Geschick abverlangt, um alle zufrieden zu stellen: kein Wein für die einen, kein Schweine- oder Rindfleisch für die anderen, eine gewisse Art der Zubereitung für die Juden, eine andere für die Muslime. Teilweise wurde die Nahrung speziell für die Wettkampfteilnehmer importiert; ansonsten behalf man sich mit den Ratschlägen einiger Botschafter.

Nach einem reichhaltigen Frühstück versammelten sich Teilnehmer und Publikum zum zweiten Wettkampftag. An diesem Morgen war das Los auf den buddhistischen Kandidaten gefallen. Der Weise leitete den Tag mit ein paar freundlichen Worten ein und forderte sodann den buddhistischen Mönch auf, mit seinem Vortrag zu beginnen.

Lehrmeister Rahula, eine würdevolle Erscheinung in ockerfarbenem Gewand, erhob sich und ging zum Springbrunnen.

Er stammte ursprünglich aus Sri Lanka, hatte aber im Laufe der Zeit viele Reisen durch buddhistische Länder unternommen. Auf diese Weise hatte er mit den Jahren hervorragende Kenntnisse auf dem Gebiet der verschiedenen Schulen des Buddhismus erworben. Von Tibet über Japan bis Thailand und Vietnam war er mit zahlreichen Lehrmeistern in Kontakt getreten, die ihm dabei geholfen hatten, seinen eigenen Weg zu finden. Da er für seine »ökumenische« Einstellung sowie für die Tiefe seiner Meditationen bekannt war, hatte ihn die World Buddhist Sangha (die internationale Ordensgemeinschaft buddhistischer Mönche) ohne langes Zögern unter ihren Millionen von Mitgliedern als Vertreter ausgewählt.

Rahula begab sich in Meditationshaltung. Er verharrte darin nur wenige Minuten; dem Publikum aber, das weniger mit innerer Stille als mit dem Lärm der äußeren Welt vertraut war, erschien die Zeit unendlich lang. Manche begannen bereits, sich zu langweilen, andere nahmen zum ersten Mal das beruhigende Plätschern des Springbrunnens wahr.

Ein Mitglied der Jury reagierte gereizt, wandte sich zu seiner Nachbarin und flüsterte ihr zu:

»Ich bin hierher gekommen, um etwas über den Buddha und seine Lehre zu erfahren, und jetzt verschanzt sich dieser Mann hinter störrischem Schweigen!«

In diesem Augenblick brach der Mönch sein Schweigen und begann mit gelassener Stimme zu sprechen:

»Die Lehre Buddhas beschränkt sich weder auf eine Philosophie noch auf eine Religion noch auf ein ethisches Wertesystem. Sie ist mehr Praxis denn Philosophie; im Gegensatz zu einer Religion verlangt sie keinen Glauben oder Akte der Huldigung, sondern ruft zur Arbeit an sich selbst auf; und mehr als um ein ethisches Wertesystem handelt es sich bei ihr um ein Mittel zur Befreiung. Der Buddhismus ist der Pfad, der zum Erwachen führt, zur Kenntnis der wahren Natur der Lebewesen und der Dinge sowie zur radikalen Auslöschung des Leidens. Der Buddha sagte zu denen, die nach Wahrheit suchten: ›Glaubt nicht an Gerüchte, an die Tradition, an die Autorität religiöser Texte, an Vermutungen, an einfache Logik oder an das, was der Asket sagt. Doch wenn ihr selbst erkannt habt: diese Dinge sind unmoralisch, diese Dinge sind schlecht, diese Dinge werden von den Weisen verurteilt, diese Dinge führen, wenn sie getan und unternommen werden, zu Verderbnis und zu Leid, dann werdet ihr sie zurückweisen. Wenn ihr selbst gesehen habt: diese Dinge sind moralisch, diese Dinge sind nicht verwerflich, diese Dinge werden von den Weisen gepriesen, diese Dinge führen, wenn sie getan und unternommen werden, zum Wohlbefinden und zum Glück, dann werdet ihr sie ausüben.‹«

Da das Publikum einen etwas verwirrten Eindruck machte, führte ihm der Buddhist einfachere Wahrheiten vor Augen:

»Der Dalai-Lama hat gesagt: ›Wichtig ist, dass wir im täglichen Leben die wesentlichen Dinge auch praktizieren, und auf dieser Ebene gibt es wohl keinen Unterschied zwischen Buddhismus, Christentum oder irgendeiner anderen Religion. Alle Religionen betonen die Verbesserung und Vervollkommnung der Menschen, Brüderlichkeit und Schwesterlichkeit, Liebe – diese Dinge haben alle gemeinsam. Betrachtet man das Wesen der Religion, so findet man kaum einen Unterschied.‹

Daher ist es überaus begrüßenswert, dass wir hier zusammengekommen sind, um gegenseitig unsere Religionen kennen zu lernen. Ashoka, ein berühmter buddhistischer König Indiens, der auf alle militärischen Eroberungen verzichtete, nachdem ihm das damit verbundene Grauen zu Bewusstsein gekommen war, ließ in einen Felsen folgende Inschrift eingravieren: ›Man sollte nicht nur seine eigene Religion ehren, die Religionen anderer dagegen verdammen, sondern man sollte die Religionen anderer ebenfalls ehren. Indem man so handelt, trägt man zur Erhöhung seiner eigenen Religion bei und erweist denen anderer einen Dienst. Wenn man aber anders handelt, gräbt man das Grab für seine eigene Religion und fügt außerdem den Religionen der anderen Schaden zu. Wer immer seine eigene Religion achtet und die Religionen anderer verdammt, tut dies natürlich aus Hingabe an seine eigene Religion und denkt: Ich werde meine eigene Religion verherrlichen. Doch im Gegenteil: Indem man so handelt, schadet man seiner eigenen Religion über die Maßen. Es herrscht Eintracht, wenn alle die Lehren anderer Religionen hören, und zwar gern anhören.‹

Daher werden in einer buddhistischen Gemeinschaft alle Religionen und Weltanschauungen respektiert. Eure Majestät, diese Offenheit wünsche ich auch Eurem Land von ganzem Herzen!«

Professor Tannier fand die Rede des Buddhisten erfreulich, doch er musste auch unwillkürlich an die Kluft zwischen Ideal und Wirklichkeit denken. Denn in vielen Ländern mit buddhistischer Glaubenstradition ist eine solch geistige Offenheit, wie Rahula sie beschrieb, durchaus nicht üblich. Ob in Birma oder in Tibet – und zwar bereits lange vor der chinesischen Besatzungszeit –, selbst in Sri Lanka stehen oder standen die Mönche zuweilen anderen religiösen Gemeinschaften in ihrem Land äußerst feindselig gegenüber. »Wobei religiöse Vorbehalte allerdings in anderen Religionen im Vergleich zum Buddhismus sehr viel ausgeprägter sind«, bedachte der Philosoph im Stillen.

Der Gründer des Buddhismus

»Sie haben mich darum gebeten, Ihnen den ›Gründer‹ des Buddhismus, Siddharta Gautama aus dem Adelsgeschlecht der Shakya, etwas genauer vorzustellen. Wie Sie gewiss wissen, ist *Buddha* ein Titel, der ›der Erwachte‹ oder ›der Erleuchtete‹ bedeutet. Bevor er jedoch zum Erleuchteten wurde, war Siddharta ein junger Prinz aus der Kriegerkaste, der, von seinem Vater wohl behütet, in der Geborgenheit eines Palastes aufwuchs. All dies ereignete sich während des 6. oder vielleicht auch 5. Jahrhunderts vor der christlichen Zeitrechnung im Norden Indiens, in der Nähe des heutigen Nepal. Mit sechzehn Jahren wurde der junge Siddharta mit Prinzessin Yasodhara verheiratet, die ihm einen Sohn gebar, dessen Namen ich trage. Der Überlieferung zufolge waren es vier Begegnungen, die das wohl geordnete Leben Siddhartas grundlegend veränderten. Zuerst traf er einen alten Mann, dann einen Kranken und einen Toten, danach einen heiteren Bettelmönch. Siddharta verzichtete daraufhin auf die Freuden des Familienlebens, wurde zum Asketen und begab sich auf die Suche nach einer Lösung für die furchtbaren Leiden der Menschheit und der ganzen Welt. Sechs Jahre lang suchte er berühmte religiöse Lehrmeister auf und unterzog sich einer strengen Askese. Dieses harte Leben brachte ihn jedoch einer Erkenntnis nicht näher, und so schlug er schließlich einen Mittelweg zwischen extremem Wohlleben und allzu strenger Kasteiung ein. Er beschloss, so lange unter einem Baum sitzend zu meditieren, bis er das absolute Verständnis für die Dinge des Lebens erreichen würde. Dort unter dem Feigenbaum erlangte er im Alter von fünfunddreißig Jahren die Erleuchtung *(Bodhi)*. Von diesem Tag an widmete er sich fünfundvierzig Jahre lang der Lehre des Pfades, der die Befreiung von jeglichem Leiden verheißt. Er zog umher und verbreitete unermüdlich seine Lehren. Ob Männer oder Frauen, egal, aus welcher sozialen Schicht oder Kaste sie stammten: Bei seinen Predigten waren alle willkommen, und so ist es bis heute geblieben.«

Als er sah, dass die Mitglieder der Jury emsig mit ihren Aufzeichnungen beschäftigt waren, fragte sich Rahula, ob diese historischen Informationen über den Buddha ein wirklich entscheidender Beitrag oder eher ein Hindernis auf dem Weg zur Erleuchtung waren.

Die vier edlen Wahrheiten

»Es gibt einen Gründungstext, der von allen Buddhisten anerkannt wird, und zwar die Predigt des Buddha über die *Vier edlen Wahrheiten*. In dieser Predigt geht Buddha wie ein guter Arzt vor: An erster Stelle steht die *Feststellung* der Krankheit – die erste Wahrheit –, dann nennt er einen *Befund* – die zweite Wahrheit. Danach schlägt er ein *Heilmittel* vor – die dritte Wahrheit – und dann schließlich präzisiert er die *Anwendung* dieser Medizin – die vierte Wahrheit. Diesen berühmten Text werde ich Ihnen nun vorstellen und ihn dabei gleichzeitig kommentieren.

›Dies nun, o Mönche, ist die edle Wahrheit vom Leiden‹, wobei das Wort für Leiden, *Dukkha*, nicht nur mit ›Leiden‹, sondern auch mit ›frustrierender Vergänglichkeit‹ übersetzt werden kann. ›Geburt ist Leiden, Alter ist Leiden, Krankheit ist Leiden, Sterben ist Leiden, Kummer, Wehklage, Schmerz,

Unmut und Unrast ist Leiden; die Vereinigung mit Unliebem ist Leiden; die Trennung von Liebem ist Leiden; was man wünscht, nicht zu erlangen, ist Leiden; kurz gesagt, die fünf Arten des Festhaltens am Sein sind Leiden.‹

Dem Buddha zufolge kann alles im Leben – von der Geburt bis zum Tod, vom Zusammensein bis zur Trennung – eine Quelle der Frustration werden. Das Leiden ist daher allgegenwärtig: Ob wir uns nun unter bestimmten Menschen oder in gewissen Situationen befinden, die wir nicht mögen, oder ob wir dazu gezwungen sind, uns von Menschen oder Dingen zu trennen, die wir lieben.

Die Originalität der buddhistischen Philosophie besteht darin, jedes ›Wesen‹ oder ›Ich‹ als eine Kombination physischer und mentaler Kräfte zu betrachten, die sich in permanenter Veränderung befinden. Diese dynamischen Kombinationen können in fünf Gruppen oder Aggregate unterteilt werden: die Materie, die Gefühle, die Sinneswahrnehmungen, die geistige Entwicklung sowie das Bewusstsein. Es ist besonders wichtig zu verstehen, dass es für uns Buddhisten keinen dauerhaften geistigen Zustand gibt, der als ›ICH‹ oder ›Seele‹ bezeichnet werden könnte. Wie ein Gebirgsbach, der ohne Unterbrechung strömt, oder wie viele Einzelbilder hintereinander, die uns den Eindruck eines fortlaufenden Films vermitteln, so ist auch unser ›Wesen‹. Das ›ICH‹, für dessen Bereicherung und Lustgewinn Männer und Frauen den größten Teil ihrer Energien aufwenden, dieses ›ICH‹ also, die Quelle unserer Zuneigung wie all unserer Aversionen, besitzt keine wirkliche Identität. Doch dieses Wissen bleibt denen vorbehalten, die sich in Meditation versenken.«

Der König war nicht der Einzige, den die Worte des Mönches irritierten. Seine gesamte Erziehung ebenso wie die ganze Ausrichtung seines Königreichs waren von dem hohen Stellenwert geprägt, den man dem »ICH« beimaß. Erfolg haben, gewinnen, berühmt werden, genießen – alles kreiste um das »SELBST«. Die Perspektive des buddhistischen Lehrmeisters, die er bisher nur ansatzweise verstand, verursachte ihm leichte Schwindelgefühle.

»Auf die Feststellung von der Universalität des Leidens folgt die Diagnose. ›Dies nun, o Mönche, ist die edle Wahrheit von der Leidensentstehung. Es ist dieser ›Durst‹, der zur Wiedergeburt führt, verbunden mit Vergnügen und Lust, an dem und jenem sich befriedigend, nämlich der Liebestrieb, der Selbsterhaltungstrieb, die Sucht nach Reichtum.‹

Woher stammt also das Leiden? In dieser Hinsicht drückt sich der Buddha sehr deutlich aus: Es entsteht aus dem ›Durst‹ nach Aneignung, nach Besitz. Wenn die Soldaten, von denen uns Herr Professor Tannier berichtet hat, nicht Gefangene ihrer Gier gewesen wären, hätten sie die unglückliche Familie niemals angegriffen. Doch woher stammt nun dieser ›Durst‹? Er geht aus der Unwissenheit hervor, die fälschlicherweise glauben macht, es gebe ein ›Selbst‹ und dieses könne durch Besitz glücklich gemacht werden. Solange der Mensch Sklave seiner Zuneigungen oder seiner Aversionen ist, seiner Eitelkeiten oder Aggressionen, solange wird er im Kreislauf der Wiederverkörperungen eine Existenz nach der anderen durchlaufen müssen. Folglich kommt es darauf an, diesem ›Durst‹ ein Ende zu setzen, und damit kommen wir zur dritten edlen Wahrheit: ›Dies nun, o Mönche, ist die edle Wahrheit von der Aufhebung des Leidens. Es ist ebendieses Durstes Aufhebung durch (seine) restlose Vernichtung; (es ist) das Aufgeben (des Durstes), der Verzicht (auf ihn), die Loslösung (von ihm, seine) Beseitigung.‹

Die Kraft des Buddhismus wurzelt in dem Versprechen, dass eine Befreiung von Leiden möglich ist, und zwar durch die Auslöschung des Durstes, die Aufgabe jeder Form des Festhaltens. Die Auslöschung der Begierde, des Hasses und der Illusion: genau dies verstehen wir unter dem *Nirwana*. Das Nirwana ist schwer zu beschreiben; mit herkömmlichen Konzepten lässt es sich nicht definieren. Das *Lankavatara-Sutra* sagt dazu: ›Die Unwissenden versinken in Worten wie der Elefant im Schlamm.‹ Man könnte das Nirwana jedoch mit einem Zustand der Freiheit, der Glückseligkeit und der bedingungslosen Unendlichkeit vergleichen.«

Einige Anwesende im Saal hörten dem Mönch bereits nicht mehr zu. Seine Darstellung war ihnen zu abstrakt. Rahula zitierte daraufhin den großen tibetischen Lehrer Kalu Rinpoche: »Das Gold der Erleuchtung liegt in der Erde unseres Geistes, aber solange wir nicht danach graben, wird es verborgen bleiben.«

Ein buddhistisches Gleichnis

Der Mönch war bestrebt, sich für sein Publikum verständlich auszudrücken, und fuhr folgendermaßen fort:

»Ich werde Ihnen nun ein Gleichnis erzählen. Eines Tages fragte ein Samurai den Zen-Meister Hakuin: ›Existiert die Hölle wirklich? Und wie ist es mit dem Paradies? Und wenn sie existieren, wo befinden sich dann die Eingangspforten? Und wie kommt man hinein?‹ Dieser Samurai war von schlichtem Gemüt: Er plagte sich nicht mit Philosophie herum und wollte nur wissen, wie man in den Himmel kommen und der Hölle entgehen könne. Hakuin antwortete ihm daher in einfachen Worten, damit ihn der Samurai verstehen konnte. ›Wer bist du?‹, fragte er. ›Ich bin ein Samurai‹, antwortete der Mann. Ein japanischer Samurai ist ein perfekt ausgebildeter Krieger, der keine Sekunde zögert, sein Leben zu opfern, wenn es notwendig ist. ›Ich bin der Erste der Samurai‹, fuhr der Besucher stolz fort. ›Sogar der Kaiser zollt mir Respekt.‹ – ›Du, ein Samurai?‹, spottete Hakuin. ›Du machst mir eher den Eindruck eines armseligen Spitzbuben.‹ In seiner Ehre gekränkt, vergaß der Samurai den Anlass seines Besuches und zog sein Schwert. ›Hier haben wir schon die erste Pforte‹, sagte Hakuin lächelnd. ›Das Schwert, die Wut, die Eitelkeit und das Ego sind die Pforten der Hölle.‹ Der Samurai verstand die Lektion und steckte das Schwert zurück in die Scheide. ›Und hier ist die andere Pforte, nämlich die zum Paradies‹, belehrte ihn Hakuin.«

Das Publikum lachte entzückt.

»Der Buddhismus«, fuhr Rahula fort, »besteht wie jede wahre Religion nicht aus Doktrinen, in denen Spekulationen über unergründliche Dinge angestellt werden, sondern aus einer Sammlung von Praktiken, die denjenigen, der sie anwendet, verändern. Jeder von uns steht von Zeit zu Zeit vor einer ähnlichen Entscheidung wie der Samurai: Ob er im übertragenen Sinne, das heißt durch Handlungen oder Worte, sein Schwert ziehen soll, um anzugreifen, um sich selbst in den Vordergrund zu spielen oder um sein Leben zu verteidigen, oder ob er sein Schwert wieder in die Scheide zurückstecken und loslassen soll, indem er aufhört, sich zu binden, und auf jedwede Selbstbestätigung verzichtet.

Zum Abschluss kommen wir nun mit der vierten edlen Wahrheit dazu, wie wir das Heilmittel Buddhas anwenden sollen.

›Dies nun, o Mönche, ist die edle Wahrheit von dem zur Aufhebung des Leidens führenden Pfad. Es ist dieser der edle achtgliedrige Weg, nämlich: rechte Einsicht, rechter Entschluss, rechte Rede, rechte Tat, rechter Wandel, rechtes Streben, rechte Wahrheit, rechte Versenkung.‹ Diese acht Elemente, durch die der Weg zum Nirwana geebnet wird, können dreifach gegliedert werden: in den Bereich der Weisheit – rechte Einsicht und rechter Entschluss –, den der Ethik – rechtes Reden, Handeln und rechter Wandel –, sowie in den Bereich der Meditation – rechtes Streben, rechte Wachheit und rechte Versenkung.

Die wahre Erkenntnis, rechtes Verhalten und die richtige Meditation sind im Leben eines Buddhisten essenziell. Die *wahre Erkenntnis* oder *rechte Einsicht* besteht darin zu begreifen, dass weder das ›Selbst‹ noch die ›Phänomene‹ autonom oder ewig sind. Alles existiert in einer gegenseitigen Wechselbeziehung, alles ist daher ›unbeständig‹, alles wird und vergeht, nichts besitzt eine unabhängige oder definitive Existenz. Der Buddha lehrte, die Natur eines jeden Phänomens, einer jeden Erscheinung gleiche der Spiegelung des Mondes auf einer Wasseroberfläche. Sich an die Elemente der Welt zu binden ist ebenso vergeblich, wie das Spiegelbild des Mondes mit ihm selbst gleichzusetzen. *Rechter Wandel* bedeutet, dass man keine Lügen, verletzende oder eitle Worte äußert, sich ehrenwert und friedfertig verhält und einen Beruf ausübt, der niemandem schadet. Im *Mahayana*-Buddhismus – auch ›Großes Fahrzeug‹ genannt –, der sich nicht mit einer individuellen Befreiung begnügt, sondern das Glück aller anstrebt – wurde das Mitleid mit allen ›Wesen‹, die sich der leeren und sklavenhaften Natur ihrer verschiedenen Triebe nicht bewusst sind, sehr stark weiterentwickelt. Die *rechte Versenkung* besteht in einer Disziplin, die störende Gedankengänge zur Ruhe bringt. Je nach buddhistischer Glaubensrichtung werden recht unterschiedliche Techniken empfohlen. Doch die Unterschiede sind nicht von großer Bedeutung. Das Wichtigste ist, den einmal gewählten Weg konsequent zu beschreiten.

Eines Tages fasste Milarepa, ein berühmter tibetischer Buddhist, den Entschluss, die Quintessenz all seiner Lehren an seinen Schüler Gampopa weiterzugeben. Es handelte sich dabei um seine letzte, geheime Lehre, die er nur ihm allein mitzuteilen wünschte.«

Bei der Vorstellung, nun etwas über eine so besondere Lehre zu erfahren, hielt das Publikum gespannt den Atem an.

»Milarepa«, fuhr Rahula fort, »hatte Gampopa zum vollwertigen Lehrer des Tantra gemacht, und nun sollte er allein auf sich gestellt ausziehen und selbst Schüler um sich versammeln. Beim Abschied sagte Milarepa: ›Ich habe darüber hinaus noch eine tiefe und weitreichende Unterweisung, aber sie ist so kostbar, dass ich sie besser nicht weitergebe. Mein Sohn, du musst jetzt gehen.‹ – Gampopa hatte [Milarepa] schon weit hinter sich gelassen, als er nochmals die Stimme seines Lehrers vernahm, die ihn zurückrief. […] Milarepa bedeutete ihm, stehen zu bleiben. Dann kehrte er ihm den Rücken zu, bückte sich und hob sein Gewand. Gampopa sah Gesäß und Oberschenkel des Meisters von alten Schwielen übersät und mit einer dicken Schicht Hornhaut überzogen. Milarepa drehte sich um und rief: ›Mein Sohn, *das* ist die tiefste Lehre des Buddhas, die ich dir doch nicht vorenthalten darf. Sie lautet: *Üben!*‹ – Gampopa würde diesen Augenblick und diese Lehre niemals mehr vergessen.«

Mit schalkhaft funkelnden Augen wandte sich der Mönch Rahula an die Jury:

»Meine Damen und Herren, vielleicht war mein Vortrag zu lang und zu kompliziert. Sie haben mir geduldig zugehört und sind brav sitzen geblieben. Doch auch wenn Milarepa, wie übrigens auch der Buddha selbst, nach einer langen Periode des Sitzens zur Erleuchtung gelangt ist, so fürchte ich, dass Sie, meine Damen und Herren, jeder weitere Satz von mir nur zum Einschlafen bringen würde. Und was kann es für einen buddhistischen Mönch, der von der Erleuchtung kündet, Schlimmeres geben, als dass diejenigen, an die er sich richtet, einschlafen? Daher werde ich meinen Vortrag an dieser Stelle beenden.«

Begleitet von erfrischendem Gelächter wurde das Treffen für eine kurze Pause ausgesetzt.

Konfrontationen

Der Erste, der sich nach der Pause zu Wort meldete, war Alain Tannier.

»Als Atheist weiß ich Ihre Ausführungen ganz besonders zu schätzen. Wenn ich richtig informiert bin, ist der Buddhismus die einzige Religion – wenn man ihn denn als Religion bezeichnen kann –, die sich nicht auf einen Gott oder eine Offenbarung beruft. Er ergeht sich nicht in überflüssigen Spekulationen über das Jenseits, sondern fordert stattdessen zur Entdeckung der *Interdependenz* beziehungsweise dessen auf, was manche als die *Relativität* aller Dinge bezeichnen. Dennoch beschäftigt mich eine brennende Frage. Vor einigen Jahren hatte ich die Gelegenheit, Ihr Heimatland Sri Lanka zu besuchen. Trotz meiner Ungläubigkeit ging ich in einige Tempel, natürlich auch in den von Kandy, wo der Überlieferung zufolge ein Zahn des Buddha aufbewahrt wird. Dort traf ich überall auf Menschen, die den Buddha anzubeten schienen wie einen Gott, ja sogar seinen Zahn verehrten, obwohl der Meister selbst doch die Vergänglichkeit alles Irdischen gepredigt hatte. Daher lautet meine Frage: Ist alles auf der Welt vergänglich – außer dem Zahn des Buddha?«

Der Mönch Rahula antwortete lächelnd:

»Zahlreiche buddhistische Intellektuelle verachten die volkstümliche Form der Religiosität, wie Sie sie soeben beschrieben haben. Der Unterschied zwischen dieser Form der Glaubensausübung und der wahren Lehre des Buddha ist derselbe wie zwischen dem Heiligenkult mancher Katholiken und der Botschaft der Evangelien. Doch soll man solche Praktiken wirklich ganz verbieten? Der Buddhismus tendiert eher dazu, sich den verschiedensten Mentalitäten anzupassen, was auch erklärt, warum es so viele buddhistische Glaubensrichtungen gibt. So beten etwa manche den Buddha an – oder einen *Bodhisattva*, ein erleuchtetes Wesen, das aus Mitleid mit den Unwissenden auf die endgültige Erlösung verzichtet, um ihnen helfen zu können –, wie andere Krishna oder Christus anbeten. Auch wenn die ältesten Texte des Buddhismus diese Art von Anbetung nicht rechtfertigen, so ist es doch viel wichtiger, dass jedes Wesen sich der rechten Erkenntnis und damit der Erfahrung des Nirwana auf seine Weise annähert.«

Existiert der Buddha?

Nun mischte sich der König, den zahlreiche Fragen quälten, ebenfalls in die Diskussion ein:

»Verehrter Mönch, Ihre Worte stürzen mich in große Verwirrung. Ich bitte Sie nun, mir in einfacher Form eine Frage zu beantworten. Wenn es ein ›Sein‹ nicht gibt, ›existiert‹ dann der Buddha?«

»Eines Tages stellte der König Milindo dem weisen Mönch Nagasena eine ähnliche Frage. Ich werde Euch dieselbe Antwort geben, wie es damals der Mönch tat. ›Was meinst du, o König: Kann man wohl, nachdem die Flamme einer großen, brennenden Feuermasse erloschen ist, diese Flamme noch irgendwo aufzeigen? – Nein, o Herr, erloschen ist ja jene Flamme, die unsichtbar geworden. – Ebenso auch, o König, ist der Erhabene in dem von jeder Daseinsspur freien Elemente der Erlösung völlig erloschen und verschwunden. Und es ist unmöglich, den Erhabenen irgendwo aufzuzeigen. In der Gesamtheit seiner Lehren aber, o König, da kann man den Erhabenen nachweisen, denn vom Erhabenen, o König, wurde die Lehre verkündet.‹

Der Buddha Shakyamuni, die historische Person des 6. Jahrhunderts vor der christlichen Zeitrechnung, besitzt eine ›Existenz‹. Für uns war er wie ein großes Feuer. Als solches kann man von ihm sprechen, als sei er gewesen und sei nun nicht mehr. Doch durch seine Lehren, die er uns nach seinem Tode hinterlassen hat, existiert er weiter im Weltgesetz, dem *Dharma*, der Lehre, die die Ordnung der Welt widerspiegelt. Noch grundsätzlicher kann er als geistiger Zustand oder auch als die wahre Natur jedes Wesens bezeichnet werden, als das, was wir *Buddhaschaft* nennen. Der Buddha ist also kein ›Wesen‹ außerhalb von uns selbst. Unsere wahre Identität ist wie die seine, unbeständig und ohne Selbst. Daraus erklären sich auch die berühmten Worte des Lehrmeisters Lin-chi I-Hsüan: ›Anhänger des Pfades, wenn ihr zur Durchdringung des Wesens des *Dharma* gelangen wollt, dürft ihr euch nicht von den irrigen Vorstellungen anderer fehlleiten lassen. Was immer euch begegnet, ob in eurem Inneren oder außerhalb eurer selbst, tötet es sofort; wenn ihr einem Buddha begegnet, tötet den Buddha… Nur so werdet ihr die Befreiung erlangen: Erst, wenn ihr euch nicht mehr an die Dinge bindet, werdet ihr sie frei durchdringen.‹

Was sollen diese seltsamen Worte bedeuten? Tao-shin, der Gründer der Zen-Klostertradition, lehrte beispielsweise, jeder Mensch sei vollkommen und nichts unterscheide uns vom Buddha. Und Ma-tsu Tao-i, einer der bedeutendsten Zen-Meister Chinas, sagte: ›Jeder von uns muss unmissverständlich begreifen, dass sein Geist Buddha ist, das heißt, dass sein Geist der Geist des Buddha ist… Die nach Wahrheit suchen, werden sich dessen bewusst, dass es nichts zu suchen gibt. Es gibt keinen Buddha, sondern den Geist; es gibt keinen Geist außer Buddha. Die den Pfad suchen, dürfen nicht suchen…‹«

Im Saal entstand erhebliche Unruhe. Ganz offensichtlich war der Großteil des Publikums nicht auf eine solche Belehrung vorbereitet.

Ein Mitglied der Jury rief:

»Was Sie da sagen, ist unlogisch, es hat weder Hand noch Fuß! Man muss suchen, ohne zu suchen, wir sind alle Buddha und es gibt keinen Buddha – ich verstehe nicht das Geringste von dem, was Sie uns da erzählen! Was ist denn eigentlich dieser ›Geist‹? Und wenn er nicht ist, wie können Sie sich dessen sicher sein?«

Rahula hatte Verständnis für die Verwirrung seiner Zuhörer. Er erhob sich und forderte sie auf, ihm zu folgen.

Er ging in den weitläufigen Garten, der sich an den Saal, in dem der Wettstreit stattfand, anschloss. Es dauerte eine gute Viertelstunde, bis sich alle dort versammelt hatten. Dann hob Rahula einfach nur den Blick zum Himmel und betrachtete ihn voller Andacht. Die Unendlichkeit des Raumes sog die Blicke förmlich auf.

Dann rezitierte der Mönch mit kräftiger, ruhiger Stimme Vasumitra, den siebten Patriarchen Indiens:

»Der Geist ähnelt dem Himmel,
und um ihn zu zeigen, nimmt man Zuflucht zum Himmel,
denn wenn man begreift, was der Himmel ist,
ist nichts mehr wahr und nichts mehr falsch.«

Ohne noch ein weiteres Wort zu verlieren, kehrte der Mönch in den Saal zurück.

Existiert Gott?

Nun meldete sich der Scheich Ahmed ben Ali zu Wort:

»Mit meinen körperlichen Augen kann ich nichts mehr sehen, nicht einmal den Himmel. Dennoch glaube ich zu verstehen, was Meister Rahula uns sagen wollte. Der Himmel erscheint uns als eine unendliche Leere, und genauso verhält es sich mit jeder anderen Realität. Nun gibt es aber im Himmel ebenso wie in dem Schattenreich, in dem ich lebe, ein Licht, das die Finsternis durchbricht. Wenn symbolisch gesehen der Buddhismus die Religion des Himmels ist, dann sind die verschiedenen monotheistischen Glaubensrichtungen Religionen der Sonne. Damit will ich nicht sagen, dass Gott die Sonne ist – er, der unendlich viel größer ist als jedes Geschöpf – und auch nicht, dass er im Himmel wohnt. Wir Muslime wehren uns nämlich gegen die Vorstellung, dass der, der die Himmel in sich trägt, »im Himmel« wohne, wie es im Vaterunser der Christen heißt. Doch Gott, der Einzigartige, ist der Herr der Welten, der die Gläubigen ›aus der Finsternis hinaus ins Licht‹ bringt (Koran 2,257). Gott ist das Licht der Himmel und der Erde (24,35) und hat ewig Bestand (20,73). Für die Buddhisten dagegen ist nichts unvergänglich, weshalb in den Augen zahlreicher Muslime Ihre Religion eine schwerwiegende Beleidigung der Unwandelbarkeit Gottes ist. Sagen Sie mir doch bitte, ob für Sie persönlich Gott existiert, ja oder nein?«

Schon die Frage an sich war in Rahulas Augen unangemessen. Die Logik des »Ja oder Nein« erschien ihm für eine Diskussion über metaphysische Fragen völlig ungeeignet. Trotzdem antwortete er sehr höflich:

»Der Buddha Shakyamuni hat sich zu dieser Frage, wie zu vielen anderen, nicht geäußert. Ist das Universum ewig oder nicht? Ist es endlich oder unendlich? Unterscheidet sich die Seele vom Körper? Was kommt nach dem Tod? Dem Buddha zufolge ist das Wichtigste die Befreiung von Leiden. So wie es für einen Mann, der von einem Pfeil getroffen wurde, nicht in erster Linie darauf ankommt, wer den Pfeil abgeschossen hat, sondern vielmehr darauf, dass er von dem Gegenstand befreit wird, der ihn verletzt hat, so brauchen die Menschen einen Pfad, der sie von Verzweiflung und Schmerzen befreit, statt Antworten auf Fragen, auf die es letztendlich keine Antwort geben kann.«

»Aber die Frage nach Gott bleibt doch nicht ohne Antwort, da er sich als der unsterbliche Herr des Universums offenbart hat«, erwiderte der Scheich.

»Es gibt zwei Arten von Buddhisten«, antwortete ihm Meister Rahula. »Die, die glauben, dass das, was Sie ›Gott‹ nennen, allen anderen Phänomenen gleichzusetzen ist, das heißt keine absolute Realität besitzt, und die, die ihn mit der äußersten Wahrheit gleichsetzen, mit dem Nirwana, dem Jenseits aller Unbeständigkeit und allen Leidens.«

Mitleid mit den Menschen

Nun legte der Rabbiner Halevy seinen Standpunkt dar:

»Das Schweigen Buddhas zu den allerhöchsten Fragen gereicht ihm zur Ehre. Im Talmud steht geschrieben: ›Schweigsamkeit ist die allerbeste Medizin.‹ (Megillah 18a). Mit metaphysischem Geschwätz lässt sich die Welt nicht verändern, und was Sie über die Vergänglichkeit sagen, ist für uns ebenfalls nichts Neues. In der Thora heißt es zum Beispiel im Buch Kohelet: ›…Windhauch, Windhauch, das ist alles Windhauch‹ (Kohelet 1,2), und der Prophet Jesaja sagt: ›Lasst doch ab vom Menschen; in seiner Nase ist nur ein Lufthauch. Was bedeutet er schon?‹ (Jesaja 2,22). Vergänglichkeit und Bedeutungslosigkeit sind grundlegende menschliche Erfahrungen. Das Menschliche an sich und aus sich selbst heraus hat keine Substanz. Im Talmud steht geschrieben, Gott könne nicht zugleich mit den Überheblichen existieren. Wer also ein schlechtes Leben führt, hat keinen Bestand. Nun ist für uns

Juden der Mensch als Mann und Frau nach dem Abbild Gottes geschaffen worden (Genesis 1,26). Er selbst ist zwar vergänglich, doch gewinnt er an Würde durch den, der ihn erschaffen hat. Läuft der Buddhismus nicht Gefahr, durch seine Lehre des *Anatman,* der Abwesenheit eines Selbst, den Wert des Menschen, besonders den der Frauen, herabzusetzen? So weit ich weiß, fiel es dem Buddha sehr schwer, etwa die Gründung von Frauenklöstern zu akzeptieren, und meines Wissens hat er sogar behauptet, die Aufnahme von Frauen in die Glaubensgemeinschaft der Buddhisten verringere deren Lebensdauer um die Hälfte.«

Meister Rahula wusste den fundierten Diskussionsbeitrag des Rabbiners zu schätzen.

»Jede Religion kann entarten und auf eine fehlgeleitete Art und Weise ausgeübt werden. Unsere buddhistischen Glaubensgemeinschaften waren ursprünglich von Männern dominiert, da gebe ich Ihnen Recht. Und wie auch der Dalai-Lama bemerkte, sind wichtige Veränderungen in Bezug auf den Status der Frau erforderlich. Was die Abwertung des Menschlichen betrifft, so gibt es tatsächlich Situationen, die von einer dogmatischen Unbeweglichkeit zeugen, welche nicht hingenommen werden darf. Dennoch ist das Mitgefühl mit allen Lebewesen ein wichtiger Bestandteil der Lehre des Buddha, der später im Mahayana-Buddhismus noch wesentlich weiterentwickelt wurde. Hören Sie, was der berühmte Mönch Shantideva gesagt hat, der auch Bhusuku, der ›Mann der drei Sorgen‹, genannt wurde, weil er sich mit nichts anderem als Essen, Schlafen und Spazieren gehen zu beschäftigen schien…«

Der Narr, der bereits seit geraumer Zeit nagenden Hunger verspürte und sich fragte, wie er wohl am geschicktesten heimlich den Saal verlassen könne, wurde von den Worten des Mönchs aus seiner Abwesenheit gerissen.

»Aber genau das ist ja auch meine Philosophie!«, rief er und vollführte einen albernen Sprung.

Rahula war überrascht, doch ein Lächeln auf dem Gesicht des Weisen bewog ihn dazu fortzufahren.

»»Durch das Gute […] möge ich fähig sein, alle Leiden aller Wesen zu stillen. Ein Heilkraut für die Kranken möge ich sein, und ein Arzt möge ich sein und ein Pfleger für sie, bis die Krankheit nicht wiederkehrt. Durch Schauer von Speise und Trank möge ich die Qual des Hungers und Durstes löschen. Möge ich während der Hungerperioden der kleinen Zeitalter Trank und Speise sein. Möge ich den bedürftigen Wesen ein unerschöpflicher Schatz sein. Möge ich ihnen in mannigfaltigen Arten der Unterstützung beistehen. Alle meine Existenzen und Güter, das Gute, das ich auf allen drei Wegen erworben habe, gebe ich ohne Bedenken hin, um das Heil aller Wesen zu verwirklichen. […] Allen Lebewesen habe ich diesen Körper nach ihrem Belieben überlassen. Mögen sie mich immerdar schlagen, mögen sie mich schmähen, mit Staub bedecken, mögen sie spielen mit meinem Leib, ihn verlachen, verspotten. Ich habe ihnen den Leib übergeben, was kümmert es mich?«

Die Schönheit dieses Textes schlug alle im Saal Anwesenden in ihren Bann. Dass man ein so grenzenloses Mitgefühl aufbringen konnte, erschien ihnen ganz einfach großartig, oder aber – verrückt!

Doktor Clément war ebenso wie alle anderen von der Lehre des Shantideva ergriffen.

»Ich möchte Ihnen sagen, wie sehr mich als Christ der Buddhismus beeindruckt und anspricht. Es gibt da eine Geschichte aus einem der angeblich früheren Leben des Buddha, die voller – man möchte fast sagen: biblischer – Nächstenliebe steckt.«

Alain Tannier zuckte innerlich zusammen. Er hatte schon darauf gewartet, dass der Christ den Buddhismus vereinnahmen würde, wie er es bereits mit dem Atheismus getan hatte, und tatsächlich hatte es nicht lange gedauert. »Warum spricht er von ›biblischer Nächstenliebe‹«, fragte er sich, »anstatt ganz einfach von ›Nächstenliebe‹ oder von ›menschlicher Solidarität‹?«

»Die Geschichte«, fuhr Christian Clément fort, »erzählt davon, wie der Buddha eines Tages eine ausgehungerte Tigerin traf, die nicht mehr in der Lage war, ihre vier Jungen zu ernähren. Er bot sich selbst als Nahrung an, damit das Tier sich an seinem Fleisch und Blut laben und seine Kleinen stillen konnte. Das buddhistische Mitgefühl weist manche Ähnlichkeit zur Liebe Jesu Christi auf, der sein Leben für uns geopfert hat.«

Professor Tannier stellte erleichtert fest, dass die weiteren Ausführungen Christian Cléments differenzierter waren.

»Und doch gibt es, wie mir scheint, einen gewaltigen Unterschied. Für Sie als Buddhisten ist das Mitgefühl untrennbar mit der Doktrin der Leere verbunden, während für uns Christen die menschliche Liebe mit der Liebe Gottes für seine Schöpfung zusammenhängt. ›Wir wollen lieben, weil er uns zuerst geliebt hat‹, erklärte Johannes in seinem ersten Brief (4,19). Die Buddhisten empfinden Mitgefühl mit anderen Menschen, weil diese nichts von der wahren Natur der Dinge wissen und weil sie auf Grund ihrer Begierden leiden müssen. Für sie sind diese Menschen aber nicht liebenswert an sich und auch nicht in Ableitung der Liebe Gottes, sondern nur deshalb, weil sie auf Grund ihrer Unkenntnis der

Leere, der Vergänglichkeit der Phänomene und ihres ›Selbst‹ leiden.«

Rahula war nicht gewillt, sich auf eine trockene theoretische Debatte einzulassen.

»Der Buddha hat gesagt: ›Wie eine Mutter, die unter Gefahr für Leib und Leben ihr einziges Kind bewacht und beschützt, so muss man mit einem grenzenlosen Geist jedes lebende Wesen behüten und die ganze Welt über sich, unter sich und um sich herum, ohne Grenzen mit sanfter und unendlicher Güte lieben.‹ (Suttanipata I,8) Natürlich gibt es Unterschiede in unseren Lehren, doch ist das Allerwichtigste nicht die Liebe?«

»Natürlich«, stimmte Christian Clément zu, »und auch die Fähigkeit, selbst Liebe empfangen zu können.«

Atman oder *Anatman* – ein Selbst oder kein Selbst?

Swami Krishnananda hatte sich noch immer nicht geäußert. Nun blickten ihn alle erwartungsvoll an, da er aber weiterhin schwieg, richtete der Weise das Wort direkt an ihn.

»Haben Sie noch etwas hinzuzufügen?«, fragte er.

Da brach der Swami sein Schweigen und sagte:

»Der Buddha war, wie ich selbst, Inder. Sein religiöser Kontext war bestimmt von der Philosophie und der Literatur der Brahmanen, der Priester der obersten Kaste. Er wollte sie, und zwar sicher zu Recht, von Grund auf erneuern. Doch man kann den Buddhismus nicht wirklich begreifen, wenn man seinen historischen Rahmen nicht kennt. In der Vergangenheit hat es sehr starke Spannungen zwischen Hindus und

Buddhisten gegeben, die so weit gingen, dass nach Shantideva die Lehre des Buddhismus in Indien jahrhundertelang
so gut wie keine Bedeutung mehr hatte. Dazu müssen Sie wissen, dass nach einer der Strömungen des Hinduismus Vishnu
sich nicht nur in Rama und Krishna, sondern auch in Buddha
inkarnierte. Für uns ist er eine *Avatara*, eine ›Verkörperung‹
des göttlichen Bewusstseins auf Erden.«

Rahula war klar, dass das Publikum längst an die Grenzen
seiner Aufnahmefähigkeit gekommen war. Deswegen erwiderte er nichts.

Als der Weise den Zuhörern das Wort erteilte, hob eine
Frau mittleren Alters zu weitschweifigen Ausführungen an,
die der Moderator jedoch taktvoll abzukürzen verstand.

»Die verschiedenen Religionen sollten sich endlich untereinander vertragen«, forderte die Dame mit großer Überzeugung. »Es ist doch egal, ob jemand Buddhist oder Hindu,
Jude, Christ oder Muslim ist. In allen Religionen offenbart
sich derselbe Gott der Liebe. Warum werden immer nur die
Unterschiede betont, wo es doch so viele Ähnlichkeiten gibt?
Es ist der Verstand, der trennt und isoliert, während die Intui-
tion vereint und verbindet. Buddha, Jesus, Moses, Muhammad oder Krishna – egal, wer der Bote war, die Botschaft ist
immer dieselbe…«

Ein Mitglied der Jury unterbrach sie höflich, aber bestimmt:

»Meine Liebe, Ihr Streben nach Einheit ist sehr lobens-
wert, doch Sie müssen wissen, dass zahlreiche Sekten und
neuartige religiöse Strömungen gerade aus dem Wunsch heraus entstanden sind, die Kluft zwischen Konfessionen oder
Religionen zu überwinden. Doch da ihr Kriterium der Einigkeit zu eng gefasst ist und über die wirklichen Unterschiede

zwischen den Glaubensrichtungen einfach hinweggeht, wird es zur Quelle weiterer Spaltungen und vereint letztendlich nur die, die sich auf den Initiator der neuen Lehre berufen. Auf diese Weise sind die Neuapostolische Gemeinde, die Kirche Jesu Christi der Heiligen der letzten Tage – üblicherweise Mormonen genannt – sowie die Moon-, die Mandarom-, die Sathya-Sai-Baba-Sekte und der Bahaismus entstanden. Einigung ist an sich ein löblicher Gedanke, aber nicht um jeden Preis. Schließlich geht es um die Suche nach der Wahrheit.«

Dass ein Jurymitglied derartige Kenntnisse über Sekten und neue Religionen besaß, erstaunte das Publikum und beruhigte es zugleich. Man konnte davon ausgehen, dass eine solche Person am Ende des Wettkampfs zu einem wirklich fundierten Urteil kommen würde.

Der Weise, bereits ziemlich erschöpft, fragte nun:

»Möchte sich noch jemand von der Jury dazu äußern?«

Obwohl sein Tonfall alles andere als einladend klang, fragte eine Dame mit interessiertem Gesichtsausdruck:

»Könnte Meister Rahula seinen spannenden Vortrag vielleicht noch einmal ganz kurz zusammenfassen?«

Darauf antwortete der Mönch spontan:

»Buddhagosho, ein im 5. Jahrhundert lebender bedeutender buddhistischer Gelehrter, hat einmal gesagt: ›Nur das Leiden existiert, doch man findet keinen Leidenden.‹«

Niemand außer dem Swami verstand die Pointe dieses Zitats. Buddhagosho stammte nämlich ursprünglich aus einer brahmanischen Familie und war erst später zum Buddhismus konvertiert. Mit diesem Satz hatte Rahula dem Swami zu verstehen geben wollen, dass er sich nicht von dessen System vereinnahmen lassen wollte, ohne sich zu wehren. Jahrhundertelange erbitterte Auseinandersetzungen lassen sich nun einmal nicht in einem Tag vergessen. Der Swami antwortete auf die Provokation des Buddhisten nur mit einem Lächeln, da er nach dem Mittagessen ohnehin mit seinem Vortrag an der Reihe war.

Ein Drohbrief

Alle Anwesenden begaben sich nun rasch zu dem Zelt, das für die Einnahme der Mahlzeiten aufgestellt worden war. Die allgemeine Eile bewies, wie hungrig die Zuhörer inzwischen waren. Der Vortrag am Vormittag hatte nicht nur ihren geistigen Wissensdurst angeregt, sondern auch ihren Hunger geweckt, als müssten sie die von vielen als sehr schwierig empfundenen Abstraktionen erst einmal verdauen.

»Der Leidende existiert vielleicht nicht, aber mein Magen ganz bestimmt!«, rief der Narr.

Da er aus seiner Rolle als Hofnarr schlecht herausschlüpfen konnte, wagte er nicht zuzugeben, dass ihn der »Mann mit den drei Sorgen«, dessen richtigen Namen er bereits wieder vergessen hatte, wirklich beeindruckt hatte. Nach außen hin oberflächlich zu wirken und dabei gleichzeitig so tiefsinnig zu sein – war das nicht auch sein innigster Wunsch? Der Buddhist hatte ihm geholfen, sein eigenes Ideal zu erkennen. Auch er wünschte sich, es möge ihm irgendwann einmal gelingen, noch in den einfachsten Gesten eine Botschaft von großer Eindringlichkeit auszudrücken.

Vor dem Essen beteten manche, andere sprachen einen Segen aus oder verfielen in kurzes Schweigen. Es war eine Freude, dieses gesellige Beisammensein mit anzusehen. Sogar der König legte Wert darauf, mit Teilnehmern und Zuschauern gemeinsam zu speisen, eine Geste, die noch zur allgemeinen Hochstimmung beitrug. Während man so zusammen an den Tischen saß, verloren die religiösen Etiketten an Bedeutung.

Doch beim Dessert wurden plötzlich eine Tischrunde sowie alle Speisenden im näheren Umkreis von einem markerschütternden Schrei erschreckt. Der Weise bemerkte die Aufregung und begab sich zu dem Tisch, auf den nun alle Blicke gerichtet waren. Dort saßen Scheich Ali ben Ahmed, der ganz außer sich war und offensichtlich nur mit Mühe einen heftigen Wutanfall unterdrückte, sowie seine Tochter Amina, die sich am Rande eines Nervenzusammenbruchs befand. Sie überreichte dem Weisen einen Brief, der unter ihrem Teller gelegen hatte. Da der Weise kein Arabisch lesen konnte, bat er um eine Übersetzung. Aus Gründen der Diskretion forderte er Vater und Tochter auf, ihn in ein ruhiges Zimmer zu begleiten. Im Speisezelt kursierten bereits die ersten Gerüchte.

Der König und der Narr waren von den Vorgängen unterrichtet worden und schlossen sich dem Weisen an. Amina setzte sich und konnte ihre Tränen nun nicht mehr länger zurückhalten. Ihr Vater beruhigte sie liebevoll.

»Was ist denn hier los?«, fragte der König.

»Eure Majestät, Amina, die Tochter des Scheichs, hat diesen anonymen, auf Arabisch geschriebenen Brief erhalten.«

Mithilfe eines Übersetzers erfuhren sie den Inhalt:

Unwürdige Tochter des Islam! Allah befahl dem Propheten – Friede und Segen seien mit ihm –: ›Sag den gläubigen

Frauen, sie sollen ihre Augen niederschlagen, sie sollen darauf achten, dass ihre Scham bedeckt ist, ihren Schal sich über den Ausschnitt ihres Kleides herunterziehen und den Schmuck, den sie am Körper tragen, niemandem offen zeigen.‹ Und ›[die Frauen] sollen sich etwas von ihrem Gewand [über den Kopf] herunterziehen. So ist es am ehesten gewährleistet, dass sie als ehrbare Frauen erkannt werden.‹ Doch du, du bedeckst deine Haare nicht vollständig, und deine Kleider bedecken nicht zur Gänze deine Glieder. Wenn du fortfährst, weiterhin auf so schamlose Weise den Männern die Schönheit deines Körpers zu zeigen, wirst du es dein Leben lang bereuen!

»Wer nur könnte Interesse daran haben, Sie zu beleidigen und meinen Wettkampf zu stören?«, fragte der König äußerst beunruhigt.

Bedrückt erklärte der Scheich:

»Ich habe schon oft wegen meiner Ansichten Drohbriefe von Extremisten erhalten, welche die Frechheit besitzen, sich selbst als ›Muslime‹ zu bezeichnen. Doch dies ist das erste Mal, dass sie meiner Tochter so etwas antun. Sie wollen uns Angst einjagen, doch das wird ihnen nicht gelingen.«

Der Weise dachte an den Zwischenfall zu Beginn des Wettstreits:

»Erinnern Sie sich an den Bärtigen, der im Namen Allahs Alain Tannier angegriffen hat? Könnte er es womöglich gewesen sein?«

Sofort wurde die Polizei des Königreichs auf die Suche nach dem Mann ausgeschickt. Es wurde beschlossen, dass Amina an der nachmittäglichen Sitzung nicht teilnehmen, sondern sich währenddessen an einem geheimen Ort aufhalten sollte. Scheich Ali ben Ahmed dagegen wollte den Vortrag unter keinen Umständen versäumen und sich vor allem nicht von den Meinungsäußerungen eines Fanatikers seine Schritte diktieren lassen. Äußerlich unbewegt, allerdings unauffällig begleitet von Leibwächtern in Zivil, fand er sich zusammen mit den anderen Konkurrenten im großen Klostersaal ein.

IV

Der Vortrag des Hindus

Das Nachmittagsprogramm des Wettstreits begann mit Verspätung, da alle Besucher vor dem Betreten des Saales durchsucht wurden. Der König hielt es für seine Pflicht, ein Maximum an Sicherheit zu gewährleisten, und außerdem graute ihm schon bei der bloßen Vorstellung, »sein« Wettstreit der Religionen könne von Gewalttaten gestört werden. Insgeheim fragte er sich, ob es nicht vielleicht ein Fehler gewesen war, diese Veranstaltung überhaupt einzuberufen, von der er nie erwartet hätte, dass sie so viele Aggressionen auslösen würde. Doch nun, da sich alle Konkurrenten von neuem versammelt hatten, musste der Wettstreit auch zu Ende geführt werden. Sowohl sein eigener Ruf als auch der seines Landes standen auf dem Spiel.

»Meine Damen und Herren«, begann der Weise, »Sie sind höchstwahrscheinlich bereits alle darüber informiert, dass eine unserer Delegationen einen Drohbrief erhalten hat. Dieser Vorgang ist ganz unerhört. Wir sind hier zusammengekommen, um in einer von Offenheit geprägten Atmosphäre etwas über authentische religiöse Erfahrung zu lernen, und nun werden ausgerechnet wir mit der schlimmsten Form von Gewalt konfrontiert, die es gibt, nämlich die, die im Namen Gottes verübt wird, und dazu noch von einem anonymen Tä-

91

ter. Der Fanatismus und die Feigheit, die aus seiner Handlungsweise sprechen, sind einfach verabscheuungswürdig. Trotzdem wollen wir mit unserem Wettstreit fortfahren und uns nicht von dem barbarischen Verhalten Einzelner einschüchtern lassen. Hiermit erteile ich Swami Krishnananda das Wort, dem Delegierten der Hindus.«

Der Swami stand auf. Er war noch keine vierzig Jahre alt, ebenso wie die anderen Konkurrenten. Doch er war von allen der Jüngste, und man sah ihm seine Jugend deutlich an. Er stammte aus Tiruchuli im Süden Indiens und war wie seine ganze Generation von Ramana Maharshi geprägt, der dreiundfünfzig Jahre lang auf dem mythischen Berg Arunachala meditiert hatte. Im Gegensatz zu dem heiligen Mann hatte Krishnananda jedoch bereits von früher Jugend an zahlreiche Reisen durch Indien unternommen. Seine wache Intelligenz und seine außergewöhnliche Fähigkeit zur Versenkung in der Meditation hatten ihn berühmt gemacht. Es wurden sogar Stimmen laut, die behaupteten, Shankara, der höchste Meister des Advaita-Vedanta – eine der wichtigsten Lehren der hinduistischen Überlieferung –, sei im Swami wieder geboren worden.

Wie Rahula nahm Krishnananda zunächst in der Nähe des Springbrunnens Meditationshaltung ein, er ließ sich allerdings absichtlich auf der anderen Seite der Wasserfontäne nieder. Dann sprach er mit großer Ausdruckskraft das *Mantra* »OM«, die heiligste Silbe Indiens. Die Vibrationen, die er dabei hervorbrachte, brachten bei allen Anwesenden Saiten in der Tiefe ihres Inneren zum Klingen, die ihnen bis dahin verborgen gewesen waren.

Das Gleichnis von den beiden Vögeln

Nach einer Minute tiefen Schweigens erzählte der Swami den Zuhörern folgendes Gleichnis:

»Auf einem Baum sitzen zwei Vögel, einer im Wipfel, der andere auf einem weiter unten liegenden Ast. Der, der ganz oben hockt, ist ausgeglichen und würdevoll, der unten sitzende Vogel hingegen unruhig. Er hüpft von Ast zu Ast und pickt an den Früchten, die teils süß, teils bitter sind. Immer wenn er eine besonders bittere Frucht kostet, blickt er nach oben. Und was sieht er da? Den glücklichen Vogel. Da er ihm gerne ähnlich sein möchte, nähert er sich ihm. Unterwegs aber vergisst er sein Ziel und frisst erneut an den süßen und bitteren Früchten. Immer wenn ihn besonders heftiges Unbehagen erfüllt, blickt er nach oben und betrachtet aufs Neue den unerschütterlichen Vogel, der über allen Freuden und Leiden thront. Und so klettert er unaufhörlich weiter nach oben, bis er dem strahlenden Vogel endlich näher kommt. Als er ihn fast erreicht hat, entdeckt er, dass sich sein Gefieder verändert hat – es beginnt zu glänzen. Je näher er ihm kommt, desto mehr spürt er, wie sein Körper verschwindet und sich in Licht auflöst. Auf einmal begreift er, was geschehen ist. Der unten sitzende Vogel unterschied sich in nichts von dem oben sitzenden. Er war wie sein Schatten, wie eine Reflexion der Realität. Sein Irrtum hatte darin bestanden, nicht zu erkennen, dass die ganze Zeit über das Wesen des oben sitzenden Vogels sein eigenes gewesen war.«

Nach einer kurzen Pause fuhr der Swami fort:

»Der Vogel im Baumwipfel ist Brahman, das zwar einerseits als schöpferisches Weltprinzip, als Weltgeist, über allen

Dualitäten steht, zugleich jedoch in ihnen allen enthalten ist. Der untere Vogel repräsentiert die menschliche Seele, den *Atman*, der den irdischen Schwankungen von Freud und Leid, angenehmen und unangenehmen Erfahrungen, Lob und Tadel ausgesetzt ist.«

Swami Krishnananda richtete einen Blick voller Mitgefühl auf Scheich Ali ben Ahmed.

»Je mehr sich die menschliche Seele ihrer wahren Identität annähert, desto freier ist sie von den flüchtigen Konflikten dieser Welt und desto mehr tritt sie ein in die unbeschreibliche Glückseligkeit Gottes.«

Er wandte sich der Jury zu und erklärte:

»Die Parabel des Lehrmeisters Vivekananda von den beiden Vögeln enthält einige der wichtigsten Lehren dessen, was Sie Hinduismus nennen, wir jedoch als Sanatana Dharma bezeichnen, die ewige Religion oder ewige Ordnung der Dinge. ›Was bleibt von mir nach meinem Tod?‹ und ›Wer bin ich?‹ So lauten zwei der fundamentalen Fragen, die sich jeder Mensch stellt. Für uns Hindus ist das wahre Selbst weder im Körper noch im Bewusstsein zu finden. Es liegt in jedem Menschen verborgen, dieses Etwas jenseits aller Äußerlichkeiten, und es ist untrennbar mit Gott verbunden. Die religiöse Erfahrung besteht darin, in jedem Lebewesen das Wesen jenseits von allem zu entdecken. Sie ist ein Weg, der es erlaubt, den Kreis des Lebens zu verlassen, um sich in Richtung des Zentrums zu bewegen. Wir glauben, dass der Mensch nicht durch den Irrtum zur Wahrheit gelangt, sondern von einer unteren Ebene der Wahrheit zu einer übergeordneten Wahrheit. Deswegen billigen wir jeder Religion einen Wert zu, da sie alle – vom primitivsten Fetischismus bis zum kompliziertesten Mystizismus – nach der *Realisierung* des Unendlichen streben.«

Die Grundlagen des Hinduismus

Der Swami schloss die Augen und atmete tief durch.

»Der Hinduismus kennt keinen Gründer im Sinne anderer Religionen. Wie ein Baum, der nach oben hin viele Zweige hat, dessen Wurzeln aber alle in dieselbe Erde reichen, so haben zahlreiche Mystiker ihre Art der Realitätserfahrung weitergegeben. Von den ersten, mehr als dreitausend Jahre alten vedischen Texten über die großen Epen wie das *Mahabharata* – mit der darin enthaltenen *Bhagavadgita* – und das *Ramayana* bis zu den zeitgenössischen Schriften unserer Gelehrten, ebenso wie in den uralten Heldengedichten der *Puranas* sowie in den Sammlungen von Gesetzestexten, *Dharmashastra* genannt, ist ein roter Faden erkennbar. Dabei verläuft die Entwicklungstendenz vom Ausgesprochenen zum Unaussprechlichen, vom Vielfachen zur Einheit, vom Vergänglichen zum Unsterblichen und von den Konditionierungen zur Freiheit. Die unzähligen Gottheiten, die von den Hindus verehrt werden, stellen in Wirklichkeit nur verschiedene Namen für eine letztgültige Realität dar. Brahma, Shiva und Vishnu mit ihren Gattinnen Sarasvati, Shakti und Lakshmi verkörpern die Komplementarität des Männlichen und des Weiblichen im Absoluten. Sie symbolisieren außerdem die verschiedenen Kräfte, die im Universum wirksam sind: Schöpfung, Zerstörung und Erhaltung oder auch Inspiration, Energie und Überfluss. Doch es gibt noch Tausende anderer Götter, die unser Pantheon bevölkern: Angefangen beim beliebten Ganesha mit seinem Elefantenkopf, der zur Überwindung von Schwierigkeiten angerufen wird, bis zur Göttin Ganga, die dem Fluss Ganges seinen Namen gegeben hat, in dem sich die Hindus reinigen, inspirieren diese Götter unsere Mythen und Riten. Zu Unrecht meinen viele Menschen, wir verehrten Götzen. Schließlich gibt es auch nur ein Licht, doch sein Spektrum besteht aus vielen verschiedenen Farben.«

Der Swami behielt unauffällig den Scheich und dessen Reaktionen im Auge. Die islamischen Eroberer Indiens hatten über Jahrhunderte hinweg viele der kunstvollen hinduistischen Tempel zerstört, weil es im Namen Allahs keine Abbildungen Gottes geben darf. Doch der Muslim blieb äußerlich unbewegt.

»Der Hinduismus ist keine polytheistische Religion; schlimmstenfalls könnte man uns als *Mono-Polytheisten* bezeichnen. Im Grunde sind wir uns nämlich dessen bewusst, dass es nur eine einzige höchste Realität gibt.

In einer der berühmtesten vedischen Hymnen – dem Rigveda X,129 – heißt es wie folgt: ›Nicht war Sein, nicht Nichtsein damals […] Nicht gab es damals Tod, nicht Unsterblichkeit; keinen Unterschied zwischen Tag und Nacht. Es atmete, windlos, von selbst nur das Das, es gab nichts anderes als dies.‹«

Der Swami hielt während der Rezitation dieses Textes die Augen geschlossen und versenkte sich in sich selbst. Dann fuhr er fort:

»In der *Isha Upanishad*, einer der bekanntesten und für die Hindus wichtigsten *Upanishaden*, heißt es: ›Was immer in der Welt sich regt, das übergib dem Herren. […] Das Eine ist regungslos und doch schneller als der Geist. Die Götter selbst holten es, wenn es vorauseilte, nicht ein. Obwohl es steht, überholt es alle Laufenden. […] Es regt sich und regt sich nicht; es ist fern und ist nah. Es ist innerhalb wie außerhalb aller Dinge. Wer im Selbst alle Wesen wahrnimmt und sein Selbst in allen Wesen, hegt keinen Zweifel mehr.‹ Die höchste Gottheit verbirgt sich hinter den Masken der Götter und der Menschen, der Tiere und der Flüsse, der Berge und der Tänze. In allem und überall kann man sie erfahren.«

Die Rede des Swami strahlte eine tiefe Erfüllung aus, doch manche Zuhörer wurden dabei von einem Gefühl der Beengung erfasst, als hindere der umfassende Ansatz des Hindus sie daran, in ihrem eigenen Rhythmus zu atmen.

»Das Brahman«, fuhr der hinduistische Lehrmeister fort, »ist die Eins des russischen Bauern, von dem uns Doktor Clément erzählte. Doch die Eins steckt auch in der Zwei, der Drei, der Vier und der ganzen Unendlichkeit der Zahlen. Sie ist das Fundament, auf dem alles ruht und das in allem wohnt.«

Den Narren hielt es nicht mehr auf seinem Platz. Er erhob sich, ging auf Krishnananda zu und schrie:

»Brahman ist überall!

Es ist in mir, es ist in dir, es ist in allem.

Brahman ist überall!

In der Erde, in meinen Versen, in den Regenwürmern.

Brahman ist überall!

In meinem Kopf, in meinem Herzen und in meiner Hand.«

Woraufhin er ohne Vorwarnung dem Swami eine schallende Ohrfeige verpasste. Der Narr nutzte sodann die allgemeine Verwirrung, um seiner Empörung Luft zu machen:

»Was soll der Quatsch? Brahman ist in allem! Sehen Sie es etwa auch in Ohrfeigen und Drohbriefen? In Vergewaltigungen und gefolterten Kindern?«

Der Weise forderte den Narren auf, sich auf der Stelle zu

beruhigen und auf seinen Platz zurückzukehren, andernfalls sehe er sich gezwungen, ihn aus dem Saal entfernen zu lassen.

Leiden und Befreiung

Alle warteten gespannt auf die Reaktion des Hindu.

»Ist Ihnen Tukaram ein Begriff? Er war ein junger Mann, der mit fünfzehn Jahren erst seinen Vater und kurze Zeit später auch seine Mutter verlor. Danach heiratete er Rakhumabai, die ihn in seinem Leid tröstete. Nach wenigen recht glücklichen Jahren brach eine Hungersnot herein. Nicht das kleinste Körnchen Getreide war mehr zu finden, und Tukaram musste tatenlos zusehen, wie seine geliebte Frau Hungers starb. Dann folgte sein Erstgeborener, der kleine Chantu, seiner Mutter auf den Scheiterhaufen der Toten nach.

Die Hindus sind mit der Realität des Leidens vertraut, nicht nur mit den Leiden in diesem Leben, sondern auch mit denen früherer Leben. Der Überlieferung zufolge wird man zwischen zwei Reinkarnationen in einem menschlichen Körper 8 400 000 mal in nicht menschliche Wesenheiten hineingeboren, kommt also als Pflanze, Tier oder etwas anderes auf die Welt. Hören Sie nun den verzweifelten Schrei, den Tukaram in einem seiner ›Psalmen‹ ausstößt:

›Welche Leiden während der Zyklen meiner Leben!
Bevor ich ein Fötus in meiner Mutter Schoß wurde,
bin ich achtmillionenvierhunderttausendmal
aus dem Tor der Mutterschaft getreten;
und nun seht mich an, armselig, ein Bettler.

[…] Wer trägt meine Leiden?
Wer nimmt mir meine schwere Last ab?
Dein Name ist der Fährmann über den Fluss der Welt,
du eilst dem zu Hilfe, der dich ruft.
Es ist an der Zeit, dass du kommst,
ich bin, oh Narayana – Gott im Menschen –,
ein Armer in Not.
Blicke nicht auf meine Fehler;
Tuka bettelt um deine Barmherzigkeit.‹

Mitten in seinem überwältigenden Leid machte Tukaram jedoch die Erfahrung der Befreiung, die ihm durch Viththal – wie einer der Namen Vishnus lautet – zuteil wurde.

›Lasst uns in unseren Liedern Viththal besingen,
lasst uns seiner gedenken.
[…] Freund der Freundlosen,
Fluss der Barmherzigkeit,
er zerbricht unsere Fesseln und unseren Tod.
Dem Bittsteller zu seinen Füßen
gewährt er Befreiung:
Er wohnt bei den Heiligen.‹

Ich denke, Sie alle haben schon einmal von der *Bhagavadgita* gehört, der berühmtesten Schrift unseres Glaubens. Wissen Sie aber auch, dass es in diesem Buch um einen furchtbaren Bruderkrieg unvorstellbaren Ausmaßes geht? Und gerade an diesem schrecklichen, mörderischen Konflikt zeigt Krishna den Weg zur Befreiung auf.

Wir Hindus sprechen deswegen so viel von *Moksha*, der Befreiung und Erlösung, weil wir die Leiden, die mit dem

Kreislauf der Wiedergeburten einhergehen, nur allzu gut kennen. Warum werden manche als Bettler geboren, andere als Königskinder? Warum sind manche Menschen Ausbeuter und andere die Ausgebeuteten? Die Antworten des Hinduismus auf diese Fragen liegen im Gesetz des *Karma*, der universalen Kausalität, und im *Samsara*, dem Kreislauf der Wiedergeburten. Jeder Gedanke, jedes Wort und jede Handlung trägt Früchte oder ruft Konsequenzen hervor. Ein gütiger Akt wird positive, eine schändliche Handlung negative Folgen haben. Das Leben eines jeden Menschen hängt sowohl von seinem früheren *Karma* ab als auch von dem, welches sich in der Gegenwart realisiert – dem *Prarabdha-Karma;* außerdem von dem, das noch keine Folgen gezeitigt hat – dem *Sanchita-Karma* –, welches sich auf zukünftige Leben bezieht. Durch die Handlungen, die er in diesem Leben vollbringt – *Agami-Karma* –, kann jeder Mensch seine Zukunft beeinflussen. Es ist daher nicht gleichgültig, ob Ihre Hand schlägt oder streichelt. In einer nahen Zukunft oder in einem kommenden Leben werden Sie die Konsequenzen dafür tragen müssen oder aber die Früchte ernten.«

Obwohl er die Erklärung des Swami nicht völlig verstanden hatte, bedauerte der Narr bereits, was er getan hatte.

»Das *Samsara* bezeichnet den Kreislauf ohne Anfang und Ende der Existenzen. Solange der Mensch seine wahre Identität, das heißt seine Einheit mit Brahman, nicht gefunden hat, muss er das Drama der Reinkarnation weiterhin erleiden. Der Hinduismus kennt jedoch Techniken, die es dem Ausübenden erlauben, die Befreiung zu erlangen, nämlich die verschiedenen Übungen des *Yoga*.

Die Welt, in der wir leben, ist geprägt von Gewalt und Illusionen. Nur die wahre Realität verheißt Glück und Vollkommenheit. Die Weisen lehren indes, dass die Realität auch im Irrealen gegenwärtig ist und der Suchende sie darin zu entdecken vermag.«

Krishnananda verstummte. Er meditierte einige Augenblicke lang, den Rücken kerzengerade, und murmelte die heilige Silbe »OM« sowie den Friedenswunsch »Shanti«.

Die Verhaftung

In diesem Augenblick erschien am Eingang des Saales eine Wache. Der Mann zögerte einen Moment, die tiefe Stille im Saal zu stören, entschloss sich aber schließlich doch, dem Weisen das Schriftstück zu überreichen, das man ihm gebracht hatte.

Der Weise las es, und ein zufriedenes Lächeln erschien auf seinem Gesicht:

»Meine Damen und Herren, ich habe die Freude, Ihnen mitteilen zu dürfen, dass der Störenfried unserer Zusammenkunft verhaftet werden konnte. Unsere Polizeibeamten haben ihn in seinem Hotelzimmer mit einer Feuerwaffe angetroffen, die er vergeblich zu verbergen versuchte. Bei dem jungen Mann, demselben, der auch die Eröffnung des Wettstreits gestört hat, handelt es sich um einen extremistischen Muslim. In seinem Gepäck wurde das Werk eines gewissen al-Maghili über den *Dschihad* gefunden, was, soweit ich weiß, ›heiliger Krieg‹ bedeutet. Sein Krieg ist jedenfalls hiermit zu Ende.«

Der Imam Ali ben Ahmed war erleichtert und betroffen zugleich. Erleichtert, weil er wusste, dass seine Tochter nun nicht länger bedroht wurde, und betroffen, weil der wahre

Islam wieder einmal von einem Extremisten verraten worden war. Er wusste nur zu gut, dass al-Maghili predigte, der *Dschihad* gegen Glaubensbrüder, die einer »falschen« Lehre anhingen, sei dringlicher als der gegen die Heiden selbst. In Wahrheit hatten sie es auf ihn abgesehen, nicht sosehr auf seine Tochter. Der Scheich verspürte das dringende Bedürfnis, der Versammlung die wahre Natur des islamischen *Dschihad* zu erklären und kundzutun, wie sehr sich die überwiegende Mehrheit der Muslime von den Gewalttaten im Namen Allahs abgestoßen fühlte. Doch aus Höflichkeit gegenüber dem Hindu beschloss er, seinen eigenen Auftritt abzuwarten.

Konfrontationen

»Die Debatte mit dem Swami kann nun in einer *friedlichen Atmosphäre* fortgeführt werden«, verkündete der Weise mit einiger Genugtuung in der Stimme. »Wer möchte sich äußern?«

Wieder einmal war es Professor Tannier, der sich als Erster zu Wort meldete: »Ich habe Sie so verstanden, als sei Brahman omnipräsent. Wenn dies der Fall ist, wie konnte der Hinduismus dann ein so ungerechtes soziales System wie das Kastenwesen rechtfertigen? Und wenn das Absolute jedem Menschen innewohnt, wie ist es dann möglich, dass der Einfluss mancher Gurus auf ihre Anhänger so weit geht, dass sie sie teilweise sogar sexuell missbrauchen?«

»Die Grundlagen der hinduistischen Gesellschaft beruhen unter anderem auf den *Manavadharmashastra*, den *Gesetzen von Manu*. Die traditionelle Gesellschaft ist in der Tat in vier *Varnas* oder Stände eingeteilt. Schon im *Rigveda* findet sich ein berühmter Vers, der von vielen Hindus täglich rezitiert wird und in dem es über Purusha, den ersten Menschen, von dem die gesamte Menschheit abstammt, heißt:

›Der Brahmane war sein Mund,
seine Arme wurden zum Krieger,
seine Schenkel zum Vaishya,
aus seinen Füßen ging der Shudra hervor.‹
(Rigveda X,90)

Die Brahmanen waren ursprünglich Priester, Philosophen, Gelehrte und religiöse Oberhäupter, die *Kshatriyas* Krieger und politische Führer, die *Vaishyas* Gewerbetreibende, Bankiers und Bauern, die *Shudras* Arbeiter und Diener. Diese vier Stände sind wiederum in zahlreiche *Jatis* oder Kasten unterteilt, die sich nach der Geburt oder dem Beruf richten. Außerhalb dieses Systems stehen die *Parias* oder Unberührbaren, die Gandhi liebevoll *Harijans*, die Kinder Gottes nannte; sie selbst dagegen ziehen die Bezeichnung *Dalits* vor, was ›gebrochene Menschen‹ bedeutet. Unter den insgesamt neunhundert Millionen Indern leben einhundert Millionen Parias. Ursprünglich war es das Ziel des Kastenwesens, Kämpfe um Besitzstände zwischen den verschiedenen gesellschaftlichen Schichten zu verhindern. Jeder sollte an seinem Platz zum Wohl der Gesellschaft beitragen und so seine spezifische Bestimmung erfüllen. Unglücklicherweise erstarrte dieses System im Laufe der Zeit, und die Machtübernahme verschiedener Gruppen führte zu unterschiedlichen Formen der Unterdrückung. Auch wenn die indische Regierung heute versucht, das alte Kastensystem endgültig abzuschaffen, so ist es doch in der Tradition und in den Köpfen der Menschen noch fest verankert.

Sie müssen jedoch wissen, dass diese Hierarchie für einen wahrhaft religiösen Menschen keinerlei Bedeutung hat, ebenso wenig übrigens wie Rituale. Der große Meister Shankara hat einst gesagt: ›Ich kenne weder Tod noch Furcht noch Unterschied der Kaste. […] Ich bin weder Tugend noch Laster, weder Freude noch Leid; nicht das Mantra, das Heiligtum, die Veden, das Opfer; nicht die Handlung des Essens noch der Essende und die Nahrung. Ich bin reines Bewusstsein und Seligkeit. Ich bin Shiva! Ich bin Shiva!‹«

Gurus und Kängurus

»Und wie verhält es sich mit den Gurus?«

»Gewiss gibt es in dieser Hinsicht ebenfalls Auswüchse. Als Guru wird ein Mensch bezeichnet, dessen Lehren in irgendeiner Form ›Gewicht‹ besitzen. Die hinduistische Tradition unterscheidet vier verschiedene Ebenen von Gurus: die Eltern, die profanen Lehrer, die spirituellen Lehrer und den kosmischen Guru, zu dem der spirituelle Guru hinführt. Aufgabe des Lehrmeisters ist es, bei der Suche nach dem richtigen spirituellen Weg Hilfe zu leisten, nicht jedoch, ihn an Stelle seiner Schüler zu beschreiten – und noch weniger, sich auf Kosten anderer zu bereichern.«

Der Narr wandte sich an den Weisen und flüsterte ihm ins Ohr:

»Weißt du, was der Unterschied zwischen einem garstigen alten Guru und einem niedlichen Känguru ist? Gar keiner. Beide füllen gern ihren Beutel.«

»Letzten Endes«, fuhr Krishnananda fort, »besteht überhaupt kein Unterschied zwischen einem Guru und seinem Schüler. Shankara hat dazu gesagt: ›Ich habe weder Vater noch Mutter, nicht einmal eine Geburt; weder Freunde noch Kameraden, weder Schüler noch Guru. Ich bin reines Bewusstsein und Seligkeit. Ich bin Shiva! Ich bin Shiva!‹«

Rahula bat um das Wort.

Beide, sowohl der hinduistische Swami als auch der buddhistische Mönch, spürten, wie schwer das Gewicht der zweitausendfünfhundertjährigen Geschichte ihrer Religionen auf ihrem persönlichen geistigen Austausch lastete. Jahrhundertelang, bis in die Zeit der islamischen und britischen Besatzung hinein, war Indien von Dynastien regiert worden, die einmal den Buddhisten wohlgesinnt waren, wie die Mauryas und Kushangas, ein anderes Mal dagegen den Hindus, wie etwa die Shungas und die Guptas.

»Hinduistische Kastenprivilegien und die Überheblichkeit der Brahmanen werden in buddhistischen Predigten oft scharf angegriffen, obwohl es erwiesenermaßen auch zahlreiche buddhistische Mönche gegeben hat, die ihre Macht missbrauchten und sich in eitler Überheblichkeit gefielen.«

Die offene Selbstkritik von Seiten Rahulas beschwichtigte den Swami.

»Und doch möchte ich eine Frage stellen. Die buddhistische Lehre des Nichtvorhandenseins eines Selbst scheint der hinduistischen Vorstellung von der Identität oder Einheit der Seele mit Brahman diametral gegenüberzustehen. Wir betrachten das ›Ich‹ als reine Potenzialität ohne Substanz, während Sie glauben, es gebe außerhalb des ›egoistischen Selbst‹ ein universales ›ICH‹, ein unbeschreibliches ›DAS‹. Unsere Philosophie ist negativ, allerdings nicht in dem eingeschränkten Sinne, wie der Papst es in seinem Werk *Die Schwelle der Hoffnung überschreiten* beschrieben hat, in dem er zu Unrecht die Meinung vertritt, wir verachteten die Welt. Unsere Philosophie ist in dem Sinne *negativ*, als sie jegliche Festlegung ablehnt, die sich des Unbeschreiblichen bemächtigen oder es einschränken könnte. *Sich bemächtigen* bedeutet ›sich eine Sache aneignen‹, und jede Aneignung kann die Sache selbst zerstören. Während also unsere Gelehrten in Wort und Tat danach streben, sich von Negation und Nichtbemächtigung leiten zu lassen, wagen es die Ihren affirmativ zu behaupten: ›Das Eine, das bin Ich.‹ Eben diese Behauptung, das höchste Selbst sei im menschlichen Leben präsent, kann jedoch in einem noch nicht genügend geläuterten Herzen Kastenarroganz oder die Überheblichkeit eines Gurus hervorbringen. Was meinen Sie?«

»Wie ich bereits Professor Tannier erklärt habe, muss ich gestehen, dass es im Hinduismus, wie in jeder anderen Religion oder Philosophie, Ansichten gibt, die bei einer falschen Auslegung gefährliche Auswirkungen haben können. Sowohl in Indien als auch in den westlichen Ländern treiben zahlreiche Pseudogurus ihr Unwesen, die von der Oberflächlichkeit der Massen profitieren, um sich auf deren Kosten zu bereichern. Der wahre Weise aber lehnt jegliche Aneignung ab, oder, wie Shankara es ausdrückte, er zwingt sein ›Ich‹ nicht dem Nichtsein auf. Der wahre Weise ist ein Mystiker, der sich zum Medium und Sprachrohr des Höchsten macht. Nur das ›ICH BIN‹, das Gott durch den Mund eines Menschen spricht, ist wahrhaftig und unsterblich. Das Ego des Menschen ist vergänglich, der Atman-Brahman hingegen ewig.«

Zwei Seiten einer Medaille

»Wenn ich Sie richtig verstanden habe«, schaltete sich Alain Tannier in die Diskussion ein, »sind Hinduismus und Buddhismus quasi zwei Seiten einer Medaille. Die Lehre des Nichtselbst des Buddha geht von der menschlichen Erfahrung aus und sagt mit Vorsicht über alles Erfahrene: ›Nein, dies ist nicht von Dauer. Seid auf der Hut!‹ Die Lehre des Selbst im hinduistischen Glauben hingegen geht vom Dauerhaften aus und sagt mit Bedacht: ›Das Unvergängliche kann in dieser vergänglichen Welt erfahren werden.‹ Die Buddhisten weigern sich anzunehmen, unser sich ständig veränderndes Universum habe einen absoluten Wert, während der Hinduismus vom ewigen Absoluten ausgeht und es innerhalb unseres fluktuierenden Universums erkennt.«

»Ganz so einfach ist es nicht«, stellte Rahula gleich darauf richtig. »Wenn die Buddhisten sagen, ›nichts ist von Dauer‹, oder ›alles ist vergänglich‹, kann dies zwei Dinge bedeuten. Entweder ist mit ›alles‹ ›alles Wahrnehmbare‹ gemeint und es existiert daher ein dauerhaftes Nichtwahrnehmbares außerhalb von ›allem‹. Oder ›alles‹ bedeutet wirklich ALLES, auch Gott, die Gottheiten und das Selbst der Hindus. In diesem Fall ist die einzige dauerhafte Wahrheit die der Vergänglichkeit von ALLEM.«

»Die Hindus vertreten erstere Ansicht«, erklärte der Swami. »Unseren großen Philosophen Shankara könnte man daher in gewisser Weise als ›verkappten Buddhisten‹ bezeichnen, und einige Fachleute wie etwa Ananda Coomaraswamy sind sogar der Meinung, der Buddhismus und der Hinduismus unterschieden sich im Grunde kaum voneinander. Jenseits der Worte steht die Erfahrung. Kühe geben immer die gleiche Milch, unabhängig von der Farbe ihres Fells, und Rosen duften stets auf die gleiche Weise, egal, welchen Namen die Menschen ihnen gegeben haben.«

»Das kann ja sein«, beteiligte sich nun der Scheich an der Debatte. »Doch die Milch einer Kuh ist nicht dieselbe wie die einer Ziege, und der Duft einer Rose unterscheidet sich von dem des Jasmins.

Wir Muslime haben seit jeher große Schwierigkeiten, Ihre Praktiken und Ihre Lehren zu begreifen. Das gilt zumindest für diejenigen unter uns, die sich strikt an die Worte des Koran und der *Scharia*, des islamischen Religionsgesetzes, halten. Die Art und Weise etwa, in der Sie Gott in der Gestalt von Tieren oder Menschen, mit Frauenkörpern oder in Form von Sexualorganen darstellen, sind für islamische Gläubige zutiefst schockierend. Allah sagte zu Mohammed: ›Sprich: Mir wurde verboten, die zu verehren, die ihr neben Gott anruft.‹« (Koran 6,56)

Der Scheich unterbrach an dieser Stelle kurz seine Rede.

Dem Swami kamen die vielen Wunden in Erinnerung, die muslimische Eroberer seinem Volk im Laufe der Geschichte zugefügt hatten. Mahmud der Eroberer aus Ghazni, und Mohammed der Ghuride beispielsweise, um nur zwei der vielen Heerführer zu nennen, hatten sein Heimatland einst auf grausame Weise ausgeplündert und Tausende von Götterstatuen zerschmettert. Zu Dutzenden waren hinduistische Tempel zerstört und aus ihren Trümmern Moscheen erbaut worden.

»Vielleicht ist es besser, eine abgewogene und begrenzte Vorstellung des Göttlichen zu besitzen und sich damit für seine eigene Religionsausübung zu begnügen, als die Idee des einzigen Gottes zu verfechten und damit die massive Unterdrückung anderer religiöser Glaubensvorstellungen und -praktiken zu rechtfertigen«, erwiderte er auf die Worte Ali ben Ahmeds.

Der Scheich war von der scharfen Bemerkung des Swami überrascht.

»Ich glaube, Sie haben mich missverstanden. Ich dachte gerade daran, was der große muslimische Mystiker Dschelaladdin Rumi lehrte, wobei ich bemerken muss, dass zahlreiche unserer sogenannten Rechtsgelehrten diese Lehre nicht begreifen. Rumi zitiert beispielsweise einen Dialog zwischen Gott und Moses, nachdem Letzterer einen unwissenden Schäfer zurechtgewiesen hatte: Der Schäfer hatte gebetet: ›O Gott, der Du auserwählst, wo verbirgst Du Dich? – dass ich Dir diene, Dir die Schuhe anziehe, Dir die Haare kämme, Dir die Kleider wasche, Deine Läuse töte, Milch zu Dir bringe, o Erhabener […]?‹ – ›Oh, du bist ganz und gar verdorben‹, hatte ihn daraufhin Mose getadelt, der gerade vorbeikam. ›Bist nicht gläubig geworden, sondern ein Ketzer! Was ist das für ein Geschwätz, für eine Gotteslästerung und Prahlerei! […] Gott, der Hocherhabene, bedarf derartiger Dienste nicht!‹ Der Schäfer entfloh daraufhin verwirrt in die Wüste. Da ermahnte Gott seinen Propheten: ›Du hast Meinen Diener von Mir getrennt. Bist du gekommen zu binden oder zu lösen? Verhindere Trennung, wo immer du kannst! Das Meistgehasste ist für Mich die Scheidung. Jedem schenkte Ich ein eigenes Verhalten, jedem gab Ich seine Ausdrucksweise. Der Hirte ist zu loben, du aber bist zu tadeln: Bei ihm geht es um Honig, bei dir geht es um Gift. Ich bin unabhängig von Reinheit und Befleckung, von Schwerfälligkeit und Behändigkeit. Nicht zu *Meinem* Nutzen stelle Ich die Gebote auf, sondern aus Großmut gegenüber den Dienern. […] Nicht *Ich* werde rein durch eure Gebete – ihr selber werdet es und verstreut dann Perlen. Ich schaue nicht auf Zunge und auf Rede, Ich schaue auf das Innere und den Seelenzustand. Ich blicke in das Herz, ob es – trotz vorlauter Worte – demütig bleibt. Das Herz ist wesentlich, die Rede zufällig.«

Die Zuhörer wunderten sich, denn eine so versöhnliche Rede hatte von Seiten des muslimischen Scheichs niemand erwartet.

Religiöse Toleranz und weltliche Probleme

Doktor Clément bat nun um Redeerlaubnis.

»In jeder unserer Religionen gibt es sowohl tolerante, versöhnliche als auch intolerante Strömungen. Der Hinduismus dagegen scheint allen anderen Glaubensrichtungen mit einer immensen Offenheit zu begegnen. Dies ist deshalb möglich, weil Sie das Absolute als das Zentrum betrachten, zu dem alle Wege hinführen, oder auch als Gipfel, zu dem alle Pfade vom Fuß des Berges aus hinaufsteigen. Doch wie Sie wissen, sehen viele Christen wie auch zahlreiche Muslime in ihrer jeweiligen Religion den einzigen Weg zum Heil. Das mag sehr überheblich klingen, doch andererseits gibt es auch für manche Krankheiten nur ein einziges Heilmittel, welches nicht nur bei den Kranken wirkt, die sowieso daran glauben, sondern auch bei allen übrigen Menschen. Wenn man dagegen den Geist der Offenheit so weit treibt, alle Medikamente ausprobieren zu wollen, kann das unter Umständen zum Tod führen. Meine Frage lautet daher, wie Sie sich denjenigen gegenüber verhalten, die behaupten, ihre Religion sei die einzig wahre?«

»Ein echter Hindu«, antwortete der Swami darauf kurz und bündig, »kann den Gedanken eines einzigen Heilsweges unmöglich akzeptieren. So etwas tun nur Unwissende.«

»Oder manchmal auch Wissende?«, fragte Christian Clément zurück. »Na ja, es tut im Moment nichts zur Sache. Wir werden noch Gelegenheit haben, ausführlicher über dieses Thema zu diskutieren.«

Einen Moment lang hatte der Weise deutlich gespürt, wie die Spannung zwischen den Kontrahenten wuchs. Lag es vielleicht an der allgemeinen Erschöpfung? Oder an den Unterschieden zwischen ihren Religionen? Oder einfach daran, dass auch Gläubige, selbst Ordensgeistliche, nur Menschen sind?

»Meine zweite Frage«, fuhr der Christ fort, »betrifft den Umgang mit weltlichen Problemen. In Indien gibt es viele Arme, auf materieller Ebene versteht sich. Natürlich existiert auch in den westlichen Ländern wirtschaftliche Armut; so greift zum Beispiel die Arbeitslosigkeit immer mehr um sich. Damit kenne ich mich aus, das können Sie mir glauben. Aus meinem Heimatland, der Schweiz, mussten im 19. Jahrhundert viele Menschen nach Übersee emigrieren, um zu überleben. Diese Tatsache ist in der heutigen Zeit relativen Wohlstands – obwohl, wie ich bereits bemerkte, die Zahl der Arbeitslosen ständig wächst – bei vielen meiner Landsleute in Vergessenheit geraten. Für uns sind jedenfalls finanzieller Wohlstand und materielles Wohlergehen nichts Verachtenswertes. In der Bibel steht, die Welt sei von Gott erschaffen und dem Menschen anvertraut worden, damit er sich daran erfreue, daher sind für uns die spirituelle und die materielle Ebene untrennbar miteinander verbunden. Wenn ich Ihnen jedoch zuhöre, entsteht bei mir der Eindruck, im Hinduismus stehe das Brahman an erster Stelle – ebenso wie die Brahmanen, die Priesterkaste –, und zwar auf Kosten der ganz konkreten Existenz. Habe ich damit Unrecht?«

»Traditionellerweise stehen in Indien tatsächlich die Mystiker im Ansehen über den Politikern und nicht umgekehrt. Ihre Weisheit befasst sich mit dem Ewigen, während die Regierung sich um das Vergängliche kümmert. Es mag sein, dass sich durch die Globalisierung der politischen Beziehungen und die Dominanz der Wirtschaft in allen Bereichen des Lebens die Verhältnisse verändern. Dennoch wäre es ein Irrtum zu glauben, im Hinduismus sei ausschließlich das Streben nach *Moksha*, der Erlösung, wichtig, alles Übrige dagegen bedeutungslos. Neben dem *Moksha* gibt es für Hindus noch drei weitere Lebensziele: *Artha*, die Erlangung von materiellen Gütern, *Kama*, die erotische Lust und die Fortpflanzung sowie die Beachtung des *Dharma*, des ewigen Gesetzes. Alle diese vier Lebensziele oder *Purushartha* sollten respektiert werden.«

Einige Zuhörer spitzen die Ohren, als sie das Wort *Kama* hörten. Doch sie hofften vergeblich, pikante Einzelheiten über orientalische Erotik zu erfahren.

»Freilich muss ich sagen, dass in Indien möglicherweise in der Vergangenheit die sozialen Umstände, in denen die Bevölkerung lebte, auf Grund der größeren Bedeutung, die man dem spirituellen Streben einräumte, vernachlässigt wurden. Doch glücklicherweise findet diesbezüglich eine Veränderung statt. In meinem Orden, dem Orden Shri Ramakrishna, und dem Missionswerk, das ihm angegliedert ist, führen wir ein kontemplatives Leben, sind jedoch auch in sozialer Hinsicht aktiv. Unsere Klöster beherbergen Schulen, Waisenhäuser, Krankenhäuser, Apotheken und auch Bibliotheken.

Selbst wenn das Spirituelle gegenüber dem Materiellen einen höheren Stellenwert besitzt, darf man den sozialen Bereich nicht vernachlässigen.«

Der Ursprung des Bösen

Rabbiner Halevy war der Letzte, der sich äußerte:

»Ich habe sowohl eine Frage als auch eine ergänzende Bemerkung. Zunächst meine Frage: In unserer jüdischen Glaubenstradition – doch Ähnliches gilt auch für das Christentum und den Islam – resultiert das vom Menschen verübte Böse aus einem Misstrauen, einem Bruch der Allianz mit Gott, einer Revolte, die ihn von der Quelle trennt, aus der er gespeist wird. Das Heil muss infolgedessen darin gesucht werden, den Bund mit Gott und mit seinem Nächsten wieder neu zu schmieden, indem man die göttlichen Gesetze strikt befolgt. Wenn ich Sie richtig verstehe, entsteht nach Meinung der Hindus das Böse aus den negativen Taten der Menschen, und diese gehen wiederum aus deren Unwissenheit hervor. Der Mensch hat seine wahre Natur vergessen, die in Verbindung mit Gott steht oder identisch mit ihm ist, und bleibt deshalb im Kreislauf vieler irdischer Existenzen gefangen. Ich möchte an dieser Stelle nicht auf den grundlegenden Unterschied zwischen der Inkarnation in zahlreichen Leben und der Auferstehung nach einem einzigen Leben eingehen, an die die meisten Anhänger der semitischen monotheistischen Religionen glauben. Was ich jedoch nicht verstehe, ist, warum und wie das freie und vollkommene Selbst, das jedem Wesen innewohnt, von der Unwissenheit verschleiert werden kann. Wie kann ein lebendes Wesen sich mit einem Körper identifizieren und dabei sein wahres Wesen vergessen? Mit anderen Worten, wenn Gott und das Selbst ewig und vollkommen sind, wie sind dann die Entstehung der Unwissenheit und die Gesetzmäßigkeiten des *Karma* zu verstehen?«

Der Swami bewunderte den Scharfsinn des Rabbiners.

»Zahlreiche Hindus haben versucht, auf diese Frage eine Antwort zu finden, doch keine ist wirklich befriedigend. Selbst unser großer Gelehrter Vivekananda hat demütig zugegeben, dass er den Grund nicht wüsste, und auch ich möchte mich lieber nicht dazu äußern.«

»In allen unseren Religionen gibt es Fragen ohne Antworten. Ich weiß Ihre Ehrlichkeit zu schätzen, denn dadurch haben Sie uns mit Sicherheit die Beste aller möglichen Antworten gegeben.«

»Haben Sie noch etwas hinzuzufügen?«, fragte ihn der Moderator.

»Oh ja!«, fuhr Rabbiner Halevy fort. »Wir Juden betrachten Gott als den Schöpfer der Welt; sie ist verschieden von ihm. Das hebräische Wort für diese Schöpfung heißt *Bara* und ist verwandt mit dem Adverb *bar*, das ›außerhalb von‹ bedeutet. Gott hat beim Schöpfungsakt die Welt praktisch hinausgeschleudert, ausgestoßen, wie eine Mutter es bei der Geburt mit dem Kind tut. Wenn man sagt, dass Gott die Welt *ex nihilo*, aus dem Nichts, erschaffen hat, dann bedeutet dies, dass das Universum aus dem Innersten Gottes hervorgebracht wurde. Nach der jüdischen Mystik, der *Kabbala*, ist Gott das ursprüngliche Nichts. Außerdem ist er das höchste ›ICH‹. Er ist daher zugleich die Leere, von der die Buddhisten sprechen, und das Selbst, wie es die Hindus erklären. Im Übrigen sind im Hebräischen die Wörter für ›NICHT‹ und ›ICH‹ Anagramme. Ersteres heißt ›AYN‹, Letzeres ›ANY‹.«

114

Der König und der Weise zuckten zusammen.

»Sagten Sie gerade ›ANY‹ und ›AYN‹?«, fragte der König.

»Allerdings«, antwortete der Rabbiner überrascht. »Was erstaunt Euch daran, Majestät?«

»Wir haben Träume gehabt«, begann der König, »in denen…«

Doch ein warnender Blick des Weisen brachte ihn zum Schweigen, und er sagte rasch:

»Ach nein, entschuldigen Sie bitte, wir werden ein andermal darüber reden.«

Der Weise vergaß vor lauter Aufregung, dem Publikum oder der Jury das Wort zu erteilen und hob die Sitzung auf. Dann fasste er sich jedoch wieder und gab noch folgende Ankündigung bekannt:

»Wie Sie dem Programm entnehmen können, findet heute Abend eine kulturelle Veranstaltung statt. Im Stadttheater werden Musik und Tänze unseres Landes aufgeführt sowie Glaubenstraditionen aller Religionen vorgestellt, die bei diesem Wettstreit vertreten sind. Sie sind alle recht herzlich eingeladen.«

Dann eilte er fast im Laufschritt zusammen mit dem König und dem Narren in Richtung eines kleinen Salons weitab vom Trubel der Menge.

ANY – AYN

Der König und der Weise befanden sich in großer Aufregung, der Narr hingegen blieb ganz gelassen. Seelenruhig streichelte er den schuppigen Kopf Eloïses.

»Er hat tatsächlich ›ANY‹ und ›AYN‹ gesagt«, stöhnte der

König. »Nun haben wir den Beweis, dass unsere Träume nicht nur reine Truggebilde waren.«

»Ich würde eher sagen«, entgegnete der Narr, »wir haben den Beweis, dass in Euren Träumen nicht nur Eure eigenen Trugbilder herumgespukt haben, sondern auch die des Rabbiners! Vielleicht hat er Euch diese beiden für ihn so wichtigen Worte per Telepathie gesandt.«

»Das ist doch absurd«, erwiderte der Herrscher. »Ein Rabbiner, der der Gedankenübertragung mächtig ist und seine Botschaften an drei Personen zugleich schickt, und zwar Tausende Kilometer von seinem Wohnort entfernt! Denn du, Narr, hast doch auch eine Botschaft empfangen.«

»Ja, aber meine kam von Gott persönlich!«

»Jetzt zieh doch nicht alles ins Lächerliche. ANY, AYN und Gott sind dasselbe, und da der Rabbiner uns davon erzählt hat, muss seine Religion die Beste sein!«

Der Weise wog die Fakten gegeneinander ab:

»Vielleicht hat uns wirklich der Gott der Juden diese Botschaften geschickt; aber erstaunlicherweise hat er sich in Symbolen offenbart, die auch den Buddhisten und Hindus vertraut sind: Gott als unfassbares ›NICHT‹ und als höchstes ›ICH‹. Er zeigt sich als Person und zugleich als über jede Form der Personifizierung erhaben. Daraus könnte man schließen, dass dem Gott der Juden bestimmte Vorstellungen östlicher Religionen nicht ganz fremd sind.«

»Wir können also bisher lediglich sagen, dass der Ursprung der Botschaften für uns allmählich ein wenig klarer wird«, überlegte der König laut, »dass uns aber der Inhalt weiterhin verborgen bleibt. ›Wie der Mond, so muss auch dein Volk sterben.‹ Dieses Thema hat bisher noch keiner der Konkurrenten angeschnitten. Wie lautete noch einmal deine Botschaft?«

»›Wie das Volk, so muss auch dein König sterben. Sucht die Nadel, und ihr werdet leben.‹«

»Damit sind wir bisher noch keinen Schritt weitergekommen«, seufzte der König. »Diese Todesbotschaften machen mir wirklich zu schaffen. Was wird nur mit uns geschehen? Langsam bekomme ich es regelrecht mit der Angst zu tun.«

»Ja, ja, wir stehen hier vor einem ernsten existenziellen Problem«, bemerkte der Narr philosophisch. »Wie sollen wir nur in diesem riesigen Heuhaufen die Nadel suchen, von der in meiner Botschaft die Rede ist? Meine Interpretation des Ganzen lautet vielmehr: Das Heu all dieser Botschaften soll uns überhäufen und uns wie Nadeln pieken.«

Geistesgegenwärtig duckte er sich, als das dicke Buch geflogen kam, das der König nach ihm warf. Ohne ein weiteres Wort zu verlieren verließ der Narr den Raum.

Amina

Amina war beruhigt, als sie erfuhr, dass der Verfasser des anonymen Briefes verhaftet worden war. Sie ging auf ihr Zimmer zurück, das direkt neben dem ihres Vaters lag. Das Hotel, in dem die verschiedenen Delegationen untergebracht waren, lag fast ganz verlassen da. Die meisten Gäste befanden sich zu diesem Zeitpunkt bei der Aufführung im Stadttheater. Nur der Weise war direkt nach Hause gegangen, weil ihn die Ereignisse des Tages einfach zu sehr beschäftigten, und auch David Halevy hatte, von plötzlichen Kopfschmerzen geplagt, die Vorstellung frühzeitig verlassen.

Amina genoss die in der Hotelanlage herrschende Stille. In Ägypten lebte sie mit ihrem Vater in Kairo, und sie empfand sehr deutlich den Kontrast zwischen den lärmenden Straßen der heimischen Metropole und der Ruhe des großen Parks rund um das Hotel. Der Mond stand fast voll am Himmel, und sein sanfter Lichtschein fiel auf die Bäume im Park. Amina bekam Lust, in diese zauberhafte Atmosphäre einzutauchen wie in ein Bad. Beim Gedanken an ihren Vater zögerte sie einen Moment. Doch dann sagte sie sich, sie sei schließlich kein kleines Mädchen mehr. Als ihre Mutter im selben Alter war wie sie heute, hatte sie sie bereits geboren.

Mit ihren neunzehn Jahren genoss Amina zwar einige Freiheiten, allerdings nach ihrem Geschmack bei weitem nicht genug. Bis vor kurzem hatte ihr Vater noch an der berühmten Al-Azhar-Universität gelehrt, und die religiösen und sozialen Konventionen, die sie aus diesem Grund beachten musste, hatten schwer auf ihren Schultern gelastet. Seit der Scheich emeritiert war, verspürte sie eine gewisse Erleichterung, doch für den Augenblick wagte sie es nicht, sich noch weitere Freiheiten zu erkämpfen. An jenem Abend beschloss sie jedoch, ihre Bedenken über Bord zu werfen und hinauszugehen. »Solange ich im Hotelpark bleibe, wird mir mein Vater schon nicht böse sein«, sagte sie sich im Stillen und beruhigte damit ihr Gewissen.

In ihrer Aufregung vergaß Amina jedoch, die Zimmertür abzuschließen, eine Unterlassung, deretwegen sie sich im Nachhinein schwere Vorwürfe machte. Draußen strich der Abendwind sanft über ihr Gesicht, und ihre Schritte im weichen Gras waren wie ein Tanz, wie ein Gebet...

David Halevy hatte sein abendliches Gebet gerade beendet:

»Gelobt seist du, Herr, unser Gott, König der Welt, der durch sein Wort die Abende dämmern lässt…,

der Tag und Nacht erschafft, der das Licht vor der Finsternis und die Finsternis vor dem Licht einrollt,

der den Tag vorübergehen und die Nacht kommen lässt,

der zwischen Tag und Nacht scheidet,

Herr der Heere ist dein Name, der ein Gott ist, lebendig und bleibend, der beständig über uns König ist auf ewig und immerdar.

Gelobt seist du, Herr, der die Abende dämmern lässt.«

Nachdem er seine Gebetsriemen und seinen Gebetsschal weggeräumt hatte, machte er sich zum Zubettgehen bereit. Er öffnete das Fenster und lobte im Stillen den Herrn, der soviel Schönheit geschaffen hatte. Plötzlich bemerkte er Amina und trat unwillkürlich einen Schritt zurück. David war vierunddreißig Jahre alt und noch nicht verheiratet. Diese für einen Rabbiner ungewöhnliche Tatsache war für viele seiner Mitmenschen eine ständige Quelle des Spotts, und sie hielten ihm die Talmudstellen vor, in denen es heißt: »Jeder Mensch, der keine Frau hat, ist eigentlich kein Mensch« (Jebamot 63a), und: »Jeder, der sich nicht mit Fruchten und Mehren befasst, ist, als ob er Blut vergieße« (Jebamot 63b). Er hatte sich angewöhnt, darauf ganz gelassen zu antworten, schließlich sei es Gott, der jedem seine Frau auswähle, so stehe es geschrieben, und solange er noch darauf warte, bleibe er eben ein »Liebhaber der Thora«.

Der junge Mann schloss die Augen. Er dachte wieder an den Moment, in dem seine Blicke denen Aminas begegnet waren. Die Gefühle, die dabei in ihm aufstiegen, hatte er an jenem Tag rasch verdrängt, doch jetzt, allein in seinem Zimmer, konnte er sie nicht mehr unterdrücken. Langsam öffnete er die Augen und betrachtete die junge Frau.

Amina schritt leichtfüßig durch den Garten. Sie hatte ihren Schleier auf die Schultern herabgleiten lassen, und das dichte schwarze Haar fiel ihr lose um den Hals. Sie blieb stehen, pflückte eine Blume und drückte sie zart an die Lippen. Davids Blick streifte das frische Gesicht des jungen Mädchens und wanderte dann über ihren Körper. Er fühlte sich davon angezogen wie von einer warmen, lieblichen Landschaft...

»Adonai, bewahre mich!« David trat überstürzt vom Fenster zurück. Hastig zitierte er ein paar schützende Worte aus dem Buch der Sprichwörter: »Ein Weg zum Leben sind Mahnung und Zucht: Sie bewahren dich vor der Frau des Nächsten, vor der glatten Zunge der Fremden. Begehre nicht in deinem Herzen ihre Schönheit, lass dich nicht fangen durch ihre Wimpern! [...] Kann man über glühende Kohlen schreiten, ohne sich die Füße zu verbrennen? So ist es mit dem, der zur Frau seines Nächsten geht. Keiner bleibt ungestraft, der sie berührt« (Buch der Sprichwörter 6,23–25,28–29). Er versuchte, an König David zu denken, der, von der Schönheit Batsebas verzaubert, böse Taten beging, und an König Salomo, den fremdländische Frauen zur Götzenverehrung verführten. Doch trotz all seiner Anstrengungen hielten ihn die Gesichtszüge und der Körper Aminas in ihrem Bann. Schließlich gab er seiner Besessenheit nach und ging zum Fenster zurück. Doch der Park lag jetzt verlassen da. Erleichtert und enttäuscht zugleich wartete er einige Minuten. Dann hörte er leichte Schritte auf dem Gang, und jemand betrat das Zimmer neben ihm. Er meinte sogar, Badewasser einlaufen und Kleidungsstücke zu Boden gleiten zu hören. Müde und traurig zog sich David Halevy aus und legte sich zu Bett. Scham und

Selbstverachtung beschlichen ihn und er fragte sich: »Wie konnte ich mich nur von dieser Muslimin so verhexen lassen?«

Doch er hatte keine Zeit, sich lange mit Vorwürfen zu quälen, da er plötzlich im Nebenzimmer einen erstickten Schrei hörte. David Halevy sprang aus dem Bett, rannte nach nebenan und fragte mit lauter Stimme an der Tür, ob alles in Ordnung sei. Er hörte jemanden verzweifelt mit erstickter Stimme um Hilfe rufen. Ohne Zögern trat er ein und sah im Halbdunkel, wie ein maskierter Mann Amina misshandelte. Er stürzte sich auf ihn und versuchte, die junge Frau zu befreien. Es folgte ein kurzes, heftiges Handgemenge, und in dem Durcheinander gelang es dem Mann, die Flucht zu ergreifen. David Halevy verfolgte ihn und rief dabei laut um Hilfe. Doch die Flure des Hotels lagen verlassen da, und der Angreifer konnte ihn rasch abschütteln. Der Rabbiner kehrte in das Zimmer zurück, in dem sich das Drama abgespielt hatte. Amina stand schluchzend in der Ecke, das Gesicht in den Händen verborgen. Er ging zu ihr und legte ihr sanft den Arm um die Schultern. Das Nachthemd der jungen Frau war zerrissen, und sie zitterte am ganzen Leib. Spontan schmiegte sie sich an den Mann, der sie gerettet hatte. Als David ihren weichen Körper spürte und sich ihrer Verletzlichkeit bewusst wurde, versuchte er zunächst, sich von ihr zu lösen. Dann gab er nach und versuchte, sie sanft und in aller Unschuld zu beruhigen.

Ihre Körper berührten sich nur für einen kurzen Augenblick, doch David kam es wie eine kleine Ewigkeit vor. Dann wurde sich die junge Muslimin plötzlich der unschicklichen Situation bewusst, löste sich aus der Umarmung und verschwand im Badezimmer. David Halevy, von Gefühlen überwältigt, blieb noch einen Moment lang stehen. Als er sich wieder gefasst hatte, verließ er sofort das Zimmer. In der Mitte des Flures erblickte er einen Gegenstand, den er zuvor nicht bemerkt hatte. Ohne nachzudenken bückte er sich und hob ihn auf. Als er erkannte, was es war, entfuhr ihm ein Laut der Überraschung; dann steckte er den Gegenstand unauffällig in die Tasche und machte sich auf den Weg, um die Hotelleitung über die Vorfälle in Kenntnis zu setzen.

Nur wenig später war die Polizei an Ort und Stelle und der Scheich an der Seite seiner Tochter. Es gab Fragen über Fragen, und alle Beteiligten mussten verschiedenen Leuten mehrmals erzählen, was sich ereignet hatte. Der Rabbiner erwähnte jedoch mit keinem Wort den Gegenstand, den er beim Verlassen von Aminas Zimmer gefunden hatte. Erst nach vielen anstrengenden Stunden konnten alle endlich zu Bett gehen. Einige Polizeibeamte wurden dazu abgestellt, Amina und ihren Vater Tag und Nacht zu bewachen.

Die junge Frau fand keinen Schlaf. Sie fühlte sich zerschlagen, beschmutzt und wie ausgelaugt. Die Träume des Rabbiners dagegen waren erfüllt von Schreien und schwarzen Haaren. Er sah sich sogar in den Gewändern König Salomos auf die schöne Schulammit zugehen und ihr dabei Worte aus dem Hohelied vorsprechen:

> Wie schön bist du und wie reizend,
> du Liebe voller Wonnen!
> Wie eine Palme ist dein Wuchs;
> deine Brüste sind wie Trauben.
> (Hohelied 7,7–8)

Doch in dem Moment, in dem er das Gesicht der jungen Frau genauer betrachten wollte, erkannte er zu seinem Entsetzen, dass es nicht Amina war, sondern König David, der ihn missbilligend und betrübt anblickte.

Allgemeine Bestürzung

Beim Frühstück war von nichts anderem die Rede als von dem Zwischenfall. Die Ereignisse der vergangenen Nacht waren in Windeseile von den örtlichen Medien ausgeschlachtet worden. Während den Vorträgen der ersten Redner bei dem Wettstreit nur wenige Zeilen gewidmet waren, fand sich der Angriff in allen Schlagzeilen.

RABBINER RETTET TOCHTER EINES IMAMS, lautete die Schlagzeile einer großen Tageszeitung. Die Überschrift eines Sensationsblattes lautete gar: UNZUCHT UND GEWALT BEIM GROSSEN WETTSTREIT. David Halevy fand einige Artikel regelrecht widerlich. Nur wenige Reporter hielten sich an die tatsächlichen Fakten; die meisten spekulierten über den Täter und alle nahmen an, es seien »islamische Extremisten« am Werk gewesen. Die Polizei hatte das Erscheinen der Artikel gar nicht erst abgewartet und sofort sämtliche muslimischen Zuschauer aufs Präsidium gebeten und peinlichen Verhören unterzogen. Dem Rabbiner wurde bewusst, wie erdrückend das Gewicht der Vorurteile nicht nur auf seiner eigenen Religionsgemeinschaft, sondern auch auf den Muslimen lastete.

Umringt von Leibwächtern betrat Ali ben Ahmed mit schleppenden Schritten den Saal. Sein Gesicht war von den Vorgängen gezeichnet, und er wirkte sehr niedergeschlagen.

Amina war verboten worden, sich weiterhin in der Öffentlichkeit zu zeigen, aber sie wollte sowieso niemanden sehen. Von Schmerzen gepeinigt, hatte sie sich in ihr Zimmer zurückgezogen. Selbst die lückenlose Überwachung durch die Polizei beruhigte sie nicht, und sie war aus Angst vor erneuten Übergriffen wie gelähmt.

Als der Rabbiner den großen Saal betrat, starrten ihn alle an. Er senkte den Blick und begab sich zu seinem Platz. Für den Bruchteil einer Sekunde schaute er in das heitere Antlitz des buddhistischen Mönchs und wurde von einem unangenehmen Gefühl der Beklemmung, ja der Entrüstung ergriffen. Am Tag zuvor hatte er noch mit Interesse den Ausführungen Rahulas über das Leiden und den Ursprung des Leidens zugehört, besonders was die sinnliche Begierde betraf. Sein Verstand hatte das Für und Wider dieser Lehre abgewogen und sie gelassen mit der Lehre der Thora verglichen. Heute war auf einmal alles anders. Die Ruhe des Mönchs bewirkte, dass er seinen inneren Aufruhr umso stärker empfand. Gestern noch hatte er mit kaum verhüllter Verachtung einen Ausspruch des Buddha zitiert, der seine jungen Zuhörer gefragt hatte, was ihrer Meinung nach wohl das Beste für sie sei: eine Frau zu suchen oder sich selbst. Doch heute fühlte er sich viel unsicherer. Er versuchte sich ein wenig zu beruhigen. Eine Episode aus der Geschichte des Buddhismus, die zur Quelle eines der ersten Schismata wurde, kam ihm in den Sinn: Auf einem Konzil, welches vom Theravada-Buddhismus nicht anerkannt wurde, hatte der Mönch Mahaveda angeblich behauptet, auch die *Arhats*, die Heiligen, könnten nächtliche Samenergüsse haben – was die Puristen vehement ablehnten. Die Mehrheit jedoch hatte sich schließlich der Meinung Mahavedas angeschlossen. »Auch ein buddhistischer Mönch ist eben ein ganz normaler Mann«, sagte sich David Halevy. »Genau wie ein jüdischer Rabbiner.«

Der Weise eröffnete die heutige Sitzung mit einer kurzen Ansprache:

»Gestern wurde ein Drohbrief gefunden und in diesem Zusammenhang ein Verdächtiger festgenommen. In der vergangenen Nacht jedoch ist es zu einem gewalttätigen Angriff gekommen, dessen Opfer erneut die Tochter des Scheichs Ali ben Ahmed war. Durch den beherzten Einsatz von Rabbiner Halevy konnte jedoch glücklicherweise das Schlimmste verhindert werden. Hiermit möchte ich ihm vor allen Anwesenden unseren Dank aussprechen. Wir haben kurz erwogen, den Wettstreit auf Grund der erschreckenden Zwischenfälle vorzeitig abzubrechen. Doch im Einvernehmen mit den Delegierten haben wir beschlossen, die Veranstaltung fortzuführen, um den Absichten der Fanatiker keinen Vorschub zu leisten. Möglicherweise ist ihr Ziel ja gerade, unsere Zusammenkunft zu sabotieren. Diesen Gefallen werden wir ihnen nicht tun! Wie der Zufall will, hat heute die muslimische Delegation zuerst das Wort. Der Scheich hat sich bereit erklärt, trotz der Aufregungen der letzten Nacht programmgemäß fortzufahren. Hierfür möchte ich auch ihm unseren herzlichen Dank aussprechen.«

V

Der Vortrag des Muslims

Das Publikum klatschte minutenlang Beifall. Der Muslim blieb still auf seinem Platz sitzen und wartete, bis der Applaus verklungen war.

»*Bismi llahi r-rahmani r-rahimi*. Im Namen des allbarmherzigen und gütigen Gottes. Islam – in diesem wunderbaren Wort steckt die Wurzel des arabischen Wortes für ›Frieden‹ – *Salam* –, was übrigens auf hebräisch *Shalom* heißt. In der vergangenen Nacht hat Allah es gewollt, dass eine Muslimin von einem Juden vor dem Schlimmsten bewahrt wurde. *Shalom* und *Salam* haben sich die Hand gereicht.«

Wieder applaudierte das Publikum heftig und lautstark, als wolle es dadurch seine eigenen Befürchtungen bannen.

»Der Islam, ein göttlicher Aufruf zum Frieden, wurde ausgerechnet von jenen verraten, die sich auf ihn berufen. Gott möge ihnen vergeben, denn sie wissen nicht, was sie tun.«

Diese Worte, die denen Jesu Christi frappierend ähnelten, ließen Christian Clément aufhorchen.

»Es existieren mindestens sechs verschiedene Arten von Muslimen; der breiten Öffentlichkeit sind diese Unterscheidungen allerdings meist unbekannt. Manche sind nur noch dem Namen nach Muslime, sie sind so verweltlicht, dass ihnen ihre eigene Religion fremd geworden ist. Dann gibt es die traditionalistischen oder reaktionären Muslime, die oft Einfluss auf die Politik in so genannten islamischen Ländern ausüben und im Namen des Islam Regime rechtfertigen, die häufig ungerecht und totalitär sind. Außerdem gibt es revolutionäre Muslime, die korrupte Regierungen im Namen des Koran und der *Scharia* bekämpfen. Diese Leute schrecken nicht davor zurück, für die Erreichung ihrer Ziele notfalls zu Gewalt oder sogar zum Terrorismus zu greifen. Dann gibt es die reformistischen Muslime, die ebenfalls erstarrte islamische Regime bekämpfen und eine authentische muslimische Gesellschaft aufbauen wollen. Sie vermeiden jedoch, zur Erreichung ihrer Ziele Gewalt einzusetzen. Es gibt aber auch modernistische Muslime, die diesen verschiedenen Formen des Islam misstrauisch gegenüberstehen und versuchen, die Offenbarungs- und Gesetzestexte mit einer zeitgenössischen, humanistischen und demokratischen Weltanschauung in Einklang zu bringen. Schließlich gibt es noch die Sufi-Muslime, die die Wahrheit hinter den Worten oder Versen in ihrem Innersten zu ergründen suchen, um ihren verborgenen Sinn – den *Batin* – zu finden. Den todbringenden Dogmen setzen sie eine Mystik entgegen, die neue Kraft gibt. Eines der größten Probleme der modernen islamischen Welt besteht darin, dass sich die verschiedenen Strömungen gegenseitig bekämpfen. Sogar unser Wettstreit der Religionen wird von der Gewalt überschattet, die diese Spannungen mit sich bringen.«

Bei diesen Worten entrang sich dem Scheich beinahe ein Schluchzen.

Das Leben des Scheichs

»Erlauben Sie mir zunächst, Ihnen ein wenig von meinem eigenen spirituellen Werdegang zu berichten, bevor ich Ihnen den Inhalt der islamischen Religion näher bringe. Wir Muslime sprechen zwar im Allgemeinen nur ungern über uns selbst, da die Offenbarung Gottes Maßstab aller Dinge ist und nicht unsere persönliche Erfahrung. Doch trotzdem halte ich es für sinnvoll, Zeugnis vom Wirken Allahs abzulegen, indem ich Ihnen einige Episoden aus meinem Leben erzähle.

Ich wurde in Ägypten in eine wohlhabende und fromme Familie hineingeboren. Die ersten Worte, die ich hörte, waren die folgenden Worte aus der *Schahada*, dem Glaubensbekenntnis aller Muslime: *La ilaha illa'llah wa Muhammad rasulu'llah*, ›Es gibt keinen Gott außer Allah, und Muhammad ist der Prophet Gottes‹. Mein irdisches Leben begann mit diesen wohlklingenden Worten, und es wird, *inschallah* – wenn Gott will – auch mit diesen Worten enden, die ich vor meinem Tod zu seiner Lobpreisung flüstern werde. Von früher Jugend an habe ich aus dem Koran rezitiert, bis ich ihn auswendig kannte. Nun, da ich blind bin, ist mir dies umso nützlicher.

Als Jugendlicher habe ich mich gegen den oberflächlichen islamischen Anstrich aufgelehnt, der mein Land übertüncht, sowie gegen seine kulturelle und ökonomische Vereinnahmung durch den Westen. Ich bin der Muslimbruderschaft beigetreten und habe die Schriften ihres Gründers, Hasan al-Banna, verschlungen und die von Sajjid Qutb, die die Gewalt predigen. Ich verspürte einen tiefen Hass gegenüber allen, die sich Muslime nannten, jedoch die Lehren Gottes nicht so befolgten, wie er sie im Koran und der *Scharia* offenbart hat. Ich war genauso wie der Verfasser des Drohbriefes und der Mann, der meine Tochter überfallen hat: voll blindem, religiösem Eifer.

Nach und nach ging ich zum gewalttätigen Flügel der Muslimbruderschaft auf Distanz und absolvierte eine theologische Ausbildung an der berühmten Al-Azhar-Universität. Nachdem ich mein Studium beendet hatte, bat man mich sogar, dort als Dozent tätig zu werden, was für mich eine unglaublich große Ehre bedeutete. Zwei Ereignisse jedoch sollten mein Leben grundlegend verändern. Das erste war ein Verkehrsunfall, durch den ich erblindete. Es war ein fürchterlicher Schock für mich, von nun an in ewiger Nacht leben zu müssen, das Licht der Sonne nicht mehr sehen zu können, die unser Land so großzügig überstrahlt, die Sterne, von denen jeder in seiner ganz eigenen kostbaren Zartheit leuchtet, und die Farben der Welt in ihren unendlich vielen Nuancen nicht mehr wahrzunehmen. Am Allerschlimmsten aber war, dass ich das geliebte Antlitz meiner Frau und das heitere Lächeln meiner Tochter nicht mehr sehen konnte, die, wie man mir sagte, mit jedem Tag schöner wurde.«

Schönheit und Liebe

David Halevy errötete ein wenig, stellte aber erleichtert fest, dass es niemandem auffiel.

»Von diesem Tag an war ich wie besessen von der Schönheit, die meinen Augen verborgen blieb. Freunde brachten mir die Schriften der Sufis nahe, insbesondere die der persischen Dichter. Durch sie wurde mir deutlich, dass Gott nicht in erster Linie ein fordernder Herrscher ist, der blinde Ergebenheit verlangt, sondern dass er auch die ewige Schönheit geschaffen hat, die sich in der vergänglichen Schönheit weltlicher Dinge widerspiegelt.«

Daraufhin rezitierte der Scheich überaus gefühlvoll ein Gedicht des mystischen Dichters Djami von Herat:

»›Die Schönheit kann es nicht ertragen, unerkannt hinter dem Vorhang zu bleiben; ein schönes Gesicht empfindet Abscheu vor dem Schleier und wird sich, wenn du ihm die Tür aufsperrst, am Fenster zeigen wollen. Schau, wie die Tulpe auf dem Berggipfel mit ihrem Stängel beim ersten Lächeln des Frühlings den Felsen aufbricht und uns ihre Schönheit enthüllt. Und wenn eine besondere Idee deine Seele erfüllt, bist auch du von ihr besessen und möchtest sie in Wort oder Schrift ausdrücken. Überall dort, wo sie existiert. Auch die ewige Schönheit musste ihm nachgeben und tauchte aus den heiligen Regionen des Mysteriums auf, um an den Horizonten und in den Seelen zu leuchten. Ein Blitz, von ihr geschleudert, kam über die Erde und die Himmel und offenbarte sich im Spiegel der Lebewesen. Jedes Einzelne der Atome, aus denen das Universum besteht, wurde so zu Spiegeln, von denen jeder einen Aspekt des ewigen Glanzes reflektiert. Ein Teil seines Scheins fiel auf die Rose, die das Rotkehlchen in Liebe entbrennen ließ, und ihr hatte auch die zauberhafte Leila ihren Charme zu verdanken, die mit jedem einzelnen Haar das Herz Medschnuns an sich band.‹«

Nach einer kurzen Pause fuhr der Scheich fort:

»›Ein Herz, das keinen Liebeskummer kennt, ist kein Herz; ein Körper, der keinen Liebesschmerz kennt, ist nur Wasser und Schlamm. Es ist die Unruhe der Liebe, die der Erde ihre ewige Bewegung verleiht; es ist der Schwindel der Liebe, der die Sphären sich drehen lässt.

Wenn du frei sein willst, sei ein Gefangener der Liebe. Wenn du Freude willst, öffne deine Brust den Leiden der Liebe. Der Wein der Liebe bringt Wärme und Trunkenheit; ohne ihn gibt es nur eiskalten Egoismus. Du magst vielen Idealen hinterherrennen, doch nur die Liebe wird dich von dir selbst befreien. Sie ist der einzige Pfad, der zur Wahrheit führt.‹«

Die Zuhörer waren von diesen Worten zutiefst gerührt.

»Hören Sie sich auch noch folgende Geschichte an, die ebenfalls von Djami stammt: ›Ich habe gerüchteweise gehört, ein Schüler sei zu einem Scheich gegangen und habe ihn gebeten, ihn auf seinem spirituellen Weg zu führen, worauf der alte Mann ihm geantwortet haben soll: Wenn dein Fuß noch nie den Pfad der Liebe beschritten hat, geh und lerne zuerst die Liebe kennen, bevor du wieder zu mir kommst. Atme erst den Weinduft der äußerlichen Schönheit ein, wenn du danach den mystischen Likör kosten willst; doch verweile nicht zu lange im Reich der Äußerlichkeiten; überschreite die Brücke rasch, wenn du zum höchsten Ziel gelangen willst.‹«

Der Rabbiner lauschte gebannt, als habe Gott ihn persönlich angesprochen.

»›Nur die Liebe wird dich von dir selbst befreien.‹ Bei diesen Worten spürte ich, wie in mir nach und nach die stolze Härte schmolz, mit der ich bisher den Koran interpretiert und diejenigen verurteilt hatte, die nicht genauso dachten wie ich. Dies war das zweite Ereignis, das meine Entwicklung entscheidend beeinflusste.

Eines Nachts hatte ich einen seltsamen Traum, den ich bisher nur meiner Frau erzählt habe. Ich ritt auf einem Kamel und hatte gerade eine fruchtbare Oase verlassen. In der Wüste erhob sich ein gewaltiger Sturm, der mich in die Irre führte. Als er sich endlich gelegt hatte, wusste ich nicht mehr, wo ich mich befand. Ich irrte bis zur Erschöpfung zwischen Sanddünen und Felsen umher. Ich hatte nichts mehr zu trinken, und mein Mund brannte wie Feuer. Ich warf mich zu Boden und flehte Allah an, mein Leben zu retten. In diesem Augenblick erschien mir ein Engel des Lichts in Menschengestalt. Ich erschrak, doch er sagte zu mir: ›Fürchte dich nicht, ich bin Gabriel, der Gesandte Gottes. Er hat mich zu deiner Rettung geschickt.‹ Er hielt ein offenes Buch in der Hand, aus dem frisches Quellwasser sprudelte. Ich eilte zu ihm und entdeckte, dass dieses Buch… die Bibel, die Thora des Mose und das Indjil – das Evangelium – Jesu Christi zugleich war. Sofort rief ich: ›Nein, niemals! Diese Quellen sind vergiftet, lieber sterbe ich, als daraus zu trinken!‹

Wie Sie vielleicht wissen, achten wir Muslime eigentlich die so genannten ›Schriftbesitzer‹, Juden wie Christen, sehr hoch, da sie der Überzeugung sind, auch ihnen sei eine besondere Offenbarung zuteil geworden. Doch wir glauben auch, dass diese früheren Botschaften gewisse Abwandlungen erfahren haben, die durch den Koran berichtigt worden sind. Aus diesem Grund lesen Muslime nur selten die Bibel, ganz zu schweigen von religiösen Texten anderer Religionen, und wenn sie sie lesen, dann zumeist um die Überlegenheit ihrer eigenen Offenbarung zu beweisen.

Die Worte, die der Engel auf meine Weigerung hin sprach, haben mich für mein ganzes weiteres Leben geprägt: ›Halte nicht für verdorben, was deinen Durst löschen kann. Trinke, was Allah dir gibt.‹ Ich überwand meine Abneigung, brachte meine Lippen an die Quelle und spürte, wie mich neues Leben durchströmte. Danach erwachte ich mit einem Gefühl, durch und durch erfrischt zu sein. Ich besorgte mir also eine

Bibel und bat meine Frau oder Amina, mir daraus lange Passagen vorzulesen. Mir wurde klar, dass, wie es im Koran geschrieben steht (2,75 und 3,78), nicht etwa die Texte dieser Bücher selbst entstellt und lügnerisch sind, sondern dass sie lediglich von gewissen jüdischen und christlichen Theologen falsch ausgelegt wurden. Dazu muss ich noch bemerken, dass ich mich auch seit einiger Zeit mit der *Bhagavadgita* sowie Auszügen aus den *Tripitakas*, den heiligen Schriften der Buddhisten, beschäftige.«

In einem Tonfall, in dem leichtes Bedauern mitschwang, fuhr der Scheich fort:

»Diese inneren Veränderungen blieben natürlich nicht ohne Auswirkungen auf meine Lehrtätigkeit. Bevor jedoch die Kluft zwischen dem, was von mir erwartet wurde, und dem, was ich sagen konnte, zu groß wurde, beschloss ich, die Universität zu verlassen. Der Werdegang des Gelehrten al-Ghazali, der ebenfalls die traditionelle Lehre aufgab, um einen stärker nach innen gerichteten Weg zu beschreiten, bestärkte mich in meinem Entschluss. Derzeit ist es die mystische Theologie Ibn Arabis, die mir neue Türen der Erkenntnis öffnet. Freilich wage ich es im Augenblick noch nicht, sie zu durchschreiten. Allah möge mich auf den rechten Weg führen.«

Es gab niemanden unter den Zuhörern, den das Zeugnis des Scheichs gleichgültig gelassen hätte. Sogar Alain Tannier war von dem schweren Lebensweg des Muslims bewegt, besonders jedoch von seinem völligen Mangel an dogmatischer Härte. Im Gegensatz zu zahlreichen anderen religiösen Würdenträgern, die sich ein für alle Mal hinter ihren Dogmen verschanzen, befand sich Scheich Ali ben Ahmed in einer ständigen Weiterentwicklung. Sein Leben war ein wirkliches spirituelles Abenteuer, zwar nicht ohne Risiko, doch gerade deswegen faszinierend.

»Es ist wirklich ein Problem für mich, Ihnen den Islam in wenigen Worten vorzustellen. Ich glaube, Sie sind sich mittlerweile bereits darüber im Klaren, dass das Wort ›Islam‹ auf verschiedene Art und Weise interpretiert werden kann. Man muss unterscheiden zwischen dem Islam als *offenbarte* Religion und dem Islam als eine Form der Zivilisation, als *gelebte* Religion. Die Kluft zwischen beiden kann gewaltig sein. Ich vermute jedoch, dass sie am meisten am Herzstück unserer Religion interessiert sind, am Inhalt der Offenbarung. Möge Allah mir beistehen.«

Der Prophet Allahs

»Für uns Muslime ist Mohammed – Friede und Segen seien mit ihm – nicht der Begründer des Islam, sondern der Gesandte und das Sprachrohr Allahs. Der Begründer ist Gott selbst. Unser Prophet lebte von 570 bis 622 nach Christus in Arabien, genauer gesagt in Mekka. Danach ging er nach Medina, wo er bis zu seinem Tod im Jahre 632 blieb. Diese Emigration nach Medina, *Hedschra* genannt, kennzeichnet den Beginn des muslimischen Kalenders, bei dem es sich um einen Mondkalender handelt. Der Mond wird übrigens im Koran sehr häufig erwähnt (zum Beispiel 41,37; 10,15; 22,18), und Rumi sagte in diesem Zusammenhang, der Prophet reflektiere Gott wie der Mond das Licht der Sonne. Daher hat das Bild des zunehmenden Mondes in der muslimischen Mystik eine besondere Bedeutung. Er ist das Symbol des Paradieses und der Auferstehung.«

Der König erbleichte bei diesen Worten. »Wie der Mond, so muss auch dein Volk sterben«, hatte es in seinem Traum geheißen. Der Scheich war im Übrigen selbst überrascht, dass er sich zu diesem kleinen Exkurs hatte hinreißen lassen. Erst später wurde ihm der Grund dafür klar.

»Koran«, so fuhr er fort, »kommt vom arabischen Wort für ›Lesung‹. Für uns Muslime ist der Koran das Wort Gottes, das über Mohammed durch die Vermittlung des Erzengels Gabriel zur Erde herabgekommen ist. Er steht unangefochten über allen anderen Texten. Der Koran besteht aus 114 Suren oder Kapiteln und 323 671 Versen. Die ursprüngliche Version von unnachahmlicher Schönheit wurde in arabischer Sprache abgefasst. Die Sure 112, die zweiundzwanzigste in der chronologischen Reihenfolge stammt noch aus der Zeit in Mekka. Der Scheich Boubakeur sagte Folgendes über sie: ›Diese Sure, die auch ‚Die vorbehaltlose Verehrung' genannt wird, bildet die Basis der muslimischen Theologie *(Tawhid)* und stellt eine Zusammenfassung all ihrer Lehren sowie das Glaubensbekenntnis an den einen, einzigartigen, allwissenden, allmächtigen, weisen und freien Gott dar. Daher kann man sie als die Quintessenz des gesamten Koran bezeichnen.‹ Hören Sie nun die Worte der Sure 112.«

Der Scheich rezitierte daraufhin eindrucksvoll und gemessen die Sure auf Arabisch.

»Und nun die Übersetzung:

Im Namen Gottes, des Barmherzigen, des Erbarmers!
Sprich: ›Er ist Gott, ein einziger, völliger Gott.
Er hat nicht gezeugt, wurde nicht gezeugt.
Niemand ist ihm ebenbürtig.‹

Boubakeur kommentiert dieses zentrale Glaubensbekenntnis folgendermaßen: ›Diese Einzigartigkeit schließt die christliche Trinität, Polytheismus, Götzenverehrung, Pantheismus, die Seelenwanderung sowie jegliche Praxis und jegliche Lehre aus, die mit dem kompromisslosen, reinen und tiefen Monotheismus, wie ihn der Islam darstellt, unvereinbar sind. Muslim zu sein bedeutet, durch und durch von der Einzigartigkeit Gottes überzeugt zu sein und sie immer und überall zu verkünden.‹«

Als Doktor Clément diesen Kommentar hörte, der einer seiner innersten Überzeugungen gänzlich entgegengesetzt war, nämlich dem Mysterium der Trinität, reagierte er zunächst nicht. Er wusste jedoch bereits, welche Frage er dem Scheich während der Diskussionsrunde stellen wollte.

»Für uns Muslime stellt der Islam keine neue Religion dar, sondern eine Restauration der Lehre Abrahams, Moses und Jesu Christi in ihrer ganzen Reinheit. Hören Sie dazu ein weiteres Zitat aus dem Koran: ›(Die Schriftbesitzer) wenden ein: ‚Seid Juden oder Christen! Dann geht ihr schon auf dem rechten Weg!' Sprich: ‚Seid vielmehr Mitglieder der Religionsgemeinschaft Abrahams des Gottsuchers, der nicht zu den Polytheisten zählte! Sprecht: Wir glauben an Gott und was uns und Abraham, Ismael, Isaak, Jakob und den Stämmen Israels offenbart wurde sowie an das, was Mose und Jesus und was die Propheten von ihrem Herrn erhielten. Wir machen zwischen ihnen allen keinen Unterschied, wo wir uns doch zu Gott hinwenden!'‹ (2,135ff.). Die Ergebung *(Islam)* in Gottes Willen, jedoch nicht auf sklavische Weise, sondern indem man ihm in Liebe sein Leben widmet: Dies kennzeichnet die Identität eines Muslims.«

Die Grundpfeiler des Islam

»Fünf Pfeiler tragen das Fundament unseres Glaubens. Der erste ist die *Schahada*, unser Glaubensbekenntnis: ›Es gibt keinen Gott außer Allah, und Mohammed ist der Prophet Gottes.‹ Durch dieses Bekenntnis bekräftigt ein Muslim seinen Glauben an die letzte Botschaft, die dem Propheten Mohammed von dem einen Gott offenbart wurde. Darin drückt er seine Überzeugung aus, der Lauf der Geschichte habe einen Sinn, und Gott habe sich, nachdem er bereits Botschaften an Moses und Jesus übermittelt hatte, Mohammed, seinem letzten Abgesandten, offenbart. Der zweite Pfeiler ist das Gebet *(Salat)*, das jeden Tag durch die Anrufung des einzigen Gottes untergliedert. Der dritte Pfeiler heißt *Sakat*, was man als ›Gerechtigkeit, Almosen‹ übersetzen könnte, eine Art Armensteuer. Es bedeutet, dass es ein religiöser Akt ist, den Armen und Bedürftigen Geld zu geben. Darin kommt zum einen die Dankbarkeit des Spenders Gott gegenüber zum Ausdruck, da unser Geld uns eigentlich nicht gehört, und zum anderen übt sich der Spender in Solidarität mit dem Nächsten, denn was wir besitzen, müssen wir teilen. Der vierte Pfeiler ist das Fasten während des *Ramadan*, welcher eine einmonatige Unterbrechung des normalen Lebens darstellt. Von Sonnenaufgang bis Sonnenuntergang nehmen Muslime in dieser Periode keine Speisen und Getränke zu sich und entsagen allen sexuellen Beziehungen. Im Monat Ramadan haben sie die Möglichkeit, physisch ihre Bereitschaft zur Ergebenheit gegenüber Allah zu zeigen und außerdem körperlich nachzufühlen, was viele Hungernde Tag für Tag erleiden müssen. Der fünfte und letzte Pfeiler ist der *Hadj*, die Pilgerfahrt zum Heiligtum der Kaaba nach Mekka, die jeder erwachsene Muslim, der körperlich und finanziell dazu im Stande ist, einmal im Leben absolvieren sollte.

Der Sinn dieser fünf Pfeiler ist klar. Ihr Ziel ist es, das persönliche und gesellschaftliche Leben in einen Kontext der Befreiung zu stellen. Wer sich zur Einzigartigkeit Allahs und zur ausschließlichen Unterwerfung unter seinen Willen bekennt, erkennt zugleich an, dass niemand Sklave eines Menschen oder einer weltlichen Instanz sein darf. Er bekräftigt daher seine Freiheit gegenüber allem Weltlichen sowie die Gleichheit aller vor Gott.«

»Ach ja, und ganz besonders natürlich die Gleichheit der Frauen!«, rief daraufhin eine weibliche Stimme im Publikum.

Das Gesicht des Scheichs, den diese Bemerkung traf, verschloss sich einige Sekunden lang. Dann fuhr er mit seinem Vortrag fort, ohne sich noch einmal unterbrechen zu lassen.

»Das tägliche Gebet drückt aus, dass die Zeit ihren Sinn in Gott findet, so wie die wohltätige Gabe, dass der Sinn des Geldes in der Freigebigkeit besteht. Der Körper, irdische Besitztümer, der Tag, das Jahr und die Geschichte haben als einziges Ziel Allah, von dem alles kommt und zu dem alles zurückkehrt.«

Der Scheich beendete seinen Vortrag mit der berühmten Sure 1 (»Die Eröffnende«), der ältesten Offenbarung, mit der der Koran beginnt:

»Im Namen Gottes, des Barmherzigen, des Erbarmers!
Preis sei Gott, dem Herrn der Welten!
Dem Barmherzigen, dem Erbarmer!
Dem Herrscher am Tag des Gerichts!
Dich verehren wir, und dich rufen wir um Hilfe an!

Führe uns den geraden Weg,
den Weg derer, denen du gnädig bist,
denen du nicht zürnst und die nicht in die Irre gehen!«

Konfrontationen

Es war wieder einmal Alain Tannier, der die Diskussion eröffnete:

»Da ich es mir nun bereits zur Gewohnheit gemacht habe, als Erster das Wort zu ergreifen, will ich es auch diesmal wieder tun. Zunächst möchte ich sagen, dass mich der Vortrag des muslimischen Delegierten wirklich ergriffen hat, und ich denke, den anderen Anwesenden geht es genauso. Meine Kritik bezieht sich auch weniger auf ihn persönlich als auf gewisse Erscheinungen, die wir heute in der islamischen Welt beobachten können. Wieso werden beispielsweise die Frauen – immerhin die Hälfte der Bevölkerung – in den islamischen Ländern so rücksichtslos unterdrückt? Aus welchem Grund sind sie den Männern in solchem Maße unterworfen? Wie verhält es sich mit der Polygamie? Und warum zwingen Sie die Frauen dazu, sich zu verschleiern?

Und für uns Mitteleuropäer stellen sich noch weitere heikle Fragen: Ist eine wahrhaft laizistische Gesellschaft überhaupt mit dem Islam vereinbar? Schließlich erklären uns die Muslime, der Islam sei keine ›Religion‹ im eigentlichen Sinne, die in einem persönlichen Verhältnis zwischen einem Gläubigen und Gott besteht, sondern eher eine Lebensweise, die alle Bereiche umfaßt. Welchen Platz kann es innerhalb einer solchen Weltanschauung für Leute wie mich geben, die ohne Religion sind, oder für diejenigen, die einem anderen Glauben anhängen? Wie ist es möglich, dass Sie in christlichen Ländern allenthalben Moscheen errichten, während die Kopten in Ägypten sogar daran gehindert werden, ihre alten Kultstätten zu restaurieren? Und was soll man davon halten, dass die Anhänger des Bahaismus, die Hindus und Christen in Saudi-Arabien und anderen islamischen Ländern überhaupt keine Kultstätten errichten dürfen? Wie rechtfertigen Sie die ungleiche Behandlung der Geschlechter in der muslimischen Ehe und beim Übertritt zu einem anderen Glauben? Schließlich hat ein Muslim zwar das Recht, eine Christin zu heiraten, eine Muslimin jedoch darf keinen Christen zum Mann nehmen. Ebenso wenig darf ein Muslim zu einem anderen Glauben oder einer anderen Weltanschauung übertreten – er würde in diesem Fall sogar mit dem Tode bedroht –, während Übertritte zum Islam ausdrücklich erwünscht sind. Warum gibt es in den Ländern, die sich zum Islam bekennen, so viel Gewalt und warum werden nur so wenige Gelehrte oder bedeutende Philosophen aus diesen Gebieten, wenn überhaupt ein Einziger, von der internationalen Gemeinschaft anerkannt?«

Die Fragen Alain Tanniers hatten etwas Niederschmetterndes, umso mehr, als das Publikum sehr wohl gemerkt hatte, dass der Professor seine Rede abrupt abgebrochen hatte, obwohl ihn noch zahlreiche weitere Probleme zu diesem Thema beschäftigten. Würde es dem Scheich gelingen, seine Religion gegen eine solche Flut der Kritik zu verteidigen? Gespannt warteten die Zuschauer darauf, ob und wie er sich aus der Affäre ziehen würde.

Nadel oder Schere?

Ali ben Ahmed steckte eine Hand in die Tasche und holte einen winzigen Gegenstand hervor. Dann erzählte er folgende Geschichte:

»Eines Tages wollte ein König einem muslimischen Mystiker ein ganz besonderes Geschenk machen. Es handelte sich dabei um eine goldene Schere mit Einlegearbeiten aus Diamanten und anderen Edelsteinen. Der Sufi bedankte sich höflich beim König, sagte aber: ›Eure Geste hat mich sehr berührt, doch unglücklicherweise kann ich Euer Geschenk nicht annehmen. Die Schere ist nämlich ein Instrument, das zum Zerschneiden dient, zum Trennen und Zerteilen. Mein ganzes Leben und meine Lehre sind jedoch der Annäherung und der Versöhnung, dem Zusammenfügen und der Wiedervereinigung gewidmet. Weit größere Freude könntet Ihr mir mit einer Nadel bereiten, einer ganz einfachen Nadel.‹«

Der Weise blickte bei diesen Worten sofort zum König hinüber, der verblüfft die Augen aufriss. »Sucht die Nadel, und ihr werdet leben!«

»Es gibt zwei Kräfte auf der Welt«, fuhr der Scheich bereits fort, »eine trennende und eine vereinende Kraft. Die wahre Religion ist die, die sich der Nadel zum Zusammenfügen bedient. Leider lesen jedoch zahlreiche Muslime den Koran, die rezitierte Offenbarung, die *Sunna* – also die Gesamtheit der von Mohammed überlieferten Aussprüche, Entscheidungen und Verhaltensweisen – sowie die *Scharia*, die Pflichtenlehre und das religiöse Recht des Islams, nicht mit einer Nadel, sondern mit der Schere. Sie klammern sich an die wortgetreue Auslegung der Texte, um sich anderen gegenüber zu rechtfertigen. Doch schon einer der ersten Christen, der Apostel Paulus hat gesagt: Das Wort allein tötet, der Geist erweckt es zum Leben.

Für alle Themen, die Sie angesprochen haben, gilt: Man muss zuallererst die Offenbarung verstehen, indem man sie in ihrem ursprünglichen Kontext sieht. Zur Zeit unseres Propheten Mohammed – Friede und Segen seien mit ihm – verbesserte sich die Situation der Frauen ganz erheblich. Zwar gibt es in dieser Hinsicht noch viel zu tun, doch grundlegende Veränderungen können nun einmal nicht von einem Tag auf den anderen stattfinden; die Möglichkeiten menschlichen Wandels innerhalb gewisser Zeitspannen sind begrenzt. Es ist wirklich beklagenswert, dass viel zu viele Muslime aus Mangel an Bildung oder aus blinder Treue zu den Texten die Lehren des Koran *unverändert* übernehmen wollen. Dabei übersehen sie, dass die von Allah offenbarten Worte für die Zeit Mohammeds galten. Zwar haben sie auch noch für unsere Zeit Gültigkeit, jedoch unter der Bedingung, dass wir uns nicht an den Verhaltensregeln orientieren, welche in diesen Texten definiert werden, sondern unser Augenmerk auf den fortschrittlichen Elan richten, den diese Texte in der damaligen Zeit beinhaltet haben. Aus der Vollkommenheit des Koran folgt nicht, dass wir ohne nachzudenken seine Worte wiederholen sollen. Vielmehr sollten wir uns von der Dynamik anstecken lassen, die ihm einst innewohnte – und die wir auch heute noch spüren können. So muss man auch die Probleme angehen, die Sie eben ansprachen, und auch die, die Sie nicht genannt haben: die volle Gleichberechtigung von Mann und Frau, ohne dabei die Unterschiede zwischen ihnen herunterzuspielen, den Respekt vor Minderheiten und vor anderen Religionen, die wahre Glaubensfreiheit, ohne dabei die der Muslime einzuschränken, Formen sozialer Beziehungen, die Gewaltanwendung zur Erreichung von Zielen tabuisieren... Sie können mir glauben, dass auch ich jener Zeit nachtrauere, in der muslimische Mathematiker, Physiker und Mediziner wie al-Khawarizmi – der Erfinder der Algebra –, al-Haytham oder Rhazes in ihren Fächern Hervorragendes leisteten. Vor uns liegt die unglaublich schwere Aufgabe, eine neue, intelligente Lesart für den Koran, die *Sunna* und die *Scharia* zu erarbeiten. Auf Grund des Drucks, den eine Minderheit fundamentalistischer Extremisten ausübt, ist es jedoch überaus gefährlich geworden, sich an diese Aufgabe heranzuwagen.«

Gottes Sohn und Gott als Sohn

Nun schaltete sich Doktor Clément in die Diskussion ein:

»Ich möchte dem Scheich hiermit ganz herzlich für seine Antwort danken. Wir Christen standen nämlich vor genau denselben Fragen. Auch unsere heiligen Texte enthalten Passagen, die, wenn man sie zu wörtlich nimmt, anachronistisch, ja sogar gefährlich sein können. Ich bin froh, dass eine intelligente humanistische Neuauslegung der religiösen Schriften auch in der islamischen Welt im Gange ist, selbst wenn sie für die Exegeten Schwierigkeiten mit sich bringt. Doch die neue Lesart, die Sie angesprochen haben, scheint mir in erster Linie soziale Fragen wie die Rolle der Frau, die Respektierung von Minderheiten und so weiter zu betreffen. Sollte eine moderne Auslegung der Texte denn nicht auch theologische Themen mit einbeziehen? Lassen Sie mich Ihnen kurz erklären, was ich damit meine. Zwischen Christen und Muslimen stehen vierzehn Jahrhunderte des Zwists. Die Muslime erkennen zwar Jesus als Propheten an, der von der Jungfrau Maria geboren wurde und Wunder vollbrachte, die nicht einmal Mohammed wirken konnte. Sie glauben, dass Jesus der Messias ist und sogar, wie Mohammed selbst sagte, dass er am Ende der Zeiten wiederkommen wird. In dieser Hinsicht stehen Sie uns also theologisch sehr nahe. Zugleich lehnen Sie jedoch die Dreieinigkeit ab und bestreiten, dass Jesus der Sohn Gottes ist, dass er gekreuzigt wurde, gestorben und am dritten Tage wieder auferstanden ist und dass uns durch seinen Tod die Vergebung unserer Sünden sicher ist. In dieser Hinsicht trennt uns also eine tiefe Kluft, und wörtlich genommen schließen sich unsere Offenbarungen gegenseitig aus. Im Neuen Testament steht geschrieben: ›Wer ist der Lügner – wenn nicht der, der leugnet, dass Jesus der Christus ist? Das ist der Antichrist: wer den Vater und den Sohn leugnet. Wer leugnet, dass Jesus der Sohn ist, hat auch den Vater nicht; wer bekennt, dass er der Sohn ist, hat auch den Vater‹ (1. Joh. 2,22–23). Und etwas weiter: ›Die Liebe Gottes wurde unter uns dadurch offenbart, dass Gott seinen einzigen Sohn in die Welt gesandt hat, damit wir durch ihn leben. [...] Und das Zeugnis besteht darin, dass Gott uns das ewige Leben gegeben hat; und dieses Leben ist in seinem Sohn‹ (1. Joh. 4,9; 5,11–12). Für einen Christen ist Jesus der Sohn Gottes; dies bestätigen ihm all seine heiligen Texte. Für einen Muslim ist Jesus nicht der Sohn Gottes, da Allah kein ›Vater‹ ist. ›Er hat nicht gezeugt, wurde nicht gezeugt‹, steht im Koran geschrieben (112, 3). Angesichts eines solchen Widerspruchs gibt es nur zwei Möglichkeiten: Entweder man negiert die Position des anderen – indem man sagt, er sei von Satan besessen oder seine Schriften seien verfälscht –, oder man sucht respektvoll nach einer neuen Lesart der überlieferten Texte, um die existierenden Missverständnisse zu überwinden. Weder Sie noch ich sind bereit einzugestehen, unsere Schriften seien ›falsch‹. Wenn wir miteinander leben wollen, sind wir gezwungen, sie neu zu interpretieren und uns davon überraschen zu lassen, wie sehr uns eine solche Art der Lektüre bereichern kann.«

Der Scheich hatte dem Christen aufmerksam zugehört, es widerstrebte ihm jedoch, so weit zu gehen wie dieser.

»Im Koran steht geschrieben: ›[…] Gott sagt: Jesus, Sohn der Maria! Hast du etwa zu den Leuten gesagt: Nehmt euch außer Gott mich und meine Mutter zu Göttern? – [Jesus] sagt: Gepriesen seist du! Wie dürfte man dir andere Wesen als Götter beigesellen! Ich darf nichts sagen, wozu ich kein Recht habe. Wenn ich es tatsächlich doch gesagt hätte, wüsstest du es ohnehin und bräuchtest mich nicht zu fragen. Du weißt Bescheid über das, was ich an Gedanken in mir hege, aber ich weiß über das, was du in dir hegst, nicht Bescheid. Du allein bist es, der über die verborgenen Dinge Bescheid weiß. Ich habe ihnen nur gesagt, was du mir befohlen hast, nämlich: Dienet Gott, meinem und unserem Herrn!‹ (Koran 5,116–117) Wir kommen daher nicht umhin zu behaupten, dass die christliche Trinität mit dem Monotheismus Abrahams, Moses', Mohammeds und sogar Jesu nicht vereinbar ist.«

»Erlauben Sie mir, in diesem Zusammenhang auf Ihre Ausführungen zur kontextbezogenen Lektüre von vorhin Bezug zu nehmen. Als Christ kann ich ohne weiteres anerkennen, dass Mohammed von Gott gesandt wurde, um den Polytheismus seiner Zeit wie auch die Häresien der damaligen Christen zu bekämpfen. Zur Zeit Mohammeds waren zahlreiche Christen regelrechte ›Tritheisten‹; sie glaubten an Gott als eine Art Familie, bestehend aus drei göttlichen Wesen: Gottvater, der mit der Mutter Maria Gottes Sohn sexuell gezeugt habe. Eine solche ›Trinität‹ ist natürlich völlig inakzeptabel und muss mit aller Macht bekämpft werden. Der Koran verdammt sie zu Recht. Doch diese Art der ›Trinität‹ ist keineswegs dieselbe wie die der modernen Christen! Für uns wie für Sie ist Gott der Eine, der Einzigartige, und zwar ist er einzigartig in allem: in seiner Fähigkeit, aus dem Nichts etwas zu erschaffen, in seiner unparteiischen Gerechtigkeit und seiner unvergleichlichen Liebe. Er ist sogar einzigartig in der Weise, wie er der Eine ist! Gott ist immer größer als unsere Bilder von ihm, und dazu kann selbst das Konzept, welches unser Geist sich von der ›Einheit‹ macht, gehören! Die Trinität, wie wir sie verstehen, ist mit den drei untrennbar verbundenen Dimensionen des Raumes, die zusammen ein Ganzes bilden, vergleichbar: Höhe, Länge und Breite stellen ja auch nicht drei verschiedene Räume dar.«

»Sie behaupten aber doch, $1 + 1 + 1 = 1$!«

»Wenn wir schon auf Zahlenangaben zurückgreifen müssten, um von der Dreieinigkeit zu sprechen, dann würden wir mit Sicherheit nichts Derartiges behaupten, und schon gar nicht $\frac{1}{3} + \frac{1}{3} + \frac{1}{3} = 1$! Nein, dann schon eher $1 \times 1 \times 1 = 1$! Gottvater die erste ›1‹, ist die ursprüngliche und unsichtbare Quelle aller Dinge und als solche entzieht er sich unserer Erkenntnis. Gottsohn, die zweite ›1‹, ist sein Abbild, seine Reflexion, seine Veräußerlichung, sein ›Porträt‹. Der Heilige Geist, die dritte ›1‹, ist der Hauch der Liebe, der sie vereint und danach strebt, die Menschheit in diese Gemeinschaft mit einzubeziehen. Wenn wir Gott im Glaubensbekenntnis mit ›Vater‹ ansprechen, dann erkennen wir damit an, dass Gott über uns steht und dass wir ihn nie erfassen können. Wenn wir Gott im Glaubensbekenntnis als ›Sohn‹ anrufen, dann erkennen wir damit an, dass Gott sich uns nähert, sichtbar und hörbar wird. Wenn wir Gott als Heiligen Geist anrufen, wollen wir zum Ausdruck bringen, dass Gott in uns eindringt und uns im Innersten verändert, damit wir das Unfassbare erkennen können. Gott ist also zugleich Transzendenz, Präsenz und Immanenz; er ist zugleich unendlich, nah und innerlich. Der Gott der Bibel ist daher Kommunion ohne Konfusion oder Exklusion.«

Der Scheich war sprachlos.

»Doch all das ist im Grunde viel zu philosophisch. Vor kurzem fiel mir auf, wie Sie die Hand Ihrer Tochter hielten, wie Sie beide dabei einander das Gesicht zuwandten und sich zärtlich anlächelten. In diesem Augenblick erschienen Sie mir wie ein Abbild der Trinität! Ihre Tochter ist zwar nicht Sie, kommt aber aus Ihnen, und sie sieht Ihnen ähnlich, wie auch der Sohn seinem Vater ähnelte. Die bedingungslose Liebe zwischen Ihnen beiden war wie der Heilige Geist selbst, den einige orthodoxe Theologen auch als den Kuss zwischen Vater und Sohn bezeichnet haben.«

An dieser Stelle schritt der Weise ein und erinnerte Doktor Clément mit Recht daran, dass eigentlich nicht er, sondern der Scheich an der Reihe wäre, Fragen zu beantworten, und dass er zu einem anderen Zeitpunkt noch ausreichend Gelegenheit haben werde, seine Thesen darzulegen. Doch Scheich Ali ben Ahmed, den das soeben Gehörte stark beschäftigte, wandte sich seinerseits noch einmal an den Christen:

»Aber wie steht es mit der Kreuzigung Christi? Vertreten das Neue Testament und der Koran in Bezug darauf nicht unvereinbare Positionen? In unserer Offenbarung heißt es: ›(Wir haben [den Juden] gute Dinge verboten), weil sie ungläubig waren und Maria schlimmstens verleumdeten, ferner weil sie sagten: Wir haben den Messias Jesus, den Sohn der Maria getötet, den Gesandten Gottes! – Dabei hatten sie ihn weder getötet noch gekreuzigt. Vielmehr war ihnen ein anderer als ähnlich hingestellt worden. Wer hierüber anderer Meinung ist, befindet sich wirklich im Zweifel und weiß diesbezüglich nicht Bescheid! Er folgt nur einer Vermutung! Sie haben ihn gewiss nicht getötet. Vielmehr hat Gott ihn zu sich emporgehoben. Gott ist mächtig und weise‹ (Koran 4,157–158).«

»Da mir nun der Scheich eine Frage stellt, werde ich darauf antworten. Es gibt bezüglich des angesprochenen Problems eine ›Scheren‹- und eine ›Nadel‹-Interpretation, um die hübsche Metapher aufzugreifen, die Sie uns vorhin vorgestellt haben. Einer separatistischen Lesart folgend, könnte ein Christ behaupten, Mohammed sei von den so genannten ›doketischen‹ Christen beeinflusst worden, die glaubten, Jesus habe nur scheinbar einen menschlichen Körper besessen und daher gar nicht sterben können. Einer anderen Lesart zufolge, der auch einige schiitische Exegeten anhängen, negiert die zitierte Koranstelle nicht wirklich den Tod Jesu. Sie richtet sich nicht an die Christen, sondern an bestimmte Juden aus der Zeit Jesu, die glaubten, dem Wirken Gottes durch Christus ein Ende setzen zu können, indem sie ihn kreuzigten. Gott soll daher gesagt haben – und zwar gegen die jüdische Überzeugung –, dass Jesus weder getötet noch gekreuzigt worden sei, da er den Tod und die Kreuzigung überwunden habe und von Gott emporgehoben worden, das heißt auferstanden sei!«

Der Scheich war von dieser Interpretation überrascht, wollte sie aber nicht verwerfen, ohne vorher gründlich da-

rüber nachgedacht zu haben. Insgeheim freute es ihn, dass
ein Christ so gut über den Koran Bescheid wusste, und es fes-
tigte ihn in seinem Entschluss, sich eingehender mit der
Bibel zu beschäftigen. Wenn die Texte wirklich von Gott
stammten und sie lediglich durch die Interpretationen mancher Kirchen verfälscht worden waren, durfte er, wie ihm der
Erzengel Gabriel gesagt hatte, nicht als Lüge zurückweisen,
was seinen Durst stillen konnte.

Gott in allem?

Nun bat der Swami um Erteilung der Redeerlaubnis:
»Sie haben gerade eine lange Diskussion mit Doktor Clément über die Trinität geführt. Doch der Kommentar des
Scheichs Boubakeur, den Sie zitiert haben, richtet sich nicht
nur gegen die Dreieinigkeit der Christen, sondern auch gegen
den Polytheismus und den Pantheismus, zwei Lehren, die die
Muslime im Allgemeinen den Hindus zuschreiben. Andererseits heißt es im bewegenden Zitat Djamis, die ewige Schönheit werde im Spiegel der Wesen reflektiert, und diese Welt
sei ›der Aufenthaltsort der Erscheinungen‹. Vielleicht sind
unsere Mystiker und die Ihren ja doch nicht so weit voneinander entfernt? Ramanuja hat beispielsweise das schöne Bild
von der höchsten Realität geprägt, die zugleich Vogel und
Nest, Schöpfer und Schöpfung ist. Wie denken Sie darüber?«
»Es ist schwer, über Mystik zu sprechen«, gab Ali ben Ahmed zu, »ganz einfach, weil sie so unglaublich mannigfaltig
ist. Trotzdem ist womöglich die Mystik, neben der Ethik des
Handelns, der einzige Weg, der uns einander näher bringen
kann. Wenn zwei Liebende poetisch über die ›Vereinigung‹

ihrer Körper sprechen, dann ist dies, ›objektiv‹ betrachtet falsch, da sich zwei Körper gar nicht wirklich ›vereinigen‹ können. Und doch existiert im Bewusstsein des einen wie des anderen im Augenblick des intimen Erlebnisses kein Ich und kein Du mehr, nicht mehr Mann und Frau, sondern ein Glücksgefühl, das Zeit und Raum überwindet.

Die Reden der Mystiker waren schon seit jeher ein Ärgernis für die Rechtsgelehrten der Scharia. Der Muslim Mansur al-Hallaj ist beispielsweise für seinen Ausspruch: ›Ich bin die Wahrheit‹ hingerichtet worden, da er damit nach islamischem Gesetz die Sünde *Shirk*, Götzenanbetung, begangen hatte, Menschliches mit Göttlichem assoziiert hatte.

Ich möchte Ihnen folgende Anekdote von Rumi erzählen: Ein Freund kam und klopfte an die Türe des Freundes. Dieser rief: – ›Oh Vertrauenswürdiger, wer bist du?‹ – ›Ich!‹, sagte er – ›Geh fort!‹, befahl der Freund. ›Es ist noch nicht die rechte Zeit gekommen; an einem solchen Tische ist kein Platz für den Unreifen.‹ Jener Arme ging und auf Reisen, getrennt von dem Freunde, brannte er – durch Feuerfunken – ein ganzes Jahr. Der Gebrannte reifte. Er kehrte zurück, umkreiste wieder das Haus des Gefährten und klopfte an die Türe […]. Sein Freund rief: ›Wer ist an der Türe?‹ – Er antwortete: ›Du selber bist es, o Dieb meines Herzens.‹ – Der Freund erwiderte: ›Nun, da du ich bist, o Ich, komm herein! In diesem Hause ist für zwei kein Platz.‹

Die muslimische Mystik ist zwar nicht bestrebt, ähnlich gewagte Thesen zu entwickeln wie die jüdische und christliche Mystik. Sie kann jedoch auch akzeptieren, nicht dass Gott alles ist, sondern dass alles in Gott ist.«

Eine Religion der Gewalt?

»Ich möchte nun das Thema wechseln und Ihnen zwei Fragen anderer Art stellen«, sprach nun Meister Rahula. »Ebenso wie die Jainisten – die Anhänger Mahaviras, eines indischen Zeitgenossen Buddhas –, messen wir Buddhisten der Gewaltlosigkeit – *Ahimsa* – große Bedeutung bei. Der absolute Respekt vor jedem lebenden Wesen gehört zu unseren grundlegenden Prinzipien. Wie kommt es, dass der Islam so viel Gewalt hervorbringt?«

»Sie beziehen sich mit Ihrer Frage gewiss auf den *Dschihad*, wie ich annehme.«

Dem Scheich wurde einmal mehr klar, wie viel Schaden manche Anhänger seines Glaubens durch ihren Extremismus anrichteten.

»Das Wort *Dschihad* bedeutet eigentlich ›Anstrengung, um ein Ziel zu erreichen‹. Alle Muslime sind zu einer gemeinsamen Anstrengung auf dem Weg Gottes aufgerufen. Im Lauf der Geschichte bestand allerdings eine Art dieser ›Anstrengung‹ häufig in militärischen Aktionen, entweder um muslimisches Gebiet gegen Angreifer zu verteidigen oder um ein Land für den Islam zu gewinnen, das einer friedlichen Aufforderung zur Übernahme dieser Religion bis dahin nicht nachgekommen war. Wenn man den Koran wörtlich nimmt, kann man mit dem *Dschihad* in der Tat eine Vielzahl von Gewalttätigkeiten rechtfertigen, wie es übrigens auch die Thora tut. Denken Sie nur an die Kriege Moses, Josuas, Davids und vieler anderer Könige Israels. Unsere Geistlichen unterscheiden zwischen dem ›großen *Dschihad*‹, dem spirituellen Kampf, wenn Sie so wollen, und dem ›kleinen *Dschi-*

*had‹, dem militärischen Kampf. In zahlreichen islamischen Ländern besteht heutzutage der ›große *Dschihad‹ darin, gegen den Entwicklungsrückstand und für menschenwürdige Lebensumstände zu kämpfen. Doch solange in vielen Ländern die Analphabetenrate so unverhältnismäßig hoch bleibt wie heute, wird es immer wieder Mullahs geben, denen es gelingt, die Massen im Namen des *Dschihad* aufzuhetzen.«

Der Weise wollte gerade eingreifen und daran erinnern, dass der Nationalsozialismus, eine der schlimmsten Barbareien in der Geschichte der Menschheit, keineswegs in einem Land mit hoher Analphabetenquote entstanden war, sondern gerade bei einem der kultiviertesten Völker der Erde. Ausbildung allein reiche daher offenbar nicht, teuflische Entgleisungen der übelsten Art zu verhindern. Doch schon hatte der Buddhist wieder das Wort ergriffen:

»Meine zweite Frage betrifft nur ein Detail. Wie Sie wissen, haben wir heute Abend Vollmond. Nun ist es in den Ländern mit Theravada-Glaubenstradition üblich, jedes Jahr im Monat Mai bei Vollmond das Vesak-Fest zu feiern.«

Wieder erbleichten der König und der Weise. Genau vor einem Jahr, und zwar bei Vollmond, hatten sie ihre Träume gehabt.

»Mit diesem Fest erinnern wir zugleich an die Geburt, die Erleuchtung und den Übertritt des historischen Buddha ins *Parinirvana*, in die totale Auslöschung. Warum assoziieren auch Sie als Muslim den Mond mit dem Paradies?«

»Im Islam spielt die Mondsichel in der Tat eine wichtige Rolle. Im Arabischen ähnelt das ›N‹, das *Nun*, an eine Mondsichel mit einem Punkt darüber. *Nun* kann aber auch ›Fisch‹ heißen, wobei der Fisch nach einem Gleichnis des Koran das

Zeichen für ewiges Leben ist. Die Mondsichel ist außerdem das Symbol der Wiederauferstehung, da sie sowohl eine geschlossene als auch eine offene Figur darstellt, vergleichbar mit dem Menschen, der eingeschlossen ist im Tod, bevor ihm durch die Auferstehung geöffnet wird.«

Ein heikles Problem

David Halevy war der Einzige, der sich noch nicht geäußert hatte. Die fragenden Blicke des Weisen brachten nun auch ihn dazu, sich an der Diskussion zu beteiligen.

»Die Beziehungen zwischen Juden und Muslimen sind augenblicklich äußerst gespannt. Das Palästinenserproblem ist wirklich heikel, obwohl die Gemäßigten auf beiden Seiten eine Annäherung anstreben. Bevor ich hierher kam, empfand ich für den Islam eine Art tiefer Abneigung gemischt mit Besorgnis. Heute ist etwas mit mir geschehen, das ich nur schwer in Worte fassen kann, und die offene und bescheidene Weise, in der der Scheich uns seinen Glauben dargestellt hat, ist an dieser Veränderung ganz wesentlich beteiligt. Juden und Muslime sind in ihren Glaubensvorstellungen gar nicht so weit voneinander entfernt. Mehrere Texte der Thora enthalten beispielsweise Passagen, die fast wörtlich dem islamischen Glaubensbekenntnis entsprechen. Etwa folgender Vers aus dem Buch Jesaja: ›So spricht der Herr, Israels König, sein Erlöser, der Herr der Heere: Ich bin der Erste, ich bin der Letzte, außer mir gibt es keinen Gott‹ (Jesaja 44,6). Oder, an anderer Stelle:

›Wer hat euch das alles seit langem verkündet
und längst im Voraus gesagt?
War ich es nicht, der Herr?
Es gibt keinen Gott außer mir;
außer mir gibt es keinen gerechten und rettenden Gott.
Wendet euch mir zu und lasst euch erretten,
ihr Menschen aus den fernsten Ländern der Erde;
denn ich bin Gott, und sonst niemand.‹
(Jesaja 45,21–22)

Es ist außerdem erwiesen, dass *Allah* und die Silbe *El* im hebräischen *Elohim* aus ein und derselben semitischen Wurzel stammen, die wahrscheinlich ›stark‹, ›früher als alles‹ oder ›Der, nach dem man strebt (sich sehnt) und an den man sich wendet‹ bedeutet. Elohim ist der Eine, der vereinigt, das Gemeinsame, das verbindet. Zugleich hat sich Elohim dem jüdischen Volk auch unter dem unaussprechlichen Namen *JHWH* – gepriesen sei sein heiliger Name – zu erkennen gegeben. Manche wagen es, Vokale einzufügen, wir Juden aber vermeiden ihn lieber respektvoll, und sprechen stattdessen von *Hasem*, der Name, oder auch *Adonai*, mein Herr. So hat also der universelle Gott einen besonderen Namen und die Berufung des jüdischen Volkes ist es, ein besonderes Volk zu sein, das diese Universalität bekundet. Wir Juden sind sehr darauf bedacht, Unterschiede zu respektieren, um Unklarheiten zu vermeiden, auch wenn heutzutage, in dieser Epoche der Uniformen und der Uniformitäten, Unterschiede häufig als Bedrohung betrachtet werden. Weil wir uns der Besonderheit unseres Volkes so bewusst sind, wird automatisch auch jeder einzelne Jude als Bestandteil des Volkes zu einem ganz besonderen Wesen. Dies führt so weit, dass wir sagen: ›Wenn zwei Juden zusammenkommen, treffen mindestens drei Meinungen aufeinander!‹ Manchmal führt dies sogar zu richtig komischen Situationen. Nehmen wir zum Beispiel die Geschichte vom jüdischen Robinson, der auf einer einsamen Insel gestrandet war und sich dort während seines Aufenthalts mehrere Behausungen konstruierte. Eines Tages erschien ein Schiff am Horizont und legte an der Insel an. Als der Kapitän die Bauwerke des Schiffbrüchigen besichtigte, war er von dessen Arbeit begeistert. ›Dies ist mein Wohnhaus und das da drüben ist meine Synagoge, mein Bethaus.‹ Der Kapitän war voller Bewunderung. ›Und da hinten, was ist das?‹, fragte er und deutete auf eine weitere imposante Konstruktion – ›Das ist eine weitere Synagoge.‹ – ›Aber Sie müssen ja verrückt sein! Warum haben Sie denn gleich zwei gebaut?‹ – ›Oh, die dort hinten ist ganz anders. Das ist die Synagoge, die ich nie betreten würde.‹«

Das Publikum war froh, sich durch befreiendes Gelächter einen Moment lang entspannen zu können.

Eine gleichmacherische Religion?

Als sich alle wieder beruhigt hatten, fuhr der Rabbiner fort:

»Und hier folgt nun meine Frage. Wie ich einmal gelesen habe, hat Mohammed in einer seiner Reden gesagt: ›Es gibt kein neugeborenes Kind, welches nicht (natürlicherweise) der muslimischen Religion angehört. Erst seine Eltern machen es später zum Juden, Christen oder Feueranbeter.‹ Besteht nicht die Gefahr, dass der Islam in einer derart vereinnahmenden Sichtweise die spezifischen Unterschiede zwischen den einzelnen Glaubenstraditionen gar nicht mehr respektiert? In diesem Zusammenhang möchte ich auch bemerken, dass Sie sich nicht zu den Unterschieden zwischen sunnitischen und schiitischen Muslimen oder auch zwischen ›orthodoxen‹ und unorthodoxen Muslimen geäußert haben. So glauben doch beispielsweise die *Drusen*, Allah habe sich im Kalifen al-Hakim inkarniert, und der wichtigste Zweig der *Ahmadijja* behauptet, Mirsa Gulam Ahmad sei ein neuer Gesandter Gottes nach dem Beispiel Mohammeds. Sie tun so, als beziehe Ihre Art der ›Einheit‹ – ein einziger Gott, eine festgelegte Koranversion, übermittelt vom höchsten Propheten für eine einheitliche Gemeinschaft – die anderen Religionen mit ein. Doch der Koran ergänzt nicht etwa die Bibel, sondern er wiederholt sie angeblich in reinerer und authentischerer Form. Meiner Meinung nach verbirgt sich hinter dem ganzen Konzept die Absicht, Besonderheiten zu verwischen und Unterschiede nicht mehr zu respektieren. Wenn Sie nach dem Beispiel der Christen gehandelt hätten, die das Alte Testament einfach beibehalten und durch Anhängen des Neuen Testamentes verlängert haben, wenn Sie also durch Anhängen des Koran die Bibel erweitert hätten, wäre der Dialog zwischen uns wesentlich leichter gewesen.«

Der Scheich antwortete mit ausgesuchter Höflichkeit auf die gut durchdachten Fragen des Juden:

»Ich habe Ihnen bereits erzählt, dass ich selbst begonnen habe, die Bibel zu lesen – wenn auch erst vor kurzer Zeit, wie ich zugeben muss. Aber kennen Sie viele Juden, die den Koran oder die Evangelien lesen?«

Der Rabbiner senkte den Blick.

Der Scheich fuhr fort. »Sie haben natürlich auch in mancher Hinsicht Recht. Es gibt verschiedene Strömungen innerhalb des Islam, die wir Muslime positiv sehen müssen. Die

Schiiten, die Parteigänger Alis, unterscheiden sich von den Sunniten besonders in der Frage der legitimen Nachfolger Mohammeds und in der Art und Weise, diese zu bestimmen. Ihre religiösen Praktiken sind jedoch im Wesentlichen gleich. Wenn die Schiiten zum Gebet rufen, fügen sie noch eine Bemerkung über die prophetische Bedeutung des Kalifen Ali hinzu. Außerdem haben sie mit der Ehe auf Zeit eine vorislamische Sitte beibehalten und das Erbschaftsrecht für Mann und Frau angeglichen. Insbesondere haben sie jedoch deutlich erklärt, dass die ›Pforten des *Ijtihad*‹ – das heißt das persönliche Streben nach einer Interpretation des Gesetzes – nicht geschlossen seien. Unglücklicherweise haben einige sunnitische Imame verkündet, ein solches persönliches Bemühen sei nicht mehr notwendig, nachdem die vier großen juristischen Schulen die Gesetzesauslegungen im Wesentlichen kodifiziert haben. Dies war eine der Hauptursachen für die intellektuelle Blockade, die uns lange Zeit gelähmt hat. Die Bahaisten, Drusen, Ahmadis und andere Gruppierungen haben im Großen und Ganzen die Basis des Islam erweitert, indem sie andere Propheten oder andere Lehren in das System mit einbezogen. Der fehlende Dialog mit ihnen hindert uns möglicherweise tatsächlich daran, unsere Hemmschwellen sowie die Ausgrenzungen, die wir vornehmen, zu erkennen. Wir Muslime befinden uns momentan in einer Phase außerordentlicher Schwäche, trotz der Dynamik, die uns teilweise zugeschrieben wird – und die allgemein gefürchtet ist. Die Härte unserer Fundamentalisten ist nur ein Zeichen für unsere Unfähigkeit zum sachlichen Dialog. Selbst bei unserem großen Wettstreit müssen wir ihre Gegendemonstrationen hinnehmen, die Allah sosehr entehren.«

Das Geständnis des Rabbiners

Nun ereignete sich etwas, das alle Gemüter außerordentlich bewegte. Rabbiner Halevy erhob sich von seinem Platz und bat den Scheich mit Tränen in den Augen um Verzeihung:

»Jedes Mal, wenn Sie etwas sagen, tun Sie es mit tiefer Demut. Trotz Ihrer Blindheit sind Sie der hellsichtigste Mensch von allen hier Anwesenden. Einer unserer Gelehrten, Rabbi Simeon ben Yochai, hat einmal gesagt, man solle seine Vorzüge mit leiser Stimme, sein Versagen aber mit lauter Stimme kundtun. Genauso haben Sie vom ersten Augenblick des Wettstreits an gehandelt. Sie haben nicht versucht, die Schwächen der Muslime zu beschönigen, während ich versucht habe, jemanden aus meinem Volk zu schützen. Dafür bitte ich Sie aus tiefstem Herzen um Verzeihung. Seit Ihre Tochter einen Drohbrief erhalten hat und danach überfallen wurde, galten alle Verdächtigungen ausschließlich islamischen Extremisten. Doch die Frage nach dem Schuldigen war von Anfang an falsch gestellt. Eine Anekdote von einem unserer Rabbiner drückt dies vielleicht besser aus als jede langatmige Theorie. ›Zwei Männer klettern einen Schornstein hinunter. Der eine ist sauber, der andere schmutzig. Welcher von beiden geht sich waschen?‹, fragte der Rabbi einen Schüler. – ›Der schmutzige‹, antwortete dieser. – ›Aber nein!‹, erwiderte der Rabbi. ›Der saubere. Er sieht seinen schmutzigen Gefährten an und sagt sich: So schmutzig wie er muss ich auch sein, deshalb muss ich mich waschen gehen. Der saubere denkt sich hingegen: Er ist schmutzig, also muss ich es auch sein. Ich brauche mich daher nicht zu waschen.‹ Und der Rabbi fragte noch einmal: ›Zwei Männer steigen durch einen Schornstein hinab. Einer ist sauber, einer ist schmutzig. Welcher von beiden geht sich waschen?‹ – ›Der sauberere!‹, antwortete der Schüler enthusiastisch. – ›Aber nein! Der schmutzige. Wenn er seine rußigen Hände anschaut, wird er sich sagen: Ich bin schmutzig! Ich muss mich waschen gehen. Der saubere wird jedoch beim Anblick seiner sauberen Hände sagen: Da ich nicht schmutzig bin, brauche ich mich auch nicht zu waschen. Aber ich habe noch eine Frage an dich‹, fuhr der Rabbi fort. ›Zwei Männer steigen einen Schornstein hinab. Welcher von beiden geht sich waschen?‹ Der Schüler glaubte, ihn endlich verstanden zu haben. ›Der schmutzige und der sauberere!‹, rief er. – ›Falsch!‹, schrie da der Rabbi. ›Du hast nicht begriffen, dass, wenn zwei Männer durch einen Schornstein kriechen, nicht einer schmutzig und der andere sauber sein kann! Beide müssen schmutzig sein!‹ Dies bedeutet, dass alle Antworten auf eine verkehrt gestellte Frage falsch sein müssen.«

Dem Weisen hatte die Geschichte zwar gefallen, aber ihm war nicht klar, worauf der Rabbiner hinauswollte. Erregt fuhr der jüdische Teilnehmer daraufhin fort:

»Der Islam ist nicht die einzige Religion, die Extremisten hervorbringt. Bei uns Juden gibt es sie auch. Gestern Abend fand ich beim Verlassen von Aminas Zimmer dies hier. Doch ich hatte nicht den Mut, es der Polizei zu melden.«

Er holte einen Gegenstand aus seiner Jackentasche und zeigte ihn dem Publikum.

»Dies ist eine Kippa, wie ich selbst eine auf dem Kopf trage. Diese Kopfbedeckung kann nur einem Juden gehören. Der Träger dieser Kippa wurde von mir überrascht und muss sie nach dem Kampf in Aminas Zimmer verloren haben. Der Gewalttäter ist also kein Muslim, sondern ein Angehöriger meiner eigenen Glaubensgemeinschaft. Meine erste Reaktion war, meinen Fund zu verheimlichen, doch ich habe nicht das Recht, einen Kriminellen zu schützen, selbst wenn er Jude ist. Ich habe bereits viel zu lange geschwiegen und ich bitte Sie dafür um Verzeihung, besonders Sie, Scheich ben Ahmed.«

Nun erhob sich der Scheich seinerseits von seinem Platz und ging mit Unterstützung seiner Leibwächter auf den Juden zu. Er suchte ihn mit den Händen, fasste ihn plötzlich und zog ihn an sich. Die Polizei stand auf dem Sprung, um den Rabbiner zu beschützen, doch dies war nicht nötig. Der Scheich zeigte dem jüdischen Geistlichen durch eine lange herzliche Umarmung seine Dankbarkeit. Diese Geste sagte mehr als alle Worte. Der Weise wusste nicht recht, wie er daraufhin das heutige Treffen beschließen sollte. Da kam ihm der Narr zu Hilfe:

»Wenn zwei Leute durch den Schornstein der Gewalt hinabkriechen, egal, ob sie Juden oder Muslime sind, Christen, Hindus oder Buddhisten, sind beide schmutzig. Wenn aber zwei Leute im Bad der Demut eintauchen, welche Überzeugungen sie auch haben mögen, dann sind beide gereinigt.«

Und halblaut fügte er hinzu:

»Wenn ich noch einmal zur Welt komme, werde ich Architekt, und dann baue ich Schornsteine so, dass sie immer jeweils direkt über der Badewanne enden.«

Wieder einmal kamen die Jury und das Publikum nicht mehr dazu, sich ihrerseits an der Debatte zu beteiligen. Die Polizei hatte bereits begonnen, alle Juden und Besitzer eines israelischen Passes ausfindig zu machen und sie zu einem eingehenden Verhör auf die Wache zu bitten. Die Kippa wurde als Beweisstück sorgfältig verpackt, damit die Spezia-

listen sie untersuchen und aus den Ergebnissen so viele Informationen wie möglich gewinnen konnten.

Erhöhte Wachsamkeit

Der König, der Weise und der Narr beschlossen, gemeinsam
zu Mittag zu essen. Der Herrscher war ganz durcheinander;
es wollte ihm einfach nicht gelingen, die Gefühle, die ihn bewegten, vernünftig zu ordnen.

»Gestern waren es ANY und AYN, heute hören wir etwas
über die Nadel und den Vollmond im Monat Mai!«

»Und morgen werden wir alle sterben«, bemerkte der Narr
leichthin.

»Wenn ich dadurch endlich von deinem dummen Geschwätz befreit werde, hätte ich nicht unbedingt etwas dagegen einzuwenden!«, fuhr der König ihn an. »Eine junge Frau
wird angegriffen und beinahe vergewaltigt. ›Es kann nur ein
Muslim gewesen sein‹, sagt man uns und jetzt heißt es: ›Das
kann nur ein jüdischer Extremist getan haben.‹ Ich weiß bald
wirklich nicht mehr, wo mir der Kopf steht.«

»Und wenn der wahre Schuldige nun ein atheistischer,
christlicher, hinduistischer oder buddhistischer Extremist
wäre?«, fragte der Narr in gespielter Naivität.

»Und warum nicht ein extremistischer Narr wie du?«,
schrie der König nun noch gereizter.

Der Weise versuchte, die Gemüter etwas zu beruhigen:

»Majestät, der Narr hat möglicherweise nicht ganz Unrecht. Wir waren so naiv zu glauben, der Schuldige sei Muslim, während er möglicherweise Jude ist. Aber vielleicht ist
er weder das eine noch das andere …«

»Das musst du mir näher erklären«, verlangte der König mit Nachdruck.

»Erinnert Ihr Euch an die Rede des Rabbi, in der er sagte: Auf eine falsch gestellte Frage kann es keine zufrieden stellende Antwort geben? Vielleicht wollte uns der wahre kriminelle Täter in die Irre führen und uns absichtlich dazu bringen, jüdische oder muslimische Fundamentalisten zu verdächtigen. Es würde mich nicht wundern, wenn der Urheber der Missetaten aus einer ganz anderen Richtung käme.«

»Aber welche Motive sollten ihn dazu bringen, unseren Wettstreit zu stören?«

»Wie wäre es mit Neid?«, fragte der Narr. »Vielleicht hat dem Präsidenten eines unserer Nachbarländer der Gedanke an den Prestigegewinn nicht gefallen, den wir durch die Organisation des ersten Wettstreits der Religionen in der Geschichte der Menschheit ernten werden. Möglicherweise gilt die Bedrohung Euch.«

»Aber das ist doch absurd!«

»Und wenn es ein Komplott wäre, das die Gegner der Monarchie angezettelt haben, um Eure Position zu destabilisieren und selbst die Macht an sich zu reißen?«

Der Weise merkte, wie sehr diese Hypothesen den König bedrückten, und zog einen Schlussstrich unter die Spekulationen:

»Wie dem auch sei, wir werden auf der Hut sein müssen.«

»Allerdings«, stimmte der Narr zu, »es könnte sich im Übrigen auch um eine Frau handeln. Wir müssen jedenfalls äußerst wachsam sein.«

VI

Der Vortrag des Juden

Nach ein paar einleitenden Worten erteilte der Moderator dem jüdischen Delegierten das Wort. Als der Rabbiner sich erhob, wurde er von den aufflammenden Blitzlichtern der Journalisten geblendet. Seit dem nächtlichen Drama war der Wettstreit in den Mittelpunkt des Medieninteresses gerückt. David Halevy war zunächst irritiert und dachte bei sich: »Wenn wir über Themen wie Gott, Religion und den Sinn des Lebens reden, interessiert sich kein Mensch dafür. Aber sobald es eine pikante Story gibt, stürzen sie sich darauf wie die Geier!« Doch dann besann er sich, weil ihm einfiel: »Es ist ja nicht nur die Schuld der Journalisten, sondern auch die der Leser. Sie mögen eben Berichte über Gewalt. Und vielleicht haben wir Geistliche eben noch nicht gelernt, über Gott zu sprechen, ohne andere damit zu langweilen.«

Der verborgene Gott

Nun wandte sich der Rabbiner mit eindringlichen Worten an die Zuhörer:

»Gott – gepriesen sei sein Name – ist ein Gott, der sich im Verborgenen hält. ›Wahrhaftig, du bist ein verborgener Gott.

Israels Gott ist der Retter‹, heißt es in Abschnitt 45 des Buches Jesaja. Viele Philosophen, darunter auch Blaise Pascal, waren fasziniert von diesem verborgenen Gott. Doch obwohl sich der Gott Israels normalerweise verhüllt, kann er sich dem Suchenden auch enthüllen. Baal Schem Tov, der große chassidische Gelehrte und Erneuerer des Judentums im 18. Jahrhundert, gebrauchte einmal folgendes Bild: Man solle sich einen Palast mit unendlich vielen Türen vorstellen. Hinter jeder Tür erwartet ein Schatz den Besucher. Hat dieser erst aus dem Vollen geschöpft und seine Gelüste befriedigt, dann verspürt er nicht mehr das Bedürfnis, noch weiterzusuchen. Doch am Ende eines langen Ganges gibt es eine Tür, hinter der ein König denjenigen erwartet, der an ihn denkt statt an Schätze.

Sich auf sein Wissen etwas einzubilden ist schlimmer, als unwissend zu sein. Suchen ist besser als finden. Selbstzufriedenheit kann ärger sein als Hunger. Pilgerfahrten sind mehr wert als Beständigkeit. Es gehört zum Wesen falscher Götter, die oberflächlichsten Bedürfnisse der Menschen vorübergehend zu befriedigen, ohne dass diese dafür große Anstrengungen unternehmen müssen. Der Gott ›Macht‹ sagt: ›Wirf dich vor mir nieder und du wirst mächtig sein! Dann kannst du beherrschen, wen du willst!‹ Der Gott ›Besitz‹ sagte: ›Raffe zusammen, was du zusammenraffen kannst! Dann wirst du reich und es wird dir niemals an etwas fehlen!‹ Der Gott ›Berühmtheit‹ sagt: ›Strebe nach Erfolg im Leben, indem du andere als Trittbrett benutzt! Wenn du erfolgreich bist, wird man sich bis in alle Ewigkeit an dich erinnern.‹ Der Gott ›Genuss‹ sagt: ›Genieße ohne Reue! Dann werden all deine Bedürfnisse befriedigt!‹ Der Gott ›Unterhaltung‹ sagt: ›Flüchte ins Reich des Irrealen und Virtuellen! Dann wirst du unverletzlich sein!‹ Doch Elohim, der Gott der Götter sagt: ›Suchet mich, damit ihr lebet.‹

Dieses Zitat aus dem Buch Amos, Kapitel 5, Vers 4, ist dem Talmud (Makkot 24a) zufolge die Quintessenz der sechshundertdreizehn Gesetze, die Gott Moses offenbart hat. Es bedeutet: ›Sucht die Quelle aller Macht und allen Besitzes, aller Berühmtheit, allen Genusses und aller Unterhaltung, und ihr werdet leben! Lebt in Heiligkeit und in Großmut, in Demut, in Freuden und im Staunen. Sucht meine Thora, mein Gesetz, das euch auf den rechten Weg führt, und ihr werdet glücklich sein.‹ Sucht, wie ein junger Mann seine Geliebte sucht!«

Die Schönheit der Thora

»Im Sohar, einem Hauptwerk der jüdischen Mystik – der Kabbala – wird die Thora mit einem wunderschönen jungen Mädchen verglichen, das verborgen im abgelegenen Zimmer eines Palastes lebt.«

Der Rabbiner schloss die Augen und sah im Geiste die Gestalt Aminas vor sich. Dabei spürte er ein leichtes, angenehmes Kribbeln am ganzen Körper.

»Dieses junge Mädchen«, fuhr er zärtlich und leidenschaftlich fort, »hat einen Geliebten, von dem niemand außer ihr etwas weiß. Aus Liebe zu ihr wandert er ständig vor dem Palast auf und ab und beobachtet das Gebäude in der Hoffnung, einen Blick auf sie zu erhaschen. Sie weiß, dass er sich nie vom Palast entfernt; was tut sie also? Sie bohrt eine kleine Öffnung in die Außenwand ihrer geheimen Kammer, offenbart ihrem Geliebten einen Augenblick lang ihr Gesicht und verbirgt sich dann sofort wieder. Nur er hat ihr Antlitz gesehen und er weiß, dass sie sich aus Liebe zu ihm nur ihm allein einen flüchtigen Moment lang gezeigt hat. Sein Herz, seine Seele, ja, alles in ihm fühlt sich zu ihr hingezogen. Genauso verhält es sich auch mit der Thora: Sie enthüllt ihre tiefsten Geheimnisse nur denen, die sie lieben. Sie weiß, dass die, die klugen Herzens sind, Tag für Tag vor ihrem Haus auf und ab wandern.«

Nach einer kurzen Pause fuhr der Rabbiner in etwas belehrendem Ton fort:

»Vielleicht schockieren Sie diese Metaphern aus der Welt der Verliebten. Es gibt jedoch ein Buch in der Bibel, das ausschließlich der Liebe zwischen Mann und Frau und der Liebe zwischen Gott und den Menschen gewidmet ist, nämlich das Hohelied Salomos. Rabbi Akiba hat über diese Verse gesagt, die Welt habe keinen Wert und keinen Sinn gehabt, bevor das Hohelied Israel zum Geschenk gemacht wurde. Der sexuelle Trieb und der spirituelle Trieb sind nur zwei Seiten einer Medaille, einer Medaille, die von Gott geprägt wurde. Im Körper des Menschen ist ein biologischer und affektiver Trieb verankert, der ihn über sich selbst hinauswachsen lässt, um sich mit einem anderen Menschen zu verbinden, und im Geist des Menschen ist ein metaphysischer und spiritueller Trieb verankert, der ihn über sich selbst hinauswachsen lässt, um den anderen schlechthin, nämlich Gott, zu entdecken. So wie eine Frau vom Antlitz eines Mannes besessen sein kann oder ein Mann von dem einer Frau, kann die Seele der Menschen von dem großen Verführer Gott beherrscht werden. Ohne diese beiden Triebe, die eng miteinander zusammenhängen, wäre das Leben fade und würde nur um sich selbst kreisen.

›Gott schuf also den Menschen als sein Abbild; als Abbild Gottes schuf er ihn. Als Mann und Frau schuf er sie‹ (Genesis 1,27). Der erste Mensch, das Abbild Gottes, ist zugleich männlich und weiblich, eine Einheit in der Dualität. Adam war zu Beginn nicht männlich, sondern bisexuell, etwa wie siamesische Zwillinge, die getrennt werden müssen. Gott hat sozusagen die beiden zerteilt, um sie zu differenzieren. So entstand Eva aus einer Rippe Adams. Seit seiner Erschaffung ist das menschliche Paar eine getrennte Einheit auf der Suche nach gemeinsamer Intimität. Im ursprünglichen Text steht daher nicht, Gott habe einen Mann erschaffen, sondern einen Menschen – auf Hebräisch *Ha-Adam*. Von *Adam* zu *Ha-Adam* zu werden bedeutet, dem anderen zu begegnen und aus seiner Anonymität herauszutreten. Genau dasselbe geschieht, wenn die Menschen ihrem Schöpfer begegnen: Dann verlassen sie den Zustand des objekthaften Daseins als Sklave sozialer und biologischer Determination und gelangen zu einem subjekthaften Zustand, indem sie an der Freiheit Gottes teilhaben. Der Sinn der Menschheitsgeschichte – ob individuell, von Volk zu Volk oder global betrachtet – besteht darin, von der Sklaverei zur Freiheit und von den Herrschaftsbeziehungen zum messianischen Zeitalter zu gelangen, wo Gerechtigkeit und Treue sich die Hand reichen.«

David Halevy unterbrach seine Rede kurz, bevor er den Faden wieder aufnahm:

»Wie Sie vielleicht meinen bisherigen Ausführungen schon entnommen haben, ist unsere heilige Schrift die Thora. Sie setzt sich aus der schriftlichen Überlieferung, der jüdischen Bibel, sowie der mündlichen Überlieferung, dem Talmud, zusammen. Dazu kommen noch zahlreiche Texte von Kommentatoren, Theologen, Philosophen und Mystikern, die durch ihre Deutungen der Schriften unablässig unser geistiges Erbe bereichern. Im Gegensatz zu stärker dogmatisch geprägten

Religionen will sich die jüdische nicht ein für alle Mal mit einem endgültigen Sinn der heiligen Texte zufrieden geben. Im Gegenteil: Wir betrachten es als unsere Pflicht, die Thora zu *interpretieren* wie Musiker eine Partitur. Und es gibt wirklich unendlich viele Varianten!«

Der Vergleich der Interpretation religiöser Texte mit einer künstlerischen Tätigkeit faszinierte besonders Alain Tannier. Während seines Theologiestudiums hatte er stets unter den Dogmen gelitten, für die es sowohl im Christentum als auch im Islam zahlreiche Beweise gab.

»Wir Juden halten die Praxis des Glaubens im Zweifelsfall für wichtiger als religiöse Überzeugungen. An erster Stelle steht die Beachtung der *Mitzwot*, der Gesetze, die Gott Moses offenbarte und die er kundtat, während er das jüdische Volk durch die Wüste führte. Abraham, Isaak und Jakob betrachten wir als Gründerväter unseres Glaubens. Während unserer gesamten bewegten Geschichte, die von Niedertracht und Ausbeutung geprägt ist, von Krisen und Wiederversöhnung, hat Gott uns immer wieder ermahnt, indem er uns seine Propheten sandte. Ihre Aufgabe war es, uns daran zu erinnern, wie wir nach den göttlichen Regeln der Gerechtigkeit und Mitmenschlichkeit leben sollten. Übrigens ist laut Raphael Hirsch *Elohim* die Bezeichnung für Gott in seiner Gerechtigkeit, während das Tetragramm *JHWH* Gott in seiner Barmherzigkeit meint. Beide Aspekte sind untrennbar miteinander verbunden. Gott fordert sein Volk dazu auf, jegliche Form der Götzenverehrung aufzugeben, um an seiner Heiligkeit teilzuhaben: ›Seid mir geheiligt; denn ich, der Herr, bin heilig, und ich habe euch von all diesen Völkern ausgesondert, damit ihr mir gehört‹ (Levitikus 20,26). Dass Gott das jüdische Volk auserwählt hat, gab oft Anlass zu Fehlinterpretationen. Auserwähltheit bedeutet in diesem Zusammenhang nicht Bevorzugung, sondern die Forderung, der Menschheit zu dienen, indem man jenes Streben nach Gerechtigkeit und Barmherzigkeit bekundet, zu dem Gott alle Völker aufruft.«

Das Resümee des Rabbiners

Der Rabbiner hatte erwartet, dass das Thema der Auserwähltheit seines Volkes im Publikum für einigen Wirbel sorgen würde, doch niemand zeigte sich über seine Interpretation in irgendeiner Weise empört. Vom aufmerksamen Schweigen der Zuhörer ermutigt, riskierte er folgenden Exkurs:

»Mir scheint, grob verallgemeinert, dass Hindus und Buddhisten zum Zweck der Meditation und der inneren Versenkung eine sitzende Haltung bevorzugen, dass die Muslime ihrerseits das Niederwerfen vom Stehen in eine liegende Position als Zeichen der Gehorsamkeit Allah gegenüber praktizieren, während die Christen besonders auf das Aufstehen aus dem Liegen ihr Augenmerk richten, welches den Übergang vom Tod zur Auferstehung symbolisiert. Die besondere Botschaft für die Juden dagegen lautet: Lauft! Der Auszug aus Ägypten und der Marsch in Richtung des Gelobten Landes sind Symbole für den Weg aus der Sklaverei in die Freiheit.«

Dieses Resümee gefiel dem Weisen überaus gut. Auch die übrigen Delegierten hatten bisher noch kein Zeichen des Missfallens geäußert, und daher fragte sich der Rabbiner, ob sie ihm überhaupt noch zuhörten. Er dachte dabei an das Sprichwort: »Ein Rabbi, dem nicht widersprochen wird, ist kein richtiger Rabbi.« Beinahe hätte er sich zu Provokationen hinreißen lassen, doch gerade rechtzeitig fiel ihm ein Satz von Rabbi Meir ein, der ihn wieder beschwichtigte: Gott habe nichts Schöneres geschaffen als den Frieden. Daher fuhr er schließlich gelassen fort:

»Unsere Schriftgelehrten haben in den Büchern Moses insgesamt 613 Gebote gezählt, darunter 248 positive Anweisungen und 365 Verbote. Nach unserer Überlieferung entspricht jedes der Glieder unseres Körpers einem positiven Gebot und jeder der 365 Tage im Jahr einem Verbot. Dies bedeutet, einfach ausgedrückt, dass der gesamte menschliche Körper das ganze Jahr über das mosaische Gesetz beachten muss, und zugleich, dass diese Praxis eine Quelle der Heilung darstellt. ›Mein Sohn, vergiss meine Lehre nicht, bewahre meine Gebote in deinem Herzen! Denn sie vermehren die Tage und Jahre deines Lebens und bringen dir Wohlergehen. Nie sollen Liebe und Treue dich verlassen; binde sie dir um den Hals, schreib sie auf die Tafel deines Herzens! Dann erlangst du Gunst und Beifall bei Gott und den Menschen. Mit ganzem Herzen vertrau auf den Herrn, bau nicht auf eigene Klugheit; suche ihn zu erkennen auf all deinen Wegen, dann ebnet er dir selbst deine Pfade. Halte dich nicht selbst für weise, fürchte den Herrn und fliehe das Böse! Das ist heilsam für deine Gesundheit und erfrischt deine Glieder‹ (Buch der Sprichwörter 3,1–8).

Ein Nichtjude kam eines Tages zu Rabbi Hillel, einem Weisen, der für seine Sanftmut bekannt war und bis ins Jahr 10 unserer Zeitrechnung lebte. Er sagte zu ihm. ›Ich trete freiwillig zum Judentum über, wenn du mich all deine Gesetze lehren kannst, während ich auf einem Bein stehe.‹ Der Gelehrte antwortete ihm: ›Was du nicht willst, das man dir tu, das füg auch keinem andern zu. Das ist das ganze Gesetz; der Rest ist

eigentlich nur Kommentar: Geh jetzt und lerne ihn.‹ Rabbi
Akiba lehrte dasselbe, indem er Levitikus 19, Vers 18 zitierte:
›Du sollst deinen Nächsten lieben wie dich selbst‹: Das ist das
Grundprinzip des göttlichen Gesetzes.«

Vielfalt und Einheit der Juden

»Wie Sie sehen, ist das Gesetz unseres Glaubens kompliziert
und einfach zugleich. Ein Teil meiner Landsleute bemüht
sich, alle Vorschriften bis ins Detail genau zu befolgen, andere wiederum respektieren nur das Wesentliche und küm-
mern sich nicht um den Rest. Die Differenzen zwischen
orthodoxen und weltlichen Juden sind teilweise sehr tiefgrei-
fend: Erstere bestehen auf der Notwendigkeit, alle Gebote
des mosaischen Gesetzes zu befolgen, während Letztere nur
diejenigen anwenden wollen, die mit einer modernen Lebensweise vereinbar sind. Die konservativen Juden wiederum
sind bemüht, eine Position zwischen diesen beiden Parteien
zu finden. Zusätzlich zu den drei genannten Gruppierungen
gibt es noch eine vierte, die jüdische Erneuerungsbewegung.
Doch all das ist an dieser Stelle eigentlich gar nicht so wichtig; Sie sollten allerdings wissen, dass große Spannungen innerhalb des Judentums nicht etwa schon von Beginn seiner
Entstehung an, sondern erst seit dem Anbruch der Moderne
aufgetreten sind. Heutzutage kann man praktizierender Jude,
nicht praktizierender Jude und sogar atheistischer Jude sein.
Moses Maimonides, ein bedeutender jüdischer Arzt und Reli-
gionsphilosoph des Mittelalters, hat jedoch unsere grundlegenden Überzeugungen in *dreizehn Glaubensartikeln* for-
muliert: Gott lenkt alles, er ist einzig, körperlos, der Erste und

der Letzte; Gebete dürfen nur an ihn gerichtet werden; die Propheten sprechen die Wahrheit, und Mose ist der größte von ihnen allen; das mosaische Gesetz wurde offenbart und ist unveränderlich; Gott kennt alle Taten und Gedanken der Menschen; er belohnt die, die seine Gebote beachten und bestraft die, die dagegen verstoßen; der Messias wird kommen, auch wenn er auf sich warten lässt, und die Auferstehung der Toten wird stattfinden. Viele Juden akzeptieren diese Glaubensartikel, manche jedoch nicht: doch trotzdem sind und bleiben sie Juden. Unser Volk ist klein im Vergleich zu anderen Religionsgemeinschaften; aber ich bin stolz darauf, ihm anzugehören. Aus ihm sind Philosophen wie Spinoza, Bergson oder Husserl, Wissenschaftler wie Einstein, Bohr oder Born, Künstler wie Mendelssohn, Mahler oder Chagall, Psychologen wie Freud, Adler oder Bettelheim, Politiker wie Herzl, Marx oder Trotzki sowie geniale religiöse Vorbilder wie Abraham, Mose oder Jesus hervorgegangen. Manche sind ihrem Volk treu geblieben, andere nicht; manche haben es verteidigt, andere haben es vehement angegriffen; manche haben das Gesetz befolgt, andere haben es verunglimpft; doch alle haben sich mit fundamentalen menschlichen Fragen beschäftigt und sich in Richtung dessen bewegt, was sie als gelobtes Land betrachteten, dabei haben sie viele andere Menschen mitgerissen. Das Wichtigste im Leben ist die Suche.

Eines Tages kam ein Mann ganz verängstigt zum chassidischen Rabbi Mendel von Kotz und sagte zu ihm: ›Rabbi, ich habe die ganze Zeit nachgedacht. – Worüber denn? – Darüber, ob es wirklich einen Richter und ein jüngstes Gericht gibt. – Und warum machst du dir darüber Sorgen? – Nun, wenn es beides nicht gibt, wozu gibt es dann die Schöpfung? – Und warum machst du dir darüber Sorgen? – Nun, wozu gibt es dann die Thora? – Und warum machst du dir darüber Sorgen? – Aber was redet Ihr denn da, Rabbi? – Nun, wenn all das so wichtig für dich ist, dann bist du ein guter Jude, und du kannst also ganz ohne Sorge darüber Betrachtungen anstellen und nachdenken.‹«

Die wahren Reichtümer

Der Rabbiner beschloss, diese Stille für einen letzten Kommentar über die wahren Reichtümer auszunutzen:

»Die größte Gefahr für den Menschen ist es, zum Gefangenen seiner eigenen Reichtümer zu werden. Ach, übrigens: Falls Sie eine gute Bank suchen, kann ich Ihnen gerne die Adresse meines Onkels geben – aber erst müssen Sie den Ausgang des Wettstreits abwarten.«

Ein großer Heiterkeitsausbruch entspannte die Atmosphäre.

»Eines Tages wurde Rabbi Mikhal von Zlotchev eine heikle Frage gestellt: ›Ihr seid doch arm, Rabbi. Trotzdem dankt Ihr jeden Tag Gott dafür, dass er Eure Bedürfnisse erfüllt: Ist das denn nicht eine Lüge? – Nein, keineswegs. Für mich ist die Armut ein Bedürfnis!‹ Und Rabbi Nahum von Tschernobyl, einer Stadt, die inzwischen traurige Berühmtheit erlangt hat, sagte nicht ohne einen gewissen Galgenhumor: ›Ich liebe die Armut. Sie ist ein Geschenk Gottes an die Menschen. Ein wahrer Schatz. Und zwar einer, der nicht viel kostet.‹«

Unter heftigem Applaus setzte sich der Rabbiner wieder auf seinen Platz. Je länger der Wettstreit dauerte, desto eher traute sich das Publikum, spontan seinen Gefühlen Ausdruck zu verleihen. Der Weise nahm es mit Zufriedenheit zur Kenntnis.

Konfrontationen

Der Moderator erteilte zuerst einem Mitglied der Jury das Wort, damit diese nicht wieder übergangen wurde. Eine Dame eröffnete enthusiastisch die Debatte:

»Lieber Herr Rabbiner, Sie waren wirklich hinreißend! Es war mir eine wahre Freude, Ihrem spannenden, humorvollen und intelligenten Vortrag zuzuhören. Dennoch muss ich Ihnen gestehen, dass ich trotz Ihrer höchst lebendigen Präsentation ein wenig ratlos bin, denn über die jüdische Identität weiß ich immer noch nicht mehr als zuvor. Dass man seinen Glauben nicht praktiziert und dabei trotzdem Jude bleiben kann, ist mir ja noch verständlich, aber dass man Jude und zugleich Atheist sein kann, das heißt also jüdisch und zugleich antijüdisch, das geht über meinen Verstand!«

Die jüdische Frage

Der Rabbiner antwortete lächelnd:

»Die ›jüdische Frage‹, das heißt die nach der Identität, der Herkunft und dem Warum, ist DIE zentrale Frage, die mein Volk schon seit jeher quält. Dazu möchte ich Ihnen eine Geschichte erzählen. Eines Tages erlitt ein Dampfer mit einer Gruppe von berühmten internationalen Wissenschaftlern an Bord Schiffbruch. Als die gelehrten Herrn sich an Land gerettet hatten, stellten sie fest, dass ihr Zufluchtsort nur von einer Herde Elefanten bewohnt wurde. Um ihre geistige Beweglichkeit nicht zu verlieren, widmete sich jeder von ihnen einer wissenschaftlichen Untersuchung. Der französische Wissenschaftler unternahm Forschungen über ›Das Liebesleben der Elefanten‹, der Amerikaner verfasste eine Broschüre mit dem Titel ›Wie Sie Ihre Elefantenherde innerhalb von sechs Monaten verdoppeln können‹, und der Deutsche schrieb eine Abhandlung über ›Die Philosophie der Elefanten von Hegel bis zur Moderne‹. Der Jude dagegen widmete sich mit seiner ganzen Energie dem Thema ›Die Elefanten und die jüdische Frage‹!

Was bedeutet es, ›Jude‹ zu sein? Das Wort ›Judaismus‹ wird von einem hebräischen Wort abgeleitet, das ›Gott Ehre erweisen‹ bedeutet. Zugleich bezeichnet dieses Wort aber auch ein Land – Judäa – sowie seine Bewohner, die Abkömmlinge des Stammes Juda, die Juden. André Chouraki hat in Bezug auf die ›jüdische Identität‹ von einer Art ›Trinität‹ gesprochen, bestehend aus einer Botschaft, einem Volk und einem Land.

Die Botschaft ist die Thora, und ihre wesentlichen Aussagen werden im Gebet ›Höre Israel‹ zusammengefasst: ›Höre Israel! JHWH, unser Gott, JHWH ist einzig. Darum sollst du den Herrn, deinen Gott, lieben mit ganzem Herzen, mit ganzer Seele und mit ganzer Kraft. Diese Worte, auf die ich dich heute verpflichte, sollen auf deinem Herzen geschrieben stehen. Du sollst sie deinen Söhnen wiederholen. Du sollst von ihnen reden, wenn du zu Hause sitzt und wenn du auf der Straße gehst, wenn du dich schlafen legst und wenn du aufstehst. Du sollst sie als Zeichen um das Handgelenk binden. Sie sollen zum Schmuck auf deiner Stirn werden. Du sollst sie auf die Türpfosten deines Hauses und in deine Stadttore schreiben.‹ (Deuteronomium 6,4–9)

Dieser Text ist übrigens der Grund dafür, warum wir Juden die *Tefillin* benutzen, Gebetsriemen mit zwei daran befestigten Kapseln, die auf Pergament geschriebene Bibelstellen enthalten. Die Tefillin werden beim Morgengebet an Kopf und Arm angelegt. Die Worte des ›Höre Israel‹, auf Hebräisch ›Shema Israel‹, stehen außerdem auf einer Pergamentrolle in einer Kapsel, der *Mesusa*, einem religiösen Symbol, das am rechten Türpfosten in unseren Häusern angebracht wird.

Mit dem Land ist das Land Israel gemeint, und zwar, je nach religiöser Überzeugung, geographisch oder spirituell gesehen. Allerdings ist es so, dass heute viele Juden die Gebote der Thora nicht mehr beachten und manche sich noch nicht einmal mehr dem ›Land Israel‹ verbunden fühlen. Sie interpretieren die befreiende Botschaft auf laizistische Weise – denken Sie nur an den Sozialismus bei Marx oder an Freuds Psychoanalyse –, aber trotz allem bleiben sie Juden. Und warum? Weil sie dennoch zu unserem Volk gehören.«

Israel und Palästina

Als der Scheich den Rabbiner vom »Land Israel« sprechen hörte, versteifte sich seine Haltung.

»Juden und Muslime«, eröffnete er mit belegter Stimme die Diskussion, »könnten sich besser verstehen, wenn unsere Beziehungen nicht von extremen politischen und religiösen Standpunkten vergiftet würden. Jerusalem ist auch für uns Muslime eine heilige Stadt, und das Leiden der palästinensischen Bevölkerung dauert nun einfach schon zu lange. Heute werden ständig die Kriminellen angeprangert, die im Namen des Islam morden und rauben; aber warum verfolgt man nicht mit demselben Einsatz auch diejenigen Elemente aus dem jüdischen Volk, die das Gleiche tun und im Namen der Bibel ein ganzes Volk ausbeuten und versklaven?«

Für den Bruchteil einer Sekunde flammte in den Augen des Rabbiners wilder Hass auf, doch kraft seines Willens gelang es ihm, dieses Gefühl sofort wieder zu unterdrücken. Es war, als sei eine schlecht verheilte Wunde kurz berührt und daraufhin sofort bedeckt worden.

»Das Palästinenserproblem und die Positionen der Zionisten sind heikle Angelegenheiten. Seit der Zeit, als dieses Land Abraham, Isaak und Jakob von Gott versprochen wurde, haben sich die Juden ihm immer mit Herz und Seele verbunden gefühlt. Rabbi Raschi Schlomo Jizchak sagte sogar, ein Israelit außerhalb des Heiligen Landes sei wie ein Mensch, der keinen Gott besitze. Stellen Sie sich vor, Saudi-Arabien würde eines Tages von Feinden des Islam erobert. Glauben Sie wirklich, dass selbst nach, sagen wir, zweitausend Jahren der Besatzung die Muslime ihr heiliges Land vergessen könnten und nicht mit ganzem Herzen versuchen würden, dorthin zurückzukehren? Auch wenn manche Sufis sie dazu aufrufen würden, Mekka und die Kaaba zu ›spiritualisieren‹?«

Der Scheich war nachdenklich geworden.

»Für die Palästinenser«, fuhr der Rabbiner fort, »sind die Juden ein ›Stachel im Fleisch‹. Die Tatsache, dass wir seit einem Jahrhundert in großer Zahl ihr Land besiedeln, hat sie destabilisiert. Dieses Land, das sie als das ihre betrachteten, wurde ihnen entrissen, und zwar oft mit unnötiger Gewalt. Andererseits sind die Palästinenser auch den Juden ein ›Stachel im Fleisch‹. Im Buch der Richter steht nämlich geschrieben: ›Da entbrannte der Zorn des Herrn gegen Israel. Er sagte: Weil dieses Volk meinen Bund übertreten hat, zu dem ich ihre Väter verpflichtet habe, und weil es nicht auf meine Stimme hört, werde auch ich kein einziges der Völker mehr vor ihren Augen vertreiben, die Josua bei seinem Tod noch übrig gelassen hat. Israel soll durch sie auf die Probe gestellt werden, ob es daran festhält, den Weg des Herrn zu gehen, wie es seine Väter taten, oder nicht‹ (Richter 2,20–22). Gott hätte die damaligen Eroberer des Landes Israel sofort vertreiben oder umsiedeln können, doch er hat es nicht getan. Sie sind zu einem ›Stachel‹ geworden (Josua 23,13), von Gott selbst so gewollt, damit das Volk Israel nicht götzendienerisch würde, indem es seine Nation, seine militärische Macht und seine Rechte anbetete. Das Land gehört weder den Juden noch den Palästinensern, sondern Gott allein, der es denjenigen leiht, die er bestimmt. ›Das Land darf nicht endgültig verkauft werden; denn das Land gehört mir, und ihr seid nur Fremde und Halbbürger bei mir‹, spricht Gott in Levitikus 25,23. Und in einem unserer Psalmen heißt es: ›Doch die Armen werden das Land bekommen, sie werden Glück in Fülle genießen‹ (37,11). Im Koran wird daran erinnert, denn dort steht geschrieben: ›Meine rechtschaffenen Diener [werden] dereinst das Land erben‹ (Koran 21,105). Und in einem der christlichen Evangelien wird gelehrt: ›Selig, die keine Gewalt anwenden; denn sie werden das Land erben‹ (Matthäus 5,5). Gott leiht das Land denen, die er bestimmt. Das bedeutet: den Bescheidenen, den Gerechten und den Sanftmütigen. Wenn die Pächter diesen Eigenschaften nicht mehr huldigen, sorgt Gott selbst dafür, dass das Land seine Bewohner ›ausspeit‹ (Levitikus 18,25). Dies gilt für Juden wie für Palästinenser. Wir alle sind also zur Gerechtigkeit verurteilt.«

Auf dem Weg
zu gegenseitiger Anerkennung?

»Wo Sie nun schon einmal Jesus zitieren«, sagte Doktor Clément, »möchte ich Ihnen gerne noch ein wenig mehr von ihm erzählen. Die Geschichte der Beziehungen zwischen Christen und Juden besteht aus einer Kette des Grauens, und die christlichen Kirchen haben dem jüdischen Volk im Laufe der Zeit unbeschreibliches Leid zugefügt. Ich schäme mich dafür und weiß nicht, wie ich Sie dafür um Verzeihung bitten soll…«

Sichtlich gequält von den Schrecken der Vergangenheit senkte der Christ die Stimme und den Blick.

»Was hat man nicht alles über Sie gesagt!«, fuhr er fort. »Gregor von Nyssa nannte die Juden Gottesmörder, Prophetentöter, die Gott bekämpfen und ihn hassen, Gesetzesübertreter, Feinde der Gnade, dem Glauben ihrer Väter Entfremdete, Advokaten des Teufels, Vipernbrut. Und Luther hat über sie geschrieben: ›Zuerst soll man ihre Synagogen und Schulen in Brand stecken […]. Man soll dies zum Ruhme unseres Herrn und der Christenheit tun, damit Gott sieht, dass wir Christen sind und dass wir nicht wollten noch zugelassen haben, dass sein Sohn gelästert, beschimpft und geleugnet würde, denn Gott vergibt uns, was wir aus Unwissenheit hingenommen haben (ich habe es selbst nicht gewusst). […] Zweitens soll man auch ihre Häuser zerstören […], damit sie wissen, dass sie nicht die Herren in unserem Land sind, wie sie geprahlt haben, sondern die Armen und Gefangenen, wie sie sich ohne Unterlass vor Gott beklagen.‹ Als Theodor Herzl Papst Pius X. aufsuchte, um ihn um seine Unterstützung zu

179

bitten, ließ dessen Antwort an Deutlichkeit nichts zu wünschen übrig. Der katholische Würdenträger sagte nur: ›Die Juden haben unseren Heiland nicht anerkannt, folglich können wir auch das jüdische Volk nicht anerkennen.‹ Gott sei Dank hat sich die Denkweise innerhalb der Kirche seit dem Zweiten Vatikanischen Konzil entscheidend geändert.«

»Wie soll ich in wenigen Worten zum Thema Jeschua ben Josef antworten? Vielleicht wird die Meinung der Juden über ihn am besten in den folgenden Aussagen des amerikanischen Rabbiners Stephen S. Wise deutlich:

›Jesus war ein Mensch, und nicht Gott;
Jesus war Jude, kein Christ;
Die Juden haben niemals Jesus, den Juden, abgelehnt;
Die Christen in ihrer Gesamtheit haben Jesus den Juden im Grunde nicht akzeptiert und sind
ihm nicht gefolgt!‹

Jesus war einer der Unsrigen; das zeigt sich in seiner ganzen Art zu predigen, zu lehren und sich zu kleiden. In all diesen Einzelheiten tritt sein Judentum klar zu Tage. Trotzdem trennt uns eine tiefe Kluft von ihm. Wir Juden warten nämlich immer noch auf die Ankunft des Messias, und zwar weil wir glauben, dass seine Ankunft die Befreiung von allen Leiden bedeutet. Eines Tages berichtete man einem Rabbiner, der Messias sei gekommen; doch dieser schaute nur aus dem Fenster und stellte fest, dass sich nichts geändert hatte. Da wusste er mit Sicherheit, dass der Messias noch nicht gekommen war.«

»Aber unterscheiden wir uns in diesem Punkt denn wirklich so sehr? Die Christen haben zu Unrecht darauf beharrt, dass der Messias bereits erschienen ist, denn nun warten wir, genau wie Sie, auf die Fülle seiner Gegenwart!«

»Kann sein«, erwiderte der Rabbiner. »Doch für uns ist es schwierig zu akzeptieren, dass Gott sich in seiner Liebe durch diesen Mann an uns gewendet haben soll. Im Übrigen lehnt das jüdische Volk Jesus nicht mehr ab, seitdem es von der christlichen Kirche nicht mehr abgelehnt wird. In Israel gibt es sogar eine Art Modetrend in Bezug auf seine Person: Noch nie sind so viele Bücher über ihn erschienen. Professor Leon Askenasi, auch unter dem Spitznamen ›Manitu‹ bekannt, hat einen bemerkenswerten Artikel verfasst, in dem er die Vorstellung aufgreift, es gebe zwei Arten des Messiasseins: eine nach *Juda* und eine nach *Josef*. Es gibt daher auch zwei Arten der ›Diaspora‹ der Kinder des Jakob, zwei Arten, das Volk Israel zu sein: die eine nach den ›Kindern des Josef‹, also unter den Heiden, um diese zu missionieren, und die andere nach den ›Kindern des Juda‹, außerhalb der Heidenvölker, um so an die Heiligkeit Gottes zu erinnern. Jesus, Sohn des *Josef*, würde damit also eine Art des Messiasseins *nach der Art des Josef* innerhalb der verschiedenen Nationen verkörpern, während das jüdische Volk als Nachkommen des *Juda* einem Messiassein *nach Art des Juda* treu geblieben wäre und noch immer die Erfüllung des messianischen Reiches erwartet. Durch diese Interpretation wären die beiden Arten des Messiasseins nicht mehr entgegengesetzt, sondern komplementär.«

Diese etwas komplizierte Argumentation kam für Doktor Clément völlig überraschend. Noch nie hatte er einen Juden erlebt, der auf dem Weg der Annäherung so weit ging und dabei doch ganz und gar *jüdisch* blieb.

»Im Gegensatz zu den Muslimen können wir Juden akzeptieren, dass Jesus der ›Sohn Gottes‹ gewesen ist. Dies bedeutet, dass er ein Geschöpf nach dem Plan Gottes, unseres

Schöpfers, ist. Was uns dagegen Probleme bereitet, ist die umgekehrte Bezeichnung: Jesu als ›Gottsohn‹.«

Gott als Vater und Mutter?

»Erlauben Sie mir eine Frage«, meldete sich der Swami zu Wort. »Warum haben die Juden – ebenso wie die Muslime – solche Mühe zu akzeptieren, dass Gott sich in einem Menschen inkarniert hat? Und warum bezeichnen Sie Gott immer als Ihren ›Vater‹, obwohl er, wie Sie selbst vorhin bemerkten, den Menschen nach seinem Bild männlich und weiblich erschaffen hat? Könnten Sie ihn nicht berechtigerweise auch Ihre ›Mutter‹ nennen?«

»Ich hoffe, unsere theologischen Debatten langweilen das Publikum nicht zu sehr. Doch ich antworte Ihnen natürlich gern auf Ihre Frage. Für die Juden ist der Schöpfer selbst unendlich viel größer als seine Schöpfung. Indem wir so seine Transzendenz bekräftigen, lehnen wir zugleich auch jede Usurpation seines Namens und auch jegliche Usurpation anderer in seinem Namen ab. Wie die Geschichte uns unglücklicherweise lehrt, wurden die meisten Gräueltaten im Namen der Religion genau dann begangen, wenn diese Distanz nicht mehr gewahrt wurde. Die Worte *Gott mit uns* auf den Gürteln deutscher Soldaten gehören zu den perversesten Beispielen religiöser Aneignung. Gott kann *mit uns* sein, allerdings unter der Bedingung, dass er auch *gegen uns* sein kann.«

In dem Moment fiel dem Rabbiner plötzlich der Zusammenhang zu dem auf, was er gerade zu dem Christen gesagt hatte. Er fragte sich, ob die schreckliche Feindschaft der Kirchen gegenüber den Juden und die tiefe Abneigung der Juden den Kirchen gegenüber nicht auch ihren gemeinsamen Ursprung in Gott hatten. Als ob Gott der Schöpfer jeden seiner Söhne durch den anderen strafen ließe. Doch um welchen Preis?, fragte er sich auch. Dann riss er sich wieder von seinen Gedankengängen los und kam auf die ihm gestellte Frage zurück:

»Was die maskuline Terminologie in Bezug auf Gott betrifft, haben Sie natürlich Recht mit Ihrer Argumentation, sie sei teilweise inadäquat. Diese geschlechtsspezifische Sprache wurde leider von den Gläubigen, genauer gesagt von gläubigen Männern, dazu missbraucht, die Freiheit der Frauen einzuschränken. Doch in unseren Schriften gibt es durchaus Stellen, in denen die Autoren mit mütterlichen, ja sogar matriarchalischen Termini über die Liebe Gottes sprechen: ›Wie eine Mutter ihren Sohn tröstet, so tröste ich euch; …‹, spricht der Herr durch den Propheten Jesaja (66,13). Ein ›Vater‹ ist deutlich von seinem Kind abgegrenzt, eine ›Mutter‹ jedoch ist es – durch die Schwangerschaft – nicht. Um diese Abgrenzung, die Heiligkeit Gottes, zu betonen, bediente man sich männlicher Bezeichnungen. Dazu muss man wissen, dass die Juden nicht über Gott als solchen sprechen dürfen; sie können sich lediglich über seine Worte äußern. Gott an sich ist nicht erkennbar. Nur durch die Widerspiegelung in seiner Offenbarung und durch seine Beziehungen zu den Menschen und zur Welt können wir Menschen einige wenige, völlig unzureichende Dinge über ihn sagen. Benennen heißt beherrschen; doch Gott ist immer größer als unsere Worte und unser Bewusstsein.«

Ein Gott der Befreiung und der Liebe

Nun brach der Mönch Rahula sein Schweigen:

»Wenn ich den Judaismus richtig verstanden habe, aus dem die christliche und die muslimische Religion hervorgegangen sind, hat Gott die Welt geschaffen, und seine Schöpfung ist *gut*. Der Buddha hingegen stand der Vorstellung ablehnend gegenüber, ein guter Schöpfer sei die Basis des Universums. Erstens, weil eine grundlegende menschliche Erfahrung darin besteht, dass die Welt nicht *gut* ist, sondern im Gegenteil voll von oft frustrierenden Beziehungen, und zweitens, weil die Postulierung eines Gottes, der sagt: ›ICH BIN‹, der Erfahrung der Vergänglichkeit aller Dinge widerspricht. Der Buddhismus weigert sich, Spekulationen über einen hypothetischen Gott anzustellen, weil schon allein die Hypothese den Menschen von dem abbringt, was sein einziges Ziel sein sollte: alles zu tun, um die Befreiung zu erfahren.«

»Unsere beiden Weltanschauungen sind in der Tat äußerst gegensätzlich. Für uns offenbart sich Gott als der ›ICH BIN‹, der es dem Menschen erlaubt zu sagen: ›Ich bin.‹ Wir glauben, jedes Lebewesen sei einzigartig und beziehe seine Existenz aus Dem, der Leben schafft. Während sich für Sie die Identität der Menschen in einem undefinierbaren Mysterium aufzulösen scheint, verleiht für uns das Mysterium Gottes jeder Kreatur ihre Identität. Doch genau wie Sie glauben auch wir an die *Erlösung* und die *Freiheit*. Die Beschwernisse dieser Welt – ob das Böse an sich, Krankheiten oder der Tod – sind keine Lasten, die uns für immer niederdrücken müssen. Wenn wir Gott als Schöpfer der Welt anerkennen, dann heißt das, dass er nicht ihr Sklave sein kann, sondern dass er sie beherrscht und zu unserem Wohle lenkt. Damit kann es kein unabwendbares Schicksal geben. Auch der Buddha hat ja jegliche Art des Pessimismus zurückgewiesen, die den Menschen an sein *Karma* oder an das Leiden ketten würde.

Diesmal meldete sich Alain Tannier als Letzter:

»Mir geht es ganz ähnlich wie Herrn Rahula: Ihre Argumente wollen mir nicht so recht einleuchten. Ich möchte gerne auf das zurückkommen, was Sie über den Zusammenhang zwischen sexueller und spiritueller Liebe gesagt haben. Haben Sie sich noch nie gefragt, ob diese schöne Parallele nicht einfach nur eine besonders spiritualisierende *Sublimation* von rein biologischen Trieben sein könnte? Kommt die Aussage, Gott habe die Sexualität erschaffen, nicht einer Sakralisierung und Erhebung zu etwas Besonderem gleich, obwohl es sich dabei um ein praktisch allgemein gültiges Naturgesetz handelt?«

»Sie haben Recht, die Sexualität ist nichts spezifisch Menschliches«, antwortete der Rabbiner. »Doch der Mensch ist das einzige Lebewesen, das dem Sinn seiner Handlungen durch Worte Ausdruck verleihen und darüber diskutieren kann, wie wir es gerade tun. Hinter Ihrer Frage steckt, glaube ich, noch eine weitere: Ist alles, was wir über Gott sagen, nicht nur eine Projektion unserer Wunschträume? Ein Hindu würde vielleicht sogar fragen: ›Und wenn die menschliche Existenz nichts wäre als ein Traum Gottes, dessen Heil darin bestünde, aufgeweckt zu werden?‹ Ich als Jude dagegen – und darin werden mir sicherlich meine Glaubensverwandten, die Christen und Muslime, nicht widersprechen – möchte sagen, dass die große Wahl, vor der ein menschliches Wesen steht, folgende ist: sich zwischen dem Offenbarten und den eigenen Wunschträumen zu entscheiden. Wobei natürlich ist, dass im Offenbaren auch die menschlichen Träume ihren Platz haben.«

Der Rabbiner setzte sich auf seinen Platz zurück. Sein müder Gesichtsausdruck ermutigte nicht gerade zu weiteren Fragen. Der Weise beendete daher die Zusammenkunft und wünschte allen einen angenehmen freien Abend. Die Geschäftsleute des Landes hatten nämlich Druck auf die Organisatoren ausgeübt, damit diese den zahlreichen Zuschauern des Ereignisses auch ein wenig Zeit zur freien Verfügung ließen. Der Wettstreit sollte auch für sie etwas abwerfen. Zwar war die Lobrede des Rabbiners auf die Armut nicht gerade die Art von Werbung gewesen, die sich die Geschäftsleute gewünscht hätten, doch da der Weg von der Theorie zur Praxis steinig und lang ist, brauchten sie sich nicht allzu große Sorgen zu machen.

»Meine Damen und Herren, nutzen Sie den Abend zur Entspannung und entdecken Sie die schönen Seiten dieser Gegend unseres Königreichs. Ihnen steht morgen ein langer Tag bevor. Nach dem Vortrag des christlichen Delegierten wird sich die Jury beraten und die Beste aller Religionen für unser Land auswählen – und diese Aufgabe wird ihnen gewiss nicht leicht fallen.«

Der Narr, der genau wie alle anderen erschöpft von den emotionalen Erschütterungen und den Vorträgen des Tages war, wandte sich zum Weisen und sagte:

»Der Rabbiner ist wirklich genial. Besonders das, was er über das Geträumte und das Offenbarte gesagt hat. Unser König dagegen denkt nur noch an das Offenbarte im Geträumten. Was mich dagegen immer besonders fesselt und auch nachts noch wach hält, sind Schnäpschen und Ravioli…«

An diesem Abend aß der Narr jedoch etwas viel Feineres als Ravioli, da er zusammen mit dem Weisen und den sechs konkurrierenden Teilnehmern des Wettstreits in den Palast eingeladen worden war, um mit dem König persönlich zu speisen.

Die Untersuchung

Den ganzen Tag über hatte sich die Polizei in hektische Betriebsamkeit gestürzt. Mit äußerster Sorgfalt hatten die Beamten den Drohbrief und die Kippa, die ihnen der Rabbiner übergeben hatte, analysiert. Auf dem Brief hatten sie die Fingerabdrücke des Scheichs, Aminas und des Weisen gefunden, und es war ihnen sogar gelungen, Spuren der Berührung mit einem Handschuh festzustellen. Doch die Schrift stimmte mit keiner der festgenommenen Muslime überein. Im Übrigen sprachen manche von ihnen noch nicht einmal die vorliegende Variante indonesischer oder pakistanischer Herkunft des Arabischen, die im Brief benutzt worden war. Die meisten beherrschten zwar das Hocharabische des Korans, doch zwischen dieser Sprache und der des Briefes lagen Welten. Die Kippa erwies sich als noch verwirrender. Die Analysen erbrachten keine anderen Spuren als solche – die auf den Rabbiner hindeuteten. Die Spezialisten waren sich einig: Das Objekt war sorgfältig gewaschen worden, um jedwede Spur, ob Fingerabdruck, Haar oder Hautschuppen, zu verwischen. Man hatte alle möglichen Hypothesen geprüft, doch keine brachte Fortschritte für die Untersuchung.

War der Kriminelle ein Fremder oder ein Einheimischer? War es jemand aus dem Publikum oder eine Person, die nichts mit dem Wettstreit zu tun hatte? Die Polizeibeamten hatten sogar die Möglichkeit in Betracht gezogen, bei dem Täter könne es sich um jemanden aus der Jury oder um einen der Delegierten handeln. Doch welche Motive sollte eine solche Person haben, Amina zu überfallen? Paradoxerweise begannen sich die Verdachtsmomente mehr und mehr auf den Scheich und den Rabbiner zu konzentrieren. Könnte nicht der eine wie der andere ein Interesse daran haben, die Religion des anderen durch die ganze Affäre in ein negatives Licht zu rücken? Am meisten beschäftigte sich die Polizei mit dem Rabbiner. Warum war er als Einziger nicht bei der Aufführung gewesen? Und warum befanden sich auf der Kippa nur seine Fingerabdrücke? Könnte er nicht vielleicht das Attentat fingiert und einen Komplizen aus seiner Religionsgemeinschaft dazu angestiftet haben? Dann könnte er durch ein überaus geschicktes Manöver ein jüdisches Symbol ausgelegt haben, um glauben zu machen, ein Nichtjude wolle ihn dadurch in Misskredit bringen. Seine außergewöhnliche Intelligenz befähigte ihn ganz gewiss, sich solche Gemeinheiten auszudenken. Man beschloss, die Delegierten bis zum Ende des Wettstreits von Beamten in Zivil akribisch überwachen zu lassen.

Die jüdischen und muslimischen Verdächtigen in der Polizeistation beteuerten vehement ihre Unschuld. Mehrere von ihnen hatten angedroht, ihre Botschaft zu kontaktieren, falls sie noch länger festgehalten würden. Der Leiter der Untersuchungskommission wollte es jedoch nicht riskieren, sie wieder auf freien Fuß zu setzen. Er beschloss, sich mit dem Innenminister in Verbindung zu setzen, der seinerseits eine Depesche an den König sandte.

Das Mahl im Palast

Im königlichen Palast waren bis ins kleinste Detail alle nötigen Vorbereitungen getroffen worden, damit das Mahl jedem der Gäste zusagen würde. Es hatte schon etwas Eigenartiges, diese Männer, die alle mit so großer Beredsamkeit von der Armut und der Bedeutungslosigkeit weltlicher Dinge gesprochen hatten, gemeinsam in einem so prachtvollen Rahmen die raffiniertesten Gerichte speisen zu sehen. Rahula hatte allerdings zunächst erwogen, die Einladung abzulehnen. Normalerweise nahm er nach dem Mittagessen keine Nahrung mehr zu sich. Doch um den König nicht unnötig vor den Kopf zu stoßen, hatte er beschlossen, eine Ausnahme zu machen und an der Abendgesellschaft teilzunehmen. Der Swami hatte sich, um sein Gewissen zu beruhigen, folgende Worte eines hinduistischen Gelehrten vor Augen gehalten: »Ein König, der in einem Palast lebt, kann unter Umständen mehr über weltlichen Dingen stehen als ein Armer in seiner Hütte.«

Am Ende des Mahls hielt der König eine kleine Rede. Er hatte das Bedürfnis, seinen etwas kläglichen Auftritt bei der Eröffnungsveranstaltung wieder wettzumachen.

»Sehr verehrte Abgesandte, es ist eine wahrhaft große Ehre für unser Königreich, Sie hier bei uns begrüßen zu dürfen. Jeder von Ihnen hat sich voll Hingabe dem Nachdenken über die essenziellen Dinge des Lebens gewidmet. Mehr noch: Jeder von Ihnen ist ein würdiger Erbe langer Traditionen, die jahrhunderte-, ja jahrtausendelang überliefert wurden, um die Leiden der Menschheit zu lindern. Sie verkörpern die Weisheit dieser Welt in ihrer ganzen Vielfalt; und zum ersten Mal in der Geschichte der Menschheit wird die Quintessenz Ihrer umfassenden Erkenntnis anderer Menschen auf einfache und verständliche Weise dargelegt. Sowohl ich als auch der Weise und der Narr haben seltsame Träume gehabt...«

Der Weise neigte sich rasch zum König und flüsterte ihm ins Ohr:

»Majestät, sagt jetzt bitte noch nichts. Der christliche Kandidat hat sich noch nicht geäußert!«

Der König lächelte, als wolle er damit ausdrücken, dass er dies nicht vergessen habe, und fuhr fort:

»Diese Träume haben uns sehr stark aufgewühlt; und so ist es uns auch mit den Dingen ergangen, die wir bisher von Ihnen gehört haben. Wären da nicht die höchst bedauerlichen Ereignisse rund um Amina gewesen, könnte man den Wettstreit als vollen Erfolg bezeichnen. Aber wir wollen den Dingen nicht vorgreifen. Morgen wird ein entscheidender Tag. Meine Herren, ich möchte Ihnen schon jetzt für Ihre Vorträge danken und Ihnen weiterhin viel Glück wünschen!«

Abgesehen von den Glückwünschen, die bei einem derartigen Wettstreit ein wenig unangebracht schienen, hatte sich der König diesmal recht wacker geschlagen, und das wusste er auch. Man nutzte den kurzen Applaus, um ihm den Brief des Ministers zu übergeben. Nachdem er ihn gelesen hatte, reichte der König ihn an den Weisen weiter. Sollte man die Verdächtigen wieder auf freien Fuß setzen?, lautete im Wesentlichen der Inhalt der Botschaft. Der Weise riet dem König, diese Frage unverzüglich den Delegierten zu unterbreiten. Nach einer gemeinsamen Beratung wurde einstimmig beschlossen, dass die jüdischen und muslimischen Verdächtigen freigelassen, aber unter sorgfältige Beobachtung gestellt werden sollten. Man war sich einig darüber, dass ihnen der Zutritt zum großen Klostersaal nicht verwehrt werden sollte: Da alle Zuschauer und Teilnehmer am Eingang durchsucht wurden, war das Risiko eines Attentats minimal. Die Abendgesellschaft löste sich relativ früh auf, und alle kehrten in ihr Quartier zurück. Der Mönch Rahula meditierte länger als üblich; im Herzen war er bei den Millionen von Buddhisten, die nun auf der ganzen Welt das Vesak-Fest feierten. Die anderen Kontrahenten gingen sofort zu Bett. Außer dem Rabbiner: Er beurteilte unter verschiedenen Gesichtspunkten seine Leistung vom Nachmittag und bedauerte, einige wichtige Thesen weggelassen zu haben. An jenem Abend fühlte er sich besonders einsam. Die Erinnerung an die körperliche Nähe Aminas am Abend zuvor ließ ihn erschauern, und das Bewusstsein ihrer Anwesenheit im Nebenzimmer wurde ihm unerträglich. Um sich zu beruhigen, begab er sich zu einem nächtlichen Spaziergang in den Park. Im Zimmer seiner Nachbarin brannte noch Licht, und David glaubte sogar, einen Moment lang die Silhouette des jungen Mädchens hinter dem Vorhang erkennen zu können. Als ob sie ihn beobachtete. Als ob sie auf ihn wartete. Von seinen Gefühlen übermannt, bemerkte David nicht, dass ihm ein Polizeibeamter in Zivil folgte und jede seiner Bewegungen genau beobachtete. Als der Rabbiner in sein Zimmer zurückkehrte, strich er kurz mit der Hand über die Tür Aminas. Sofort wurde der Leiter der Untersuchungskommission davon in Kenntnis gesetzt.

VII

Der Vortrag des Christen

Nach dem Frühstück begaben sich alle ins Kloster, doch durch die Leibesvisitationen verzögerte sich zunächst der Beginn der Veranstaltung. Zur Einleitung wies der Weise noch einmal auf die Programmpunkte des heutigen Tages hin und erteilte dann Doktor Clément das Wort. Als dieser sich erhob, stellte er zu seiner Überraschung fest, dass weniger Leute im Publikum saßen als gestern. Beobachtern zufolge, so las er später, habe dieser geringere Zulauf daran gelegen, dass viele Einwohner des Königreichs auf Grund der kulturellen und religiösen Vergangenheit des Landes das Christentum bereits zu kennen glaubten und daher nicht das Bedürfnis verspürten, sich für diesen letzten Vortrag Zeit zu nehmen. Christian Clément war enttäuscht über die gelichteten Reihen. Da er häufig von Selbstzweifeln geplagt wurde, führte er sie auf Desinteresse an seiner Person zurück. Sein stilles Gebet mit der Bitte um Inspiration war daher umso inniger.

»Eure Majestät, meine Damen und Herren, ich weiß nicht, ob es ein Vorteil oder eher ein Nachteil ist, als letzter Kandidat anzutreten. Ich kann mir vorstellen, dass Ihre Aufnahmefähigkeit schon recht erschöpft ist, nachdem Ihnen bereits so viel an eindrucksvollem Gedankengut präsentiert wurde. Ich hoffe aber, dass trotzdem noch ein klein wenig Raum in Ihren

Köpfen frei geblieben ist für die Dinge, die ich Ihnen gerne mitteilen möchte.«

Tonfall und Haltung des Christen drückten eine offensichtliche Verletzlichkeit aus, die manche ärgerlich, andere dagegen sympathisch fanden.

Am Scheideweg

»Erlauben Sie mir, ebenso wie Scheich Ali ben Ahmed meinen Vortrag mit einigen Episoden aus meinem Leben zu beginnen. Die Offenheit meiner Konkurrenten hat mich ermutigt, auch meinem Vortrag einen persönlicheren Anstrich zu verleihen.

Ich wurde in der Schweiz in eine relativ wohlhabende Familie hineingeboren. Mein Vater bezeichnete sich als Protestant, ohne jedoch aktiv am Gemeindeleben teilzunehmen, während meine Mutter eine überzeugte Katholikin war. Mehrere wichtige Ereignisse haben mich in meiner Jugend entscheidend geprägt.«

Doktor Clément machte eine kurze Pause, und man merkte ihm deutlich an, wie Niedergeschlagenheit und Trauer sich seiner bemächtigten.

»Eines Tages verlor mein Vater ganz plötzlich und unerwartet seine Arbeitsstelle. Der Zustand jahrelanger Arbeitslosigkeit, der darauf folgte, machte ihm furchtbar zu schaffen, da sich in unserem Land der Wert eines Menschen nach seiner gesellschaftlichen ›Produktivität‹ bemisst. Er begann zu trinken, und unser Familienleben, das bis dahin im Großen und Ganzen harmonisch verlief, verwandelte sich in eine Hölle auf Erden. Meine Eltern stritten sich unablässig, und mein Vater rächte sich für den häuslichen Unfrieden an meiner Mutter, indem er sie betrog. Wir Kinder mussten ohnmächtig zusehen. In mir entwickelte sich ein Hass auf meinen Vater, auf die Gesellschaft, die ihm die Arbeit verweigerte, und auf die Ausländer in unserem Land, die im Gegensatz zu ihm Arbeit hatten. Freunde brachten mich in Kontakt mit einer nationalistischen Vereinigung, die neonazistisches Gedankengut propagierte. Ihre Parolen waren wie Balsam für meine zerrissene Seele. Später schloss ich mich Gruppen an, die sich mit Okkultismus und Magie beschäftigten. Unsere Treffen fanden unter strengster Geheimhaltung statt, um Zauberkräfte zu sammeln und alle zu verhexen, die uns im Wege standen. Eines Tages riefen wir sogar den Teufel an, und die übernatürlichen Phänomene, die daraufhin geschahen, kann ich mir bis heute nicht erklären. Wir waren fasziniert – und traumatisiert. In mir herrschte eine unglaubliche Lebensgier, während mich zugleich immer öfter Selbstmordgedanken plagten.

Meine Mutter, die vor den Trümmern ihres Ehe- und Familienlebens stand, spürte, wie wir weiter und weiter abdrifteten. Erstaunlicherweise verlor sie bei alledem nicht ihren Glauben an Gott und hörte nie auf, für uns zu beten. Eines Tages traf ich einen Christen, der einer unabhängigen protestantischen Glaubensgemeinschaft angehörte. Er erzählte mir von Jesus, der uns ›retten‹ könne, uns von unserem Hass befreien und uns ein ›neues Leben‹ bieten würde. Damals hasste ich ohne einen vernünftigen Grund die christlichen Kirchen und ihre Botschaften. Ich wollte also von seinem Jesus nichts hören, nahm aber trotzdem die Ausgabe des Neuen Testaments an, die er mir schenkte. Einige Monate später, als ich mich in einem Zustand absoluter Verzweiflung befand, kam mir überraschend ein Satz des jungen Mannes in den Sinn. Dieser Jesus sollte gesagt haben: ›Bittet, dann wird euch gegeben; sucht, dann werdet ihr finden; klopft an, dann wird euch geöffnet. Denn wer bittet, der empfängt; wer sucht, der findet; und wer anklopft, dem wird geöffnet. Oder ist einer unter euch, der seinem Sohn einen Stein gibt, wenn er um Brot bittet, oder eine Schlange, wenn er um einen Fisch bittet? Wenn nun schon ihr, die ihr böse seid, euren Kindern gebt, was gut ist, wieviel mehr wird euer Vater im Himmel denen Gutes geben, die ihn bitten‹ (Matthäus 7,7–11).

Wie hätte ich jedoch glauben können, dass ein himmlischer Vater gut zu mir sein würde, wo doch mein weltlicher Vater mittlerweile ein solches Stadium des Verfalls erreicht hatte? Es gehört wirklich zum Schlimmsten, was einem Jugendlichen passieren kann, wenn er den Respekt vor den eigenen Eltern verliert. Damals stand ich also vor folgender Wahl: entweder mich umzubringen oder die mir gebotene Hilfe anzunehmen. Mit herzlich wenig Glauben in mir begann ich daher, zu diesem unbekannten Gott ›im Namen Jesu‹ zu beten, wie der Christ es mir gesagt hatte. Anfangs passierte überhaupt nichts, und darüber war ich fast erleichtert. Doch im Laufe der folgenden Wochen wurde mir bewusst, dass sich irgendetwas verändert hatte. Es war, als würde nun ein winziges Licht in meiner inneren Dunkelheit leuchten. Eines Tages hatte ich eine Art Vision: Ich sah mich selbst in einem dunklen, feuchten, modrig riechenden Verlies. Da durchschritt plötzlich eine lichte Gestalt die Gitterstäbe und stellte eine kleine Kerze in meine Zelle. Sie nahm mich in den Arm, küsste mich und sagte: ›Ich bin das Licht der Welt.‹ Dann legte der Mann einen kleinen Schlüssel neben die Kerze und wurde unsichtbar. Mir war klar, dass dies der Schlüssel zu meinem

Gefängnis war. Wochenlang war ich wie gelähmt: Ich wollte nicht hinaus. Vielleicht hatte ich einfach nicht genügend Kraft. Eine heimtückische Stimme flüsterte mir unentwegt zu: ›Du bist verloren …‹ Und zugleich wusste ich, dass ich den Schlüssel zu meiner Befreiung in Händen hielt.

Aber ich möchte Ihre Geduld nicht überstrapazieren. Schließlich begann ich, die evangelische Kirche des jungen Mannes zu besuchen, von dem ich Ihnen eben erzählt habe. Dort beteten die Leute für mich, und es gelang ihnen wirklich, die dämonischen Kräfte, in deren Bann ich stand, im Namen Jesu zu vertreiben. Nach und nach fand ich eine innere Harmonie, eine Klarheit und einen Frieden, wie ich sie noch nie gekannt hatte. Ich begann daher, protestantische Theologie zu studieren. Im Laufe der Jahre ging ich allerdings ein wenig auf Distanz zu der Kirche, die mich anfangs begleitet hatte. Ich bewunderte zwar den tiefen Glauben ihrer Mitglieder, fühlte mich aber zugleich von mancherlei Kleinkariertheiten in ihrem Denken abgestoßen. Im Verlauf meiner Studien entdeckte ich die Komplexität der Welt, die Reichhaltigkeit der biblischen Texte und die verschiedenen Facetten der Kirchengeschichte. Ich war fasziniert vom orthodoxen und vom katholischen Glauben. Also ging ich nach Rom an die päpstliche Akademie, um dort meine Doktorarbeit über die moderne Entwicklung der Ökumene nach dem Zweiten Vatikanischen Konzil zu schreiben. Eine Zeit lang erwog ich sogar, zum Katholizismus zu konvertieren. Hin und her gerissen zwischen den verschiedenen Konfessionen, entschied ich mich aber dennoch, Protestant zu bleiben und mich mit Leib und Seele der Arbeit an der Einheit der Kirche zu widmen. Seit vier Jahren lehre ich am Ökumenischen Institut von Bossey in der Nähe von Genf. Wie Sie vielleicht wissen, ist dieses

Institut mit dem Ökumenischen Rat der Kirchen verbunden und hat sich zur Aufgabe gemacht, die ökumenischen Führungskräfte der Zukunft auszubilden, und zwar sowohl Geistliche als auch Laien.«

Hier legte Doktor Clément eine kurze Pause ein, als zögere er ein wenig, mit seinem Bericht fortzufahren. Dann fuhr er fort:

»Der Rabbiner sagte gestern, das Christentum sei die Religion des Aufstehens, und damit hat er gar nicht so Unrecht. Zwar werden die ersten Christen im Neuen Testament als ›Anhänger des (neuen) Weges‹ (Apostelgeschichte 9,2) bezeichnet, doch ihr ganzes Leben zeugt vom Wirken einer Macht, die zur Wiederauferstehung, zum erneuten Aufstehen nach dem Fall aufruft. Dies gilt insbesondere für das Aufstehen nach schmerzhaften Stürzen …«

Und kaum hörbar fuhr er fort:

»Als mein Sohn mit zwei Jahren bei einem Autounfall starb, fühlte ich mich wie amputiert. Bis heute spüre ich den Schmerz dieser Wunde. Trotzdem geht das Leben weiter und ich weiß, dank Christus, dass der Tag des großen Wiedersehens nahe ist.«

Bei diesen Worten hatte auch Alain Tannier mit heftigen Gefühlen zu kämpfen. So deutlich, als sei es gestern gewesen, erinnerte er sich an das von furchtbaren Leiden begleitete Sterben seines eigenen Kindes vor nunmehr elf Jahren. Die Ohnmacht, die er damals empfunden hatte, sowie das Schweigen »Gottes« waren nicht umsonst ein Teil seiner heutigen atheistischen Überzeugung.

Der Begründer des Christentums

»Wie kann ich Ihnen nun das Christentum am besten beschreiben? Zunächst einmal handelt es sich dabei, was die Zahl seiner Anhänger angeht, um die bedeutendste Religion der Welt mit insgesamt über eineinhalb Milliarden Gläubigen. Dabei sollte man jedoch nicht vergessen, dass es drei Arten von Lügen gibt: kleine Lügen, große Lügen und Statistiken.«

Die Zuschauer brachen in Gelächter aus, was nach der tragischen Geschichte des Christen befreiend wirkte.

»Damit meine ich, dass derartige Zahlen eigentlich recht wenig aussagen. Andererseits spiegeln sie die erstaunliche Vielfalt der kulturellen Umgebungen wider, in denen die christliche Kirche verankert ist. Der Schwerpunkt des Christentums liegt heutzutage nicht mehr in Europa, sondern hat sich nach Lateinamerika und Afrika sowie in einige Teile Asiens verlagert. Zusätzlich zu dieser geografischen Verbreitung des Christentums muss man allerdings auch noch seine chronologische Entwicklung bedenken. Was haben die ersten Christen aus Palästina, Kleinasien oder Nordafrika mit ihren vielen Glaubensbrüdern und -schwestern, die die Geschichte Europas und Nordamerikas prägten, gemeinsam? Welchen gemeinsamen Nenner haben die kleine Hand voll Jünger in Jerusalem vor zweitausend Jahren und die bunte Menge von Menschen auf allen fünf Kontinenten, die sich heute stolz ›Christen‹ nennen, egal, ob sie katholisch, orthodox oder protestantisch sind? Nun, wenn man durch die teilweise recht undurchsichtigen Schleier ihrer weltlichen, allzu weltlichen Institutionen hindurchblickt, dann erkennt man ein lebendiges Herz, das für uns alle schlägt. Dieses Herz ist die Person Jesus von Nazareths, den wir als den Christus, den Messias betrachten.

Während die Juden und die Muslime sich durch ihre Haltung gegenüber Gott definieren, indem sie ihm beispielsweise *huldigen* oder indem sie ihm *gehorchen*, finden wir Christen unsere Identität darin, dass wir von Gott seinen geliebten Sohn Jesus als Geschenk an uns Menschen annehmen.

Ich glaube, ich muss an dieser Stelle nicht noch einmal betonen, dass Jesus Jude war. Zu Beginn unserer Zeitrechnung, die seinen Namen trägt, lebte er als Angehöriger des jüdischen Volkes in Palästina. Von Anfang an wusste er – oder vielleicht wurde es ihm auch erst nach und nach klar –, dass er der auserwählte Gesandte Gottes war. Nun war zwar seine Art zu beten jüdisch, seine Kleidung war jüdisch und auch seine Lehre war jüdisch – doch zugleich war dies alles auch in gewisser Weise ›exportierbar‹, ›universalisierbar‹. Was wir von ihm wissen, lässt sich in wenigen Worten zusammenfassen. Unsere Kenntnisse vom Glauben der ersten Christen stammen, neben einigen Hinweisen bei Geschichtsschreibern wie Tacitus, Sueton oder Plinius dem Jüngeren, vor allem aus christlichen Quellen. Für Skeptiker ergeben sich daraus einige Probleme. Im Wesentlichen beziehen wir unser Wissen aus der Schrift, die wir ›Neues Testament‹ nennen, eine Sammlung von Texten, mit denen die jüdische Bibel vervollständigt, bestätigt und abgeschlossen wird. Der erste Teil der Bibel wird zu Unrecht als ›Altes Testament‹ bezeichnet; richtiger wäre eigentlich, vom ›Ersten Testament‹ zu sprechen. Das Neue Testament besteht aus vier Evangelien – oder Zeugnissen der ›Frohen Botschaft‹ –, die auf recht unterschiedliche Weise davon erzählen, wie Jesus von seinen Zeitgenossen gesehen wurde, sowie aus dreiundzwanzig weiteren Texten, Briefen und Lehrschriften. Es ist das meistübersetzte Buch der Welt. Zusammen mit dem ›Ersten Testament‹, welches wir noch immer lesen, bildet es die christliche Bibel, deren Kern das befreiende Wirken Gottes darstellt: durch Israel – seinen ›erstgeborenen Sohn‹ (Exodus 4,22) –, durch Jesus – seinen ›geliebten Sohn‹ (Markus 1,11) – und durch die Kirche – seine angenommenen Söhne und Töchter (Galater 4,5).

Wer ist eigentlich dieser Jesus? Diese Frage ist vielleicht die bedeutendste, die ein Mensch sich stellen kann. Wir Christen glauben, dass an ihm etwas Einzigartiges ist, weil er *als Einziger von den Toten wieder ›auferstanden‹ ist* – und das heißt nicht etwa ›wieder belebt‹, denn dann wäre er ja nicht wirklich tot gewesen. Die ›Wiederauferstehung‹ bezeichnet das Eindringen des göttlichen ewigen Lebens in die menschliche Sterblichkeit, und Jesus ist der Einzige, der dies bereits erfahren hat. Alle anderen Boten Gottes, so interessant und bedeutend sie auch gewesen sein mögen, endeten im Grab. Auch die Gründer anderer Religionen haben uns sicher viele inspirierte und inspirierende Lehren hinterlassen. Jesus aber lebt, jetzt, während ich hier zu Ihnen spreche, und durch seine aktive Gegenwart lehrt er uns, jeden Tag, bis ans Ende der Welt. Dies ist jedenfalls unsere innerste Überzeugung. ›Ist aber Christus nicht auferweckt worden, dann ist unsere Verkündigung leer und unser Glaube sinnlos‹ (1. Korinther 15,14).

Für die Christen ist Jesus deswegen so wichtig, weil sie in ihm das Mysterium von Gottes Wirken im Menschen erkannt haben, das verborgen selbst in der Einsamkeit, im Absurden, im Leiden und im Tod zu finden ist. In Jesus erfahren wir unser Pessachfest, er ist buchstäblich unser Ausweg aus jeder Sackgasse. In seinem Leben, seiner Freundschaft und seiner Hingabe, seinem Tod und seiner Wiederauferstehung vereinigt er das Schicksal eines jeden Mannes und jeder Frau in sich. In ihm ist das Göttliche menschlich geworden, damit der Mensch sich mit dem Göttlichen eins fühlen kann.«

Doktor Clément war aufgefallen, dass sich sowohl der jüdische als auch der muslimische Delegierte schon seit einer ganzen Weile unbehaglich fühlten.

»Für die Juden offenbart sich Gott in erster Linie durch die Botschaft der Thora, die von Moses übermittelt wurde, und für die Muslime offenbart er sich im Koran, den Mohammed vom Erzengel Gabriel erhielt. Für die Christen hingegen offenbart sich Gott in erster Linie in der Person Christi, der die vier Evangelien inspiriert hat. Daher basiert das Christentum weniger auf einem Buch als vielmehr auf einer bestimmten Person.«

Gnade und Glaube

»Ein weiterer Unterschied besteht darin, dass Religionen sich im Allgemeinen durch Gebote, Sammlungen von Vorschriften für ein gottgefälliges Leben definieren oder durch Praktiken, durch deren Ausübung die Erlösung möglich wird. Das Christentum jedoch definiert sich in erster Linie durch etwas bereits Geschehenes und durch die Verkündigung all dessen, was in der Person Jesu bereits für uns getan wurde. Im Leben Jesu Christi hat Gott uns am meisten geliebt; mit seinem Tod hat Gott uns verurteilt und vergeben; und durch seine Auferstehung hat Gott uns das ewige Leben geschenkt.

Durch diese Selbstlosigkeit sind die Anhänger Christi zu freiem Handeln und freiem Praktizieren ihres Glaubens fähig. Für Gott liegt der Wert der Menschen nicht in der Befolgung eines Gesetzes oder in der Anwendung einer bestimmten Methode. Wenn dies der Fall wäre, könnten sich manche womöglich auf den Wert ihres religiösen Lebens etwas einbilden und auf andere herabsehen: ›Wir sind die Besten, weil wir das göttliche Gesetz befolgen und den rechten Weg beschreiten. Die anderen sind weniger wert als wir, weil sie diesem Weg nicht folgen!‹ Im christlichen Glauben dagegen resultiert der Wert eines Menschen aus der ursprünglichen und fähigen Güte Gottes uns gegenüber und nicht aus spirituellen Großtaten oder Fehlern. In gewisser Weise ist das Christentum eine Antireligion. Der Theologe Paul Tillich sagte einmal: ›Glauben bedeutet zu akzeptieren, dass man akzeptiert wird.‹

Gott lässt sich nicht durch unsere mangelhafte und wankelmütige Frömmigkeit gewinnen. Er ist im höchsten Grade frei, und in dieser königlichen Freiheit hat er sich auf erhabene Weise zu einem von uns gemacht. Hören Sie nun einen wunderbaren Text von Augustinus, in dem er seine unbändige Freude über die Liebe Gottes zum Ausdruck bringt.

›Spät habe ich Dich geliebt, Du immer alte, immer neue Schönheit, spät habe ich Dich geliebt! Und siehe, Du warst innen und ich außen, und ich suchte nach Dir draußen und stürzte mich in meiner Missgestalt auf das Wohlgebilde Deiner Schöpferhand. Du warst mit mir, und ich war nicht bei Dir. Weit von Dir abgehalten haben mich die Dinge, die nicht wären, wenn sie nicht in Dir wären. Du riefst mich, und Dein Schrei brach meine Taubheit; Du leuchtetest mir, und Dein Blitz vertrieb meine Blindheit; Du strömtest Deinen Duft aus, und ich sog ihn in mich ein und lechze nun nach Dir; ich habe

Dich gekostet und seither hungre ich und dürste ich. Du rührtest mich an, und da entbrannte ich für Deinen Frieden.‹«

Clément schloss die Augen, ein Lächeln erhellte sein Gesicht. Es schien, als empfinde er ein großes Glücksgefühl.

Ein Text als Leitfaden

»Weit davon entfernt, zur Passivität verdammt zu sein, ist sich ein Christ der Liebe Gottes bewusst und versucht mit Leib und Seele, sie in seinen Beziehungen zu anderen zum Ausdruck zu bringen. Der Leitfaden eines christlichen Lebens findet sich zusammengefasst in den so genannten ›Seligpreisungen‹. In dieser Passage der Bergpredigt (Matthäus 5–7) werden Gründe und Voraussetzungen für wahres Glück genannt. Hören Sie nun die Worte aus dem Lukasevangelium (Lukas 6,20–28):

›Selig ihr Armen, denn euch gehört das Reich Gottes.
Selig, die ihr jetzt hungert, denn ihr werdet satt werden.
Selig, die ihr jetzt weint, denn ihr werdet lachen.
Selig seid ihr, wenn euch die Menschen hassen und aus ihrer Gemeinschaft ausschließen, wenn sie euch in Verruf bringen um des Menschensohnes Willen. Freut euch und jauchzt an jenem Tag; euer Lohn im Himmel wird groß sein. Denn ebenso haben es ihre Väter mit den Propheten gemacht.
Aber weh euch, die ihr jetzt satt seid; denn ihr werdet hungern.
Weh euch, die ihr jetzt lacht; denn ihr werdet klagen und weinen.

Weh euch, wenn euch die Menschen loben; denn ebenso haben es ihre Väter mit den falschen Propheten gemacht.

Euch, die ihr mir zuhört, sage ich: Liebt eure Feinde; tut denen Gutes, die euch hassen.

Segnet die, die euch verfluchen; betet für die, die euch misshandeln.‹

Was ich an Jesus besonders liebe, ist, dass er zugleich ein Mystiker war, der sich in seine Einheit mit Gott versenkte, und ein Kritiker menschlicher Ungerechtigkeit, dass er höchste Wahrheiten lehrte und zugleich das Seelenleid des Einzelnen linderte.«

Aus dem Tonfall von Doktor Clément konnte das Publikum heraushören, in welchem Maße der christliche Delegierte selbst von dieser heilenden Kraft berührt worden war, die Wunden schließt, ohne das erlittene Leid vergessen zu machen, und die stärkt, ohne die Unsicherheiten des Lebens ganz zu eliminieren.

»Unsere Welt ist ein erholsamer Park und ein riesiges Schlachtfeld zugleich. Wie viele Verletzte gibt es unter uns! Denken Sie nur an all diejenigen, die sich körperlich oder seelisch hässlich finden, weil kein liebender Blick sie bisher von ihrer Selbstverachtung befreit hat, oder an die, die sich einsam und verlassen fühlen, weil keine Familie oder Gemeinschaft ihnen je Geborgenheit gegeben hat. Oder auch an die, die ausgebeutet und ihrer Rechte beraubt sind, weil Profitgeier, Firmenbosse oder Spekulanten ungestraft aus einem ungerechten Wirtschaftssystem Nutzen ziehen können. Christus steht ihren Leiden nicht gleichgültig gegenüber, ganz im Gegenteil. Durch uns will er Heilung bringen und wieder für glücklichere menschliche Beziehungen sorgen.

Ein Christ ist daher jede Person, die Christus in sich lebendig werden lässt, zur eigenen Freude und zu der der anderen. Der Apostel Paulus hat geschrieben. ›Ich aber bin durch das Gesetz dem Gesetz gestorben, damit ich für Gott lebe. Ich bin mit Christus gekreuzigt worden; nicht mehr ich lebe, sondern Christus lebt in mir. So weit ich aber jetzt noch in dieser Welt lebe, lebe ich im Glauben an den Sohn Gottes, der mich geliebt und sich für mich hingegeben hat‹ (Galater 2,19–20). Im Zentrum des Lebens eines Christen steht also, wie Sie sehen, kein Buch und auch kein Mensch, sondern Gott selbst, wie er sich offenbart hat und noch immer offenbart in Jesus Christus.«

Eine Übersicht

Christian Clément erhob sich und ging zu einem Overhead-Projektor. Auf die Folie schrieb er in Großbuchstaben JESUS CHRISTUS und hängte an jeden der Buchstaben folgende Worte:

J ude	C rucifix
E lohim	H uman
S egen	R etter
U nveränderlichkeit	I nkarnation
S olidarität	S ohn
	T rinität
	U nsterblichkeit
	S ühne

»Wie ich bereits in Übereinstimmung mit dem Rabbiner sagte, kann Jesus nur im Kontext seiner *jüdischen* Lebenswelt verstanden werden. Sein Name – Jeschu oder Jeschua – ist jüdisch und bedeutet ›Jahwe rettet‹. Seine heilige Schrift, die Thora, ist jüdisch und auch seine ersten Jünger waren Juden.

Der Name *Elohim* – ebenso wie *Allah* auf Arabisch – erinnert uns daran, dass Gott der Herrscher ist, der Gesetze erlässt und richtet. Doch er ist auch, und zwar in erster Linie, der *Retter*, der in seinem Mitgefühl und seiner Barmherzigkeit in den Lauf der Geschichte eingreift, weil er die Leidensrufe der Menschen vernimmt. Dieser Gott ist *unveränderlich, der Eine und Einzige*; er ist es, dem man gehorchen und den man lieben muss. Wie Sie vielleicht wissen, hat Jesus das gesamte mosaische Gesetz in den beiden folgenden Geboten des Ersten Testamentes (Deuteronomium 6,4–5 und Levitikus 19,18) zusammengefasst: ›Das erste ist: Höre, Israel, der Herr, unser Gott, ist der einzige Herr. Darum sollst du den Herrn, deinen Gott, lieben mit ganzem Herzen und ganzer Seele, mit all deinen Gedanken und all deiner Kraft.‹ Als zweites kommt hinzu: ›Du sollst deinen Nächsten lieben wie dich selbst‹ (Markus 12,29–31)

Weil Gott *solidarisch* ist mit den Menschen und mit uns einen Bund geschlossen hat, sind wir dazu aufgerufen, unsererseits solidarisch mit ihm und mit anderen zu sein, und zwar mit allen anderen, ob Freund oder Feind, Könige oder Ausgestoßene, Gläubige oder Ungläubige – genauso wie Jesus solidarisch mit Gott, seinem Vater, und uns, seinen Brüdern und Schwestern, war. Deshalb ist auch jede örtliche Kirchengemeinde mit der Weltkirche zu einer solidarischen Familie verbunden, als Zeichen für die *Humanität* der göttlichen Vorsehung.

Was ich soeben sagte, können wahrscheinlich sowohl Juden als auch Muslime problemlos akzeptieren. Was uns trennt, sind jedoch die in der zweiten Spalte aufgeführten Begriffe.

Den Evangelien zufolge wurde Jesus ans *Crucifix* geschlagen. Dies wird im Koran geleugnet; für die Christen jedoch ist es von zentraler Bedeutung. In Jesus hat Gott, der *Sohn*, den Tod gefunden *wie* alle anderen Menschen. Er ist nicht in der Glückseligkeit des Himmels geblieben, fern von den Schrecken dieser Welt. Nein, er ist nicht nur *human* geworden und hat das menschliche Schicksal durch seine *Inkarnation* erfahren, sondern er hat höchstes Leid auf sich genommen, indem er sich kreuzigen ließ. Tot *wie* die Menschen und getötet *von* den Menschen – die seinen Protest gegen ihre Machtanmaßung nicht hören wollten – ist er *für* die Menschen gestorben. Durch seinen Tod hat Jesus das Böse, Krankheit und Tod auf sich und von uns genommen und er hat uns dafür Verzeihung und ewiges Leben gebracht.«

Der Narr gähnte demonstrativ und sagte:

»So ein Quatsch. Wie soll mich denn der Tod eines anderen von meinem eigenen befreien können?«

Der Tod Christi in Gleichnissen

Doktor Clément ließ sich von der verächtlichen Bemerkung des Narren nicht aus der Fassung bringen und antwortete ihm ruhig und freundlich:

»Zwei Parabeln mögen dies erläutern. Eines Tages wurde ein Vogel in einer Falle gefangen und in einen wunderbaren goldenen Käfig gesperrt. Sein neuer Besitzer wollte ihn um keinen Preis freilassen, so herzzerreißend und verzweifelt ihn der Vogel auch anflehen mochte. Schließlich bat ihn der Vogel, er möge wenigstens seinen älteren Bruder von seiner Gefangenschaft in Kenntnis setzen. Dieser Bitte wurde stattgegeben und ein Bote ausgeschickt. Kaum erfuhr er die traurige Nachricht, fiel der ältere Bruder vor Schmerz tot um. Der Bote kehrte zu dem gefangenen Vogel zurück und überbrachte wiederum ihm diese traurige Botschaft. Sowie er dies hörte, starb auch er. Als der herzlose Besitzer von den Ereignissen erfuhr, sah er keinen Zweck mehr darin, den Vogel noch länger im Käfig zu lassen. Er ließ ihn also öffnen und entledigte sich seines Gefangenen. In diesem Moment erwachte der Vogel wieder zum Leben und flog davon. Auf einem hohen Ast sitzend, sprach er daraufhin: ›Als ich hörte, mein Bruder sei tot, begriff ich, dass er mir dadurch zugleich den Weg in die Freiheit wies.‹ Nur ein Toter ist von den Fesseln der Habsucht befreit, sowohl von der anderer als auch von seiner eigenen. Wer erlöst vom Übel leben will, muss den Tod akzeptieren. Dank des ›Todes‹ seines älteren Bruders flog der Vogel frei und glücklich davon.

Uns hat Jesus gelehrt, noch vor dem Tod zu sterben, damit wir bereits das kommende Leben leben können. Wenn wir für die Versuchungen der Welt tot sind, sind wir nicht länger ihre Sklaven. Deswegen hat Jesus mehr getan, als uns den rechten Weg zu zeigen. Er ist selbst der Weg geworden.

Ich möchte Ihnen noch ein weiteres Gleichnis erzählen. Ein guter und gerechter Richter hatte einen Sohn, den er über alles liebte. Eines Tages gab es in der Stadt Krawalle. Wild gewordene Jugendliche plünderten die Geschäfte und verprügelten die, die sie daran zu hindern versuchten. In ihrer mörderischen Raserei erschlugen sie sogar unschuldige Passanten. Sie wurden von der Polizei festgenommen und dem Richter vorgeführt. Das Gesetz des Landes war streng: Die Gewalttäter wurden zum Tode verurteilt. Als das Urteil gefällt worden war, erhob sich der Sohn des Richters und sprach: ›Diese jungen Leute haben von früher Kindheit an weder die Liebe einer Mutter noch die Unterstützung eines Vaters gekannt. Bitte lass mich an ihrer Stelle sterben und nimm sie als deine eigenen Söhne und Töchter an. Nur dann wird sich ihr Leben ändern.‹

Vor dem Gesetz Gottes sind wir alle Kriminelle. Ob in Gedanken, durch Taten oder Worte haben wir alle schon einmal begehrt, gestohlen, verheimlicht, misshandelt, geschlagen und gemordet. Jesus hat für uns die Strafe auf sich genommen, die eigentlich wir verdient hätten. ›Aber er hat unsere Krankheit getragen und unsere Schmerzen auf sich geladen. Wir meinten, er sei von Gott geschlagen, von ihm getroffen und gebeugt. Doch er wurde durchbohrt wegen unserer Verbrechen, wegen unserer Sünden zermalmt. Zu unserem Heil lag die Strafe auf ihm, durch seine Wunden sind wir geheilt‹ (Jesaja 53,4–5). Luther hat sogar gesagt, Jesus sei der schlimmste Mörder, Dieb, Ehebrecher und Betrüger aller Zeiten gewesen, da er all unsere Verbrechen auf sich genommen hat und uns dafür seine Reinheit, seine Unschuld und seine Gerechtigkeit gab.«

Der Narr hatte den Blick gesenkt, und im Publikum herrschte absolute Stille.

»So wurde Christus für uns ans Kreuz geschlagen und er ist auferstanden, damit die Welt erfahre, dass die Vergebung Gottes größer ist als die Sünde und dass das Leben Gottes stärker ist als der Tod. Haben Sie eigentlich einmal bewusst den Mond betrachtet?«

Der König und der Weise wurden starr vor Schreck.

»Jeden Monat verschwindet er drei Nächte lang und ist für uns nicht mehr zu sehen. Doch danach erscheint er wieder und wächst heran zu einer runden, vollen Scheibe. Dies ist ein wunderbares Symbol für den Gekreuzigten: Für uns gestorben, ist er auferstanden und erscheint am dritten Tage wieder, um unser Leben zu erleuchten. Wie Christus, wie der Mond, so müssen auch wir uns in unseren Tod fügen, um von unseren Lasten befreit und unseren Begierden erlöst zu werden, um frei und glücklich wieder geboren werden zu können.«

Der König wusste nicht recht, ob er sich über diese Worte freuen oder ob er darüber traurig sein sollte, so schwierig erschien es ihm zu akzeptieren, dass er erst »sterben« müsse, um »wieder leben« zu können.

Christian Clément beendete seinen Vortrag mit folgenden Worten:

»An Weihnachten feiern wir den Menschgewordenen, an Karfreitag den Gekreuzigten und an Ostern den Auferstandenen. Dies alles wäre allerdings unmöglich ohne den Heiligen Geist, dessen Fest an Pfingsten begangen wird. Der Heilige Geist ist das Leben Gottes selbst, das die Christen und die Kirche erfüllt, um den Glauben an die Gegenwart Christi in uns wachsen zu lassen. Seine Aufgabe ist es, uns empfänglicher für das Licht der Auferstehung zu machen, das bereits in uns leuchtet.

Während Gottvater über uns ist und Gottsohn unter uns, ist der Heilige Geist in uns, und diese heilige *Trinität* ist das zentrale Mysterium des Glaubens aller Christen. Dieses wunderbare Mysterium, diese unvergleichliche Symphonie, diese unübertroffene Kommunion des dreifach geheiligten Gottes steht im Zentrum unserer Religion. Nach dieser göttlichen Harmonie, die aus Intimität und wechselseitig respektierter Identität erwächst, sehnen sich die Herzen aller Menschen, die sie vergeblich ohne Gott suchen, beispielsweise in einer Paarbeziehung, einer Gemeinschaft oder einer Nation. Gottes Milde und Liebe werden allen zuteil; wir müssen sie nur annehmen und daran glauben, uns ihnen anvertrauen und mit unserem ganzen Wesen daran festhalten.

Zum Abschluss möchte ich noch eine Passage aus dem Neuen Testament zitieren, die alles enthält, was ich bis hierher mit so unzulänglichen Worten auszudrücken versuchte: ›Denn Gott hat die Welt so sehr geliebt, dass er seinen einzigen Sohn hingab, damit jeder, der an ihn glaubt, nicht zu Grunde geht, sondern das ewige Leben hat‹ (Johannes 3,16). Ich danke Ihnen für Ihre Aufmerksamkeit.«

Konfrontationen

Während der Pause herrschte eine freundliche Atmosphäre, in der alle herzlich und ungezwungen miteinander umgingen. Nach und nach hatten sich alle Befürchtungen gelegt und einer fröhlichen Geselligkeit Platz gemacht.

Die Bibel und der Koran

Der Muslim wandte sich als Erster an Doktor Clément:
»Unter den großen Weltreligionen gibt es zwei, die dem Propheten Jesus ausdrücklich große Wertschätzung entgegenbringen, den wir *Isa* nennen – Friede und Segen seien mit

ihm. Ihr Christen, das versteht sich von selbst, seid ihm innig verbunden, doch man darf nicht vergessen, dass auch wir Muslime ihm einen hohen Stellenwert beimessen. ›Wort Gottes‹, ›Messias, Sohn der Maria‹, ›Diener Gottes‹: mit diesen und zahlreichen anderen Bezeichnungen wird er im Koran angesprochen. Allerdings weigern wir uns, ihn zum Gott zu erheben, da dies ein unverzeihlicher Angriff auf die Herrlichkeit Allahs wäre. Gott hat keinen Sohn. Er ist der Eine und Einzige. Ich muss schon sagen, dass das Neue Testament, wie Sie es interpretieren, Jesus Eigenschaften zuschreibt, die uns fremd sind, ja die uns empören. Daher möchte ich Ihnen drei Fragen stellen. Erstens: Sind Ihre schriftlichen Quellen wirklich verlässlich? Haben nicht einige Ihrer Theologen bewiesen, dass sie erst lange nach Jesus entstanden sind? Zweitens: In der islamischen Theologie heißt es, Jesus habe Mohammeds Kommen prophezeit. Warum haben Sie darüber nicht gesprochen? Und meine dritte Frage lautet, warum Ihre biblischen Propheten so fehlerhaft, ja manchmal von Gott verlassen sind?«

»Ich möchte dem Scheich für seine offenen und wichtigen Fragen danken. Zuerst muss ich sagen, dass die Frage nach den Quellen der Bibel und des Neuen Testaments ein weites Feld eröffnet. Tatsächlich ist die Bibel nicht im Original erhalten. Sie gleicht im Übrigen eher einer umfangreichen Bibliothek. Allerdings besitzen wir ungefähr zwanzigtausend sehr alte Kopien des Textes. Manche sind lang und so gut wie vollständig, etwa die Manuskripte, die wir als Codex Sinaiticus und Codex Vatikanus bezeichnen. Sie stammen aus dem 4. Jahrhundert unserer Zeitrechnung und enthalten praktisch die gesamte Bibel einschließlich des Ersten Testaments in griechischer Übersetzung. Bei anderen handelt es sich um wesentlich ältere Fragmente, beispielsweise den Papyrus Rylands vom Beginn des 2. Jahrhunderts, der einige Verse des Johannesevangeliums enthält. Allein vom Neuen Testament gibt es schätzungsweise hunderttausend Varianten. Vielleicht überrascht Sie das. Die Unterschiede liegen jedoch in den Details und ändern nichts am zu Grunde liegenden Sinn der Schriften. Durch den akribischen Vergleich dieser Unterschiede ist es möglich, eine sehr zuverlässige Textfassung zu rekonstruieren, die von allen Kirchen gleichermaßen akzeptiert wird. Zur Erinnerung weise ich darauf hin, dass kein Werk der klassischen Literatur, ob griechisch oder lateinisch, so gut belegt ist wie die Bibel. Das Werk Platons zum Beispiel ist nur durch zwei Manuskripte in schlechtem Zustand bekannt, die zwei Jahrhunderte nach dem Tod des Autors entstanden. Und gerade hat man die ältesten Schriften des Buddhismus entdeckt, welche erst fünfhundert Jahre nach dem Tod des Religionsstifters verfasst wurden.«

»Der Koran ist aber besser belegt als die Bibel!«, unterbrach ihn der Scheich.

»Chronologisch gesehen liegt Ihr Text wirklich näher an dem, was Mohammed verkündete. Allerdings sind erstens die Originale, auf denen die mündlichen Predigten festgehalten wurden – Schulterblattknochen, Pergamentfetzen und Tonscherben – verloren gegangen, und zweitens fand unter der Herrschaft des Kalifen Uthman eine Harmonisierung der Texte statt, welche mit der Eliminierung von Varianten einherging, die man für falsch hielt. Chronologische Nähe garantiert noch lange keine einfühlsame Sinnerfassung und keine lückenlose Überlieferung. Dass ich die Aussagen einer Person fehlerfrei weitergeben kann, bedeutet nicht automatisch, dass ich auch etwas über die Qualität dieser Aussagen oder über die Art ihrer Entstehung weiß. Ein Christ vertraut darauf, dass Christus, wenn er auferstanden ist, auch für die richtige Abfassung und getreue Überlieferung der Evangelien und Apostelbriefe gesorgt hat, die von ihm berichten.«

»Aber dieses Argument entbehrt doch jeder Grundlage!«, rief jemand aus dem Publikum. »Für den Glauben an die Auferstehung Christi berufen Sie sich auf die Evangelien, und für den Glauben an die Evangelien setzen Sie die Auferstehung voraus! Das ist doch ein Teufelskreis!«

»Ich verlange ja von niemandem, blind an den Inhalt des Neuen Testaments zu glauben. Es bleibt jedem selbst überlassen, diesen Texten und ihren Autoren Vertrauen zu schenken. Wir Christen jedenfalls glauben, die Texte der Bibel seien aus der Interaktion zwischen Gott und sehr unterschiedlichen Autoren entstanden. Außerdem sind wir der Meinung, die Offenbarung wirke weniger durch einen Text als solchen als durch das neue Verhältnis zu Gott und zu seinem Nächsten, das daraus hervorgeht. Die heiligen Schriften sind in erster Linie inspirierte Zeugnisse und getreue Interpretationen dessen, was Gott bewirkt hat und noch zu bewirken wünscht; sie schildern, was sein Volk erfahren hat und was auch wir erfahren können. Ich erinnere Sie daran, dass die Bibel diejenige unter den heiligen Schriften der Menschheit ist, die am meisten der Kritik der menschlichen Vernunft unterzogen wurde, sowohl von Christen als auch von Nichtchristen, und trotzdem, oder gerade deshalb, bleibt sie glaubhaft. Ich muss allerdings zugeben, dass nicht jeder diese Meinung teilt.«

Alain Tannier wollte etwas einwerfen, hielt sich aber zurück.

»Was die Ankündigung der Ankunft Mohammeds in der Bibel betrifft, so handelt es sich dabei um ein sehr altes Streitthema. Im griechischen Original der Evangelien wird berichtet, Jesus habe für die Zeit nach seinem Tod die Ankunft eines *parakletos*, das heißt eines Trösters oder eines Helfers angekündigt. Mohammed aber bedeutet auf Arabisch ›der, der gepriesen wird‹, was bei einer Übersetzung ins Griechische *periklutos* ergibt. Die Ähnlichkeit der beiden griechischen Wörter verleitete manche Muslime zu der Annahme, die Christen hätten das Wort *periklutos*, das angeblich im Originaltext stand, in *parakletos* geändert, um die Ankündigung Mohammeds durch Jesus nicht anerkennen zu müssen. Doch ich glaube nicht, dass wir hier und heute diese umfangreiche Debatte ein für alle Mal beenden können!«

Ali ben Ahmed hatte tatsächlich das Gefühl, auf seine Frage keine wirklich zufrieden stellende Antwort erhalten zu haben.

»Um auf Ihre letzte Frage zurückzukommen, so muss ich sagen, dass wir dabei an einen weiteren grundlegenden Unterschied rühren. Wir glauben, dass Gott seine Gesandten nicht von vornherein von ihren Leiden befreit oder sie automatisch von ihrer niedrigen Gesinnung reinigt. Zahlreiche Propheten der Bibel werden mit vielerlei Fehlern dargestellt, wodurch sie uns ähnlen. Sie sind nämlich nicht wegen ihrer makellosen Vollkommenheit unsere Vorbilder, sondern eben wegen der Veränderung, die Gott in ihrem Leben bewirkt hat. Gewalt, Ehebruch, Hass, Mutlosigkeit: All das haben die Männer der Bibel erlebt und deswegen können sie uns dabei helfen, unsere eigenen Fehler zu überwinden. Mehr noch: Der Sohn Gottes selbst hat sich entschieden, Schwäche und Verletzbarkeit, Zurückweisung und Demütigung auf sich zu nehmen, um uns das Beispiel einer Liebe zu geben, die den anderen sogar in der Zurückweisung dieser Liebe respektiert.«

Meister und Anhänger

Mit großem Nachdruck erwiderte der Rabbiner darauf:

»Den anderen sogar in der Zurückweisung respektieren! Was für schöne Worte – und doch werden sie von den Kirchen so selten in die Tat umgesetzt! Auch wenn Jesus der Messias gewesen sein sollte, könnte ich niemals billigen, was seine Anhänger in seinem Namen verübt haben. Ich spreche nicht nur von dem, was sie uns Juden angetan haben, sondern auch von den Gräueltaten an den Völkern Afrikas, Amerikas und Asiens. Ganz zu schweigen von den Bruderkriegen der Christen untereinander! Wo bleibt denn da das Gleichnis vom Wolf, der friedlich beim Lamm liegt, wie es Jesaja prophezeit hat? In der Hoffnung auf Frieden und Gerechtigkeit ziehe ich es vor, weiterhin auf den Messias zu warten.«

Christian Clément wusste, dass sich hinter der heftigen Reaktion des Rabbiners schreckliches Leid verbarg, das durch keine menschlichen Worte gemildert werden konnte. Trotzdem überwand er sich dazu, das Schweigen, welches die einzige angemessene Reaktion auf einen allzu großen Schmerz war, zu brechen, und sagte:

»Zwischen Jesus und seinen Anhängern, zwischen dem Evangelium und den Kirchen liegen manchmal Abgründe, die eine Quelle unserer Scham sind. Ich sage bewusst *unserer Scham*, da ich mich als Christ von diesen Menschen weder abgrenzen kann noch will. Vielmehr müssen wir aus unseren Fehlern lernen. Wie kommt es, dass unsere heiligen Texte durch falsche Interpretationen solche unannehmbaren Verhaltensweisen zeitigen können? Warum tendieren die kirchlichen Institutionen, einmal an die Macht gekommen, dazu, ihre Botschaft zu pervertieren? Wie konnte die Aussicht auf die Hölle, die schlimmste Marter, als Rechtfertigung für unglaubliche Gräueltaten seitens der Kirche dienen – begangen angeblich aus ›Liebe‹, damit Hexen, Ketzer, Abtrünnige und Ungläubige der nach dem Tod zu erwartenden Pein entrannen? Die langwierige, nie abgeschlossene Aufarbeitung unserer Geschichte ist alles, was ich Ihnen als Antwort auf Ihre gerechte Empörung entgegensetzen kann. Damit kann man früheres Unrecht nicht ungeschehen machen, aber möglicherweise verhindern, dass es sich wiederholt.«

Christian Clément war sich sehr wohl bewusst, dass nicht nur im Namen des Christentums Fehler und Grausamkeiten begangen worden waren. Er hatte sogar den Impuls, den Rabbiner zu fragen, wie es mit der Verwirklichung jüdischer Wertvorstellungen in Israel aussah, seit sein Volk erneut Zugang zur Macht und zur Führung eines Staates hatte. Doch er hielt sich zurück. Es gab noch zu viele Balken in den Augen der christlichen Kirche, als dass sie es wagen dürfte, die Splitter in den Augen der anderen zu kritisieren.

Gott und das Leiden

Meister Rahula bat um das Wort:

»Mitgefühl und der Respekt vor dem anderen stellen Werte dar, nach denen auch wir Buddhisten unser Leben auszurichten versuchen. Dagegen verstehe ich nicht recht, was Sie mit der Verletzlichkeit oder gar Erniedrigung Gottes meinten. Wie kann die höchste Wesenheit leiden?«

»Wir Christen sind nicht der Meinung, die Auslöschung des Leidens sei der höchste Wert des Universums. Auch heute leidet Gott, wenn er die Leiden der Menschheit betrachtet. Ach, was sage ich? Er sieht nicht nur unsere Wunden, sondern er identifiziert sich mit den Verwundeten. Gott wird mit jeder Verletzung eines Menschen ebenfalls verletzt. Ein bekanntes Gleichnis berichtet davon, wie Jesus sagte, er sei solidarisch mit den Hungernden, Dürstenden, den Armen, den Kranken und den Gefangenen (Matthäus 25,31–46). Ich glaube, dass er auch in den Gemarterten von Treblinka und Auschwitz war, in den verstümmelten und verletzten afrikanischen Kindern, von denen uns Alain Tannier berichtete, in den Niedergemetzelten von Kambodscha, des Sudan, Ex-Jugoslawiens, Ruandas und vieler anderer Kriegsschauplätze. Wenn ich an diese armen Menschen denke, so scheint es mir, das ›Vater unser, der du bist im Himmel‹ müsse um ein ›Unser Freund, der du bist im Herzen der Erniedrigten‹ erweitert werden:

Unser Freund, der Du bist im Herzen der Erniedrigten,
Geliebt seien ihre Namen,
Deine Gerechtigkeit komme,
Dein Wille sei ein Fest in ihnen wie im Himmel,
Unseren täglichen Mut gib uns heute,
Vergib uns unsere Gleichgültigkeit, wie auch wir vergeben ihre Unzulänglichkeiten,
Und lasse uns nicht resignieren,
Sondern erlöse uns von dem Bösen,
Denn Dein sind die Gerechtigkeit und der Dienst und die Freude,
in Ewigkeit,
Amen.«

Spontan begann ein Teil des Publikums zu applaudieren, ein anderer zu pfeifen. Christian Clément wusste, dass Veränderungen in religiösen Traditionen immer entweder als geistige Freiheit oder als Blasphemie betrachtet werden.

Einzigartigkeit und Pluralität

Swami Krishnananda erhob sich würdevoll, und die Menge beruhigte sich wieder.

»Die meisten Juden und Muslime können den Gedanken der Inkarnation, die Tatsache, dass Gott in einem menschlichen Wesen wieder geboren werden kann, nicht tolerieren. Für die Hindus dagegen ist Gott omnipräsent, im ganzen Universum und in jedem Lebewesen. Dass er auch im Menschen Jesus gegenwärtig gewesen sein soll, stellt für uns nicht das geringste Problem dar. Auch wir betrachten ihn als einen Lehrmeister, in dem das Unendliche gegenwärtig geworden ist. Was uns am Christentum stört, ist seine Ablehnung der Pluralität und sein Beharren auf der Einmaligkeit. Während die Christen behaupten, Gott habe sich nur in Jesus inkarniert, sagen wir, dass er sich unaufhörlich in allen Wesen verkörpert und während die Christen glauben, der Mensch habe nur eine einzige Existenz, sind wir davon überzeugt, er durchlaufe einen Zyklus von vielen Leben und Wiedergeburten. Während die Christen denken, diese Welt sei einzigartig, glauben wir, sie sei nur eine Etappe in einem unendlichen Kreislauf; und während die Christen glauben, Jesus allein sei unsere Rettung, sind wir davon überzeugt, dass die mannigfaltigsten Wege zum Heil führen. Woher kommt eigentlich dieses Beharren auf der Einzigartigkeit Christi?«

Doktor Clément bemerkte im Publikum den jungen Mann, der die Debatte bereits einmal unterbrochen und nachdrücklich behauptet hatte, das Heil liege allein in Jesus. Er hielt eine dicke Bibel so krampfhaft umklammert, als sei sie eine Waffe. Bedrückt dachte Christian Clément daran, wie vehement ihn puristische Christen als ›falschen‹ Doktor attackiert hatten, weil er auf einer Konferenz hervorgehoben hatte, wie wichtig der interreligiöse Dialog ohne Konfusion oder Exklusion sei.

»Der Glaube, das Leben des Menschen beschränke sich auf eine einzige irdische Existenz, die nur ein einziges Mal, ob mit Gott oder ohne Gott, im für uns nicht fassbaren Jenseits erneuert wird, ist nicht nur typisch für uns Christen: Auch die große Mehrheit der Juden und der Muslime glaubt daran. Das resultiert aus unserer Vorstellung des Menschen als einzigartiger Synthese von Geist, Seele und Körper. Da der Mensch ein beseelter Körper ist und nicht eine inkarnierte Seele, die sich unendlich oft reinkarnieren kann, ist er in seiner Einzigartigkeit auch wertvoll, und er wird in seinem Körper zur Auferstehung gerufen. Was Jesus betrifft, so können Sie uns mit Recht danach fragen, warum wir ihn für einzigartig halten. Nun, warum? Ist nur Jesus allein Retter, Messias und Sohn Gottes? Die Antwort lautet: Ja, es gibt etwas unbestreitbar Einzigartiges in seinem Leben, seinem Tod und seiner Auferstehung, jedenfalls dem Neuen Testament zufolge. Trotzdem möchte ich noch etwas hinzufügen, auch wenn möglicherweise einige meiner Glaubensbrüder und -schwestern damit nicht einverstanden sind: Jeder von uns wurde, genau wie Jesus Christus, nach dem Abbild Gottes geschaffen (Genesis 1,26). Doch was uns andererseits von Jesus, dem ›Ebenbild des unsichtbaren Gottes‹ (Kolosser 1,15) unterscheidet, ist unser *Grad an Transparenz*.

Ein klein wenig vom Kind Gottes, ja sogar vom Messias – wörtlich: die Salbung Gottes eines bestimmten Werkes – steckt in jedem Wesen. Doch Jesus ist der, der die größte Transparenz, die maximale Empfänglichkeit für das Wirken des Heiligen Geistes gezeigt hat. Er ist die Person, in der Gott wirkt, schlechthin, wobei dies nicht heißt, dass Gott nur durch ihn wirkt. Er ist derjenige, durch den wir die Vergebung unserer Sünden erlangen, aber das bedeutet nicht, dass Gott sich ausschließlich durch ihn mitteilt. Der Heilige Geist kann frei wirken, wo und wie er will. Niemand aber war für dieses Wirken so empfänglich wie Jesus. ›Wer mich gesehen hat, hat den Vater gesehen‹ (Johannes 14,9). Auf Grund der Einzigartigkeit Jesu sowie jedes anderen Wesens besitzt das Besondere für uns einen unendlich hohen Wert. Wir misstrauen globalen Systemen und jedem Kreislaufdenken, das die fundamentale Bedeutung auflöst, welche wir jeder individuellen Person beimessen.«

Der hinduistische Gelehrte setzte sich, ohne ein weiteres Wort zu sagen. Sein Schweigen drückte ein Missfallen, ja eine Kränkung aus, die das Publikum vage spürte. Christian Clément fragte sich gerade, ob er noch ein paar erläuternde Worte hinzufügen sollte, doch da hatte sich bereits Professor Tannier erhoben, um seine Einwände darzulegen. In seinem Blick lagen eine Kraft und eine Entschlossenheit, die niemandem entgingen.

Der Angriff des Atheisten

»Dieses Mal bin ich der Letzte, der sich äußert. Ich, der moderne Judas des Christentums, der Renegat, der Opponent. Was ich an dieser Religion hasse, ist ihre als Bescheidenheit getarnte Arroganz und ihr Starrsinn, der als Offenheit anderen gegenüber daherkommt. Ihre Theologen sind doch nichts als Chamäleons – ach, was sage ich! Niedriger noch als Chamäleons dürsten sie nach Prestige und sind immer hoffnungslos ihrer Zeit hinterher. Als Dialog und Toleranz schon längst von jedem aufgeklärten Menschen anerkannte Werte waren, haben ihre Schriftgelehrten lediglich die alten Lehr- und Moralfolianten entstaubt, um alle fanatischen Doktrinen daraus zu entfernen. Als die Frauenemanzipation und der Umweltschutz zu Hauptanliegen aller verantwortungsbewussten Menschen wurden, haben ihre Pharisäer kurzerhand die Textstellen, die die Unterdrückung der Frau und die Herrschaft des Menschen über die Schöpfung rechtfertigen, in der Versenkung verschwinden lassen. Als immer mehr Völker ihr Recht auf Selbstbestimmung gegen soziale und politische Ungerechtigkeit einforderten, haben ihre gelehrten Denker Befreiungstheologien erfunden. Aber, meine Herren, wann werden Sie einmal *zuerst* auf einem Kriegsschauplatz sein? Wann werden Sie aufhören, mit den herrschenden Systemen zu flirten, um sie zu infiltrieren und Ihre eigenen Interessen durchzusetzen? Wann werden Sie endlich sein, was Sie immer vorgeben zu sein, nämlich Zeugen eines neuen Lebens, indem Sie multinationale Waffenhändler, gewissenlose Banker und skrupellose Zuhälter beim Namen nennen? Ihr Schweigen macht Sie mitschuldig, und Ihre Worte sind unfähig, diese Welt zu verbessern, die einzige, die wir abgesehen von Ihren gewagten Spekulationen kennen.«

Alain Tannier setzte sich wieder, voller Verachtung und ohne auch nur die mindeste Antwort auf seine heftige Kritik abzuwarten. Selbst der Narr war erschrocken über die Vehemenz seiner Anschuldigungen. Nach endlos langen Minuten des Schweigens fragte der Moderator Christian Clément, ob er sich zu dem Beitrag äußern wolle.

Dieser zögerte wieder einmal und sagte dann leise:

»Es gibt Christus auf der einen und die Christen auf der anderen Seite, es gibt die Bibel und die Theologen, Gott und die Institutionen. Natürlich kann man sie weder völlig gegeneinander abgrenzen noch sie ganz und gar gleichsetzen. Durch das Kreuz hat Christus alles radikal kritisiert, was die Menschen geschaffen haben. Sogar in Ihrer Kritik, Herr Tannier, schwingt ein wenig von dem Echo der Stimme unseres Herrn mit.

Natürlich könnte ich Ihnen erwidern, dass die Christen nicht immer nur hinterhergehinkt sind, sondern auch wichtige soziale Veränderungen in Gang gesetzt haben. Von Henri Dunant bis zu Mutter Teresa über Albert Schweizer, Martin Luther King, Solschenizyn und viele andere gibt es zahlreiche Anhänger Christi, die ihr Leben dem Wohlergehen ihrer Mitmenschen geweiht haben. Natürlich könnte ich Ihnen erwidern, dass es doch für eine gewisse Dynamik spricht, wenn unsere Religion dazu in der Lage ist, sich der Entwicklung der verschiedenen Gesellschaftssysteme anzupassen, in denen sie verankert ist, indem sie das Nötige aus ihren alten Texten schöpft. Doch das alles sind nur Worte, Worte, die nicht wiederbringen können, was man einmal verloren hat.«

Dieser rätselhafte Schluss verwirrte Alain Tannier. Worauf

wollte der Christ damit anspielen? Etwa auf seine verstorbene Tochter, die er so schmerzlich vermisste? Oder auf seinen Glauben, der schon vor so vielen Jahren erloschen war? Innerlich machte er sich Vorwürfe, dass er sich auf diese Weise hatte gehen lassen. Seine Wut hatte eine Wunde aufgerissen, die er verheilt geglaubt hatte. Dem Philosophen wurde plötzlich bewusst, dass er sich nach etwas sehnte. Doch wonach? Seit seiner Entscheidung für den Atheismus hatte sich Alain Tannier zugleich freier, erwachsener und einsamer gefühlt. Niemand mehr besaß das Recht, sich in seine Gedanken einzumischen und im Namen Gottes oder der Offenbarung zu bestimmen, an welche unbeweisbaren Entitäten er zu glauben hätte. Niemand mehr durfte ihm ethische Werte und ihre Umsetzung in die Praxis vorschreiben. Doch andererseits war auch niemand mehr da, der seinem Engagement, seinen Entdeckungen oder auch seinen Krisen einen Sinn verlieh. Er musste ganz allein mit den Grenzen und der Vergänglichkeit seines Lebens fertig werden. Die »laizistische Spiritualität«, die von manchen Seiten an ihn herangetragen wurde, erschien ihm ebenso fade und sinnlos wie eine romantische Verabredung am Computer. So tun als ob... Als ob der Mensch heilig wäre, als ob Geburt, Leben und Tod einen Sinn hätten, als ob der Geruch eines toten Gottes noch Duft sein könnte... Wie leer ihm das alles vorkam! Und dennoch... Mit einem Mal wurde Alain Tannier bewusst, welche Sehnsucht seine Kraft und seine Energie wie ein schwarzes Loch aufsog. Es war die *Sehnsucht nach Vertrauen*, die *ohne religiöse Naivität* allem anderen zum Trotz Bestand hat.

Der Moderator stellte fest, dass es Essenszeit war, und beschloss die Sitzung zu beenden. Der Vormittag hatte sich außergewöhnlich lange hingezogen und die letzte Kontroverse war sehr ermüdend gewesen. Erleichtert begaben sich alle zu dem großen Speisezelt, wo ein besonderes Mahl sie erwartete.

Die letzte gemeinsame Mahlzeit

Da einige der Kandidaten ihre Abreise noch für denselben Abend angekündigt hatten, war beschlossen worden, mittags ein festliches Mahl zu richten, an dem alle teilnehmen sollten.

Der König und der Weise sprachen von nichts anderem als dem Mond, dem Tod und einem neuen Leben. Der Narr hatte zu großen Hunger, um sich von geistiger Nahrung, egal welcher Art, ablenken zu lassen. Dazu muss man sagen, dass die Köche sich selbst übertroffen hatten. Menüs aus verschiedenen Regionen der Erde wurden als Büfett serviert und bei allen Gerichten waren die Speisevorschriften der verschiedenen Religionen beachtet worden. Die subtile Mischung der Düfte und Gewürze bot einen sinnlichen Genuss, dem sich niemand entziehen konnte.

Der Zufall wollte es, dass Alain Tannier und Christian Clément am selben Tisch saßen, und zwar nebeneinander. Um jede Diskussion zu vermeiden, versuchten beide eine angeregte Konversation mit ihren Tischnachbarn auf der anderen Seite anzuknüpfen.

David Halevy war bedrückt. Er freute sich zwar in gewisser Weise auf die Rückkehr in sein Heimatland, dennoch war er wie gelähmt von einer gähnenden Leere, die sich in ihm aufgetan hatte. Sein Blick fiel auf einen Lichtstrahl, der wie ein Projektor die Speisenden am anderen Ende der Tafel erhellte. David erblickte Amina und wurde von einer Hitzewelle erfasst. Die junge Frau hielt den Blick gesenkt und wirkte bedrückt. Dadurch erschien ihr Gesicht dem Rabbiner nur noch schöner. Davids Hände begannen zu zittern. Was hätte er nicht dafür gegeben, über ihre Wange streicheln zu dürfen oder auch nur eines ihrer Haare zu berühren! In seiner Besessenheit schmiedete er sogar einen absurden Plan: Er würde aufstehen, um den Imam zu begrüßen, dabei würde er sich ungeschickt umdrehen, und dann könnte er mit der Hand das Gesicht der jungen Frau berühren… Mit Gewalt musste er diese törichten und undurchführbaren Gedanken unterdrücken.

»Und was halten Sie vom Vortrag des Christen?«, fragte Rahula nun schon zum zweiten Mal den Rabbiner, der nichts gehört hatte.

»Interessant«, antwortete dieser darauf ziemlich einsilbig.

Dabei faszinierte ihn die Person Jesu. Er fragte sich, was geschehen würde, wenn er eines Tages in Jesus mehr sehen sollte als nur einen jüdischen Propheten, der sich geirrt hatte, oder einen häretischen Rabbiner, der von seinen übereifrigen Anhängern vergöttlicht worden war. Die Frage des Buddhisten verwirrte ihn nur noch mehr. Für den Bruchteil einer Sekunde sah er sich in einer Kirche bei seiner eigenen Hochzeit – mit Amina. Er stellte sich sogar die Schlagzeile auf der Titelseite einer Zeitschrift vor: RABBINER VON PRIESTER MIT TOCHTER EINES IMAMS GETRAUT. Einfach grotesk! Um sich auf andere Gedanken zu bringen, ging David noch einmal zum Büfett. Auf dem Weg dorthin grüßten ihn mehrere Leute und gratulierten ihm zu seiner ausgezeichneten Rede. Als es ihm endlich gelungen war, zum Büfett vorzudringen, fand er sich Seite an Seite mit Amina wieder, seine Hand nur wenige Zentimeter von der ihren entfernt. Er zögerte, seine Hand der ihren zu nähern, machte eine leichte Bewegung in ihre Richtung, zog sie dann aber sofort wieder zurück. Die junge Frau tat so, als habe sie nichts bemerkt, hin und her gerissen zwischen Überraschung und Enttäuschung. Hastig verließ der Rabbiner das große Zelt und ging bis zur Fortsetzung des Wettstreits spazieren.

VIII
Das Finale

Der entscheidende Moment des Wettstreits rückte näher. Im Kloster herrschten feierlicher Ernst und Aufregung zugleich. Welche Religion würde den Sieg davontragen? Von den Entscheidungen, die nun fallen würden, hing die Zukunft des ganzen Landes ab.

Die Gesichter der Jurymitglieder waren jetzt besonders ernst. Vielleicht blickten manche absichtlich so würdevoll, damit nach außen hin deutlich sichtbar wurde, dass auf ihren Schultern die Verantwortung für die endgültige Wahl lag.

Doch zunächst sorgte ein unerwarteter Programmpunkt für allgemeine Überraschung. Der Moderator kündigte eine letzte Prüfung an, auf die sich keiner der Teilnehmer hatte vorbereiten können:

»Meine Damen und Herren, wir sind beinahe am Ende unseres Wettstreits angelangt, in dem Weisheit und Wahrheit im Zentrum der Aufmerksamkeit standen. In Kürze wird sich die Jury äußern und uns die Gewinner bekanntgeben. Doch bevor ich den Damen und Herren das Wort erteile, möchte ich unseren werten Delegierten noch eine letzte Prüfung vorschlagen. Im Einvernehmen mit dem König bitte ich Sie um Folgendes: Jeder von Ihnen soll noch einmal in *zwei Worten* den Kern seiner Überzeugungen zusammenfassen. Dafür haben Sie genau *eine Minute* Zeit. Wir betrachten diese Aufgabe als eine Art Endspurt und ich bin davon überzeugt, dass sie uns allen, insbesondere der Jury, dabei helfen werden, unsere Meinung zu festigen.«

Ein lautes, verblüfftes und aufgeregtes Stimmengewirr erfüllte den Saal.

»Moment, ich bin noch nicht fertig«, fuhr der Weise fort. »Unter den beiden Worten darf sich nicht der Name des Gottes oder der höchsten Realität der verschiedenen Religionen befinden. Wir haben mittlerweile alle begriffen, dass Allah, Brahman, das Tetragramm JHWH, die Dreieinigkeit und die Buddhaschaft die Zentren der Religionen darstellen, die uns hier im Rahmen des Wettstreits präsentiert wurden. Sie müssen daher in zwei Worten das Wesentliche des Wesentlichen zusammenfassen, das, was sich aus Ihrer Sicht jeder einprägen sollte. Die Reihenfolge Ihrer Präsentationen ist umgekehrt wie die der Vorträge. Daher erteile ich nun als Erstem Doktor Clément das Wort.«

Verlegen erbat dieser für alle Teilnehmer eine Bedenkzeit von fünf Minuten, eine Bitte, die der Weise gewährte. Nach und nach breitete sich im ganzen Kloster tiefe Stille aus. Der König genoss die Atmosphäre, die in diesem Moment äußerster Konzentration herrschte, und noch lange nach dem Wettstreit erinnerte er sich gerne und mit Ergriffenheit daran.

»Doktor Clément, Sie haben nun das Wort.«

Christian Clément erhob sich und sagte mit Nachdruck:

»*Gnade* und *Solidarität*. Diese beiden Dinge bilden das Herz des christlichen Glaubens. Ich hätte auch beides in dem einen Wort ›Liebe‹ zusammenfassen können, doch es erschien mir zu abgenutzt, um noch viel Aufmerksamkeit zu erregen. Die *Gnade* ist Gott, der wohlgesinnt auf jedes Wesen schaut, um uns schließlich alle an seiner Freude teilhaben zu lassen. Die *Solidarität* ist Gott, der auf immer mit der Menschheit und der ganzen Schöpfung einen Bund schließt, um Gerechtigkeit und liebevolle Beziehungen zwischen den Lebewesen zu schaffen. Nach Auffassung der Christen hat die Gnade in Jesus Christus ihren Höhepunkt erreicht, der sich mit uns bis in den Tod hinein solidarisch gezeigt und den Tod durch seine Auferstehung überwunden hat. Seitdem ist es unsere Aufgabe, sowohl als Einzelne als auch als Gemeinschaft, den Geist Christi in uns leuchten zu lassen, damit diese Gnade und diese Solidarität für alle sichtbar und fassbar werden.«

Unter dem Applaus des Publikums nahm der Christ wieder Platz.

»Herr Rabbiner Halevy, bitte.«

»*Heiligkeit* und *Treue* sind die beiden wichtigsten Attribute des Judentums. ›Seid heilig, denn ich, der Herr, euer Gott, bin heilig‹, heißt es in der Thora (Levitikus 19,2). Gott allein ist *heilig*, er ist unvergleichlich. Verschieden vom Geschaffenen und anders als alles, das wir kennen, ruft er uns dazu auf, ein neues Bündnis mit ihm und unseren Mitmenschen einzugehen. Wir müssen seinen Namen und unsere Existenz heiligen durch ein von Liebe, Gerechtigkeit und Treue geprägtes Verhalten. Weil Gott seinen Versprechen und seinem Volk *treu* bleibt, können auch wir in unseren Beziehungen zu anderen Treue walten lassen.«

Der Rabbiner schaute ganz kurz schüchtern zu Amina hinüber und war verwirrt von dem offenen lächelnden Blick, mit dem sie ihn bedachte.

»Sie sind an der Reihe, Imam.«

»*Barmherzigkeit* und *Gehorsam* gehören zu den grundlegenden Werten des Koran. Allah ist *der Barmherzige*. Er hat das Universum geschaffen und seine Propheten gesandt. Er offenbarte den Menschen, die entzweit und abtrünnig waren, seine Gerechtigkeit, seine Schönheit und seine Macht. Durch den *Gehorsam – Islam –*, das heißt die liebevolle Hingabe unseres individuellen und gesellschaftlichen Lebens an Gott, kann die Welt ihre wahre und ursprüngliche Identität wiedererlangen.«

Als Ali ben Ahmed sich mit Hilfe seiner Tochter wieder auf seinen Platz setzte, erhielt er noch heftigeren Applaus als die vorherigen Teilnehmer. Diesen blinden, demütigen Mann mochte das Publikum besonders gern. Lag es an seiner Blindheit oder eher an dem völligen Mangel an Überheblichkeit in seinen Worten? Oder vielleicht an der schönen und diskreten Amina an seiner Seite? Noch heute wird im Königreich darüber gerätselt.

»Swami Krishnananda, bitte.«

»*Freiheit* und *Unsterblichkeit* bilden den Kern des Hinduismus. In unserer Welt, die ständig gespalten und hin und her gerissen ist zwischen Gut und Böse, Liebe und Hass, Leben und Tod, hegen wir eine tiefe Sehnsucht nach *Freiheit*. Durch die Meditation ist es für jeden möglich, sein wahres Ich zu entdecken, das frei ist von jeglicher Sklaverei und über allen Determinationen steht. Dieses Ich, eins und identisch mit der höchsten Realität, ist *unsterblich*. Durch Erfahrung ist es möglich, vom Tod in all seinen Formen befreit zu werden und das Unsterbliche in uns zu erreichen.«

»Vielen Dank. Nun sind Sie an der Reihe, Meister Rahula.«

»Nach den Lehren Buddhas gehören *Loslösung* und *Mitgefühl* zu den Dingen, die die Menschen am meisten brauchen. Durch Unwissenheit und Begierde müssen wir leiden, weil wir uns an das binden, was keinen Bestand hat. Wenn wir die Leere der äußerlichen und innerlichen Welt begreifen, dann *lösen* wir uns von ihr. Dies bedeutet keineswegs, dass wir den Leiden Anderer gefühllos gegenüberstehen, wir sehen lediglich die Ursachen für ihr Leiden klarer. Durch *Mitgefühl* versuchen wir, allen Lebewesen den Weg der Befreiung zu zeigen, bis das Leiden ganz und gar ausgelöscht ist.«

Nachdem der Applaus sich gelegt hatte, bat der Moderator schließlich Alain Tannier um seinen Beitrag.

»Als Atheist kann ich nur in meinem Namen sprechen. Dabei kommen mir die Worte *Komplexität* und *Humanität* in den Sinn. Das Gesetz der *Komplexität* kann aus den verschlungenen Pfaden der Evolution des Universums abgeleitet werden, einem Produkt des Zufalls und der Zwangsläufigkeit, unzähliger Mutationen und ständiger Selektion. Von den ersten Quarks, die vor fünfzehn Milliarden Jahren beim Urknall entstanden, bis zu den hunderttausenden Milliarden miteinander verbundenen Zellen des menschlichen Körpers ist ein langer Prozess der Differenzierung und des Zusammenwachsens, der Spezialisierung und der Symbiose erkennbar. Vom Allereinfachsten zum Hochkomplizierten, vom Chaos zur Ordnung, von der Materie zum Leben: Stets scheinen die Naturgesetze in Richtung der Komplexität gewirkt zu haben, und vielleicht tun sie das immer noch. Unsere *Humanität* ist etwas Schönes und Verletzliches. Die Atomkerne unserer Zellen entstanden vor über zehn Milliarden Jahren im Inneren der ersten Sterne, und unsere organischen Moleküle vor fast vier Milliarden Jahren in der atmosphärischen Ursuppe. Die ersten Menschen erschienen vor kaum drei Millionen Jahren auf der Erde, und im Laufe nur eines Jahrhunderts gelang es uns, ein Atomwaffenarsenal zu erfinden, das uns alle zerstören könnte. Als Produkt einer langen und geheimnisvollen Geschichte sind wir dazu verpflichtet, die Menschheit vor ihrer eigenen Selbstvernichtung zu schützen.«

Einige Teilnehmer waren überrascht von der fast religiösen Rede Alain Tanniers, in der das »Gesetz«, von dem er sprach, verblüffend dem ähnelte, was sie »Vorsehung« oder »göttlichen Willen« nannten. Doch keiner von ihnen äußerte sich dazu, zum einen weil sie das Programm nicht unnötig in die Länge ziehen wollten, und zum anderen weil sie befürchteten, womöglich eine Polemik zu entfachen, die sich leicht als Bumerang hätte erweisen können.

Eine ganze Weile herrschte Schweigen. Der Weise vergaß seine Pflichten als Moderator und wirkte in Gedanken versunken.

Der Narr konnte sich schließlich nicht mehr länger zurückhalten und rief:

»Hallo! Sollen wir etwa genauso lange warten, wie die Mutationen im Universum dauern, Millionen oder Milliarden von Jahren, bis sich hier endlich mal etwas tut? Ich habe jedenfalls keine Lust, bis zum nächsten Dreikönigstag hier herumzugammeln!«

Der Weise tat so, als habe er nichts gehört. Er hatte auch tatsächlich gar nicht richtig verstanden, was der Narr gesagt hatte. Er hatte einen Geistesblitz gehabt und verspürte im ersten Moment den Drang, ihn den anderen Anwesenden mitzuteilen; doch dann entschloss er sich doch lieber dazu, die Resultate der Jury abzuwarten. Nachdem er den Mitgliedern eine halbe Stunde Zeit zur Beratung gegeben hatte, beendete er die Sitzung.

Das Urteil der Jury

Die Mitglieder der Jury erschienen mit beträchtlicher Verspätung. Sie machten einen verärgerten und sehr erregten Eindruck. Der Vorsitzende trat ans Mikrofon:

»Eure Majestät, Herr Moderator, werte Vertreter der Religionen und des Atheismus, meine sehr verehrten Damen und Herren. Nach langer Beratung unserer Jury habe ich die heikle Aufgabe, Ihnen unsere Entscheidung bekannt zu geben.«

Im Saal wurde eine gewisse Nervosität spürbar.

»Nach heftigen Diskussionen haben wir einen einstimmigen Beschluss gefasst. Er lautet: Es ist uns absolut unmöglich, zu einem einstimmigen Beschluss zu kommen! Tatsächlich hat jeder Konkurrent eine Stimme erhalten, und wir sind nicht in der Lage zu entscheiden, welcher Repräsentant zum absoluten Sieger erklärt werden soll. Für ein Mitglied der Jury hat der Hinduismus den ersten Preis verdient, weil er das Göttliche überall sieht. Für den anderen ist der Islam die beste Religion, weil er die jüngste Offenbarung enthält. Für den Dritten ist es das Judentum, weil es den Ursprung der monotheistischen Religionen darstellt. Für einen Vierten hat der Atheismus gewonnen, weil man durch ihn vermeidet, in die Falle mythologischer Ideologien zu tappen. Ein Fünfter will, dass der Buddhismus siegt, weil er am tolerantesten und friedlichsten ist. Für den Sechsten und Letzten schließlich muss das Christentum den ersten Preis erhalten, weil es, wie der Zehnkampf im Sport, die umfassendste Religion darstellt, wenn auch nicht die leistungsfähigste. Eure Majestät, Ihr müsst daher die endgültige Entscheidung herbeiführen.«

Wieder einmal ertönten im Kloster die Pfiffe derer, die sich über diese Unschlüssigkeit ärgerten, und der Applaus derer, die erleichtert waren, weil man keine Entscheidung erzwungen hatte.

Der König wurde vom Beschluss der Jurymitglieder völlig überrumpelt und beschloss, erst die Meinungen des Narren und des Weisen zu hören, bevor er ein endgültiges Urteil sprach.

Wenn ein Narr sich einmischt

Der Moderator befürchtete, der Narr könne einen Skandal verursachen, der den Ausgang des Wettstreits unrettbar verderben würde. Doch da der König persönlich um seinen Rat gebeten hatte, musste er ihn wohl oder übel zu Wort kommen lassen.

Mit einem rätselhaften Lächeln auf den Lippen und Eloïse im Arm begab sich der Narr zum Springbrunnen:

»Vor genau einem Jahr hatte ich einen Traum, in dem eine Hand folgende Worte schrieb: ›Wie der König und der Weise, so musst auch du sterben.‹ Bis zu diesem Wettstreit habe ich den Tod, ebenso wie Unglück und Krankheit, stets allgemein als Katastrophe, als ›K‹ betrachtet. Einer meiner Narrenkollegen aus einem anderen Land hat mir in diesem Zusammenhang folgende ausgezeichnete Kurzfassung zum Inhalt der Religionen geschickt:

– *Hinduismus:* Die ›K‹ ist bereits in einem früheren Leben passiert.
– *Mystischer Hinduismus:* Wenn du mitten in der ›K‹ sitzt, sing ›OM‹.

- *Buddhismus:* Wenn die ›K‹ passiert, ist es dann wirklich ›K‹?
- *Zen-Buddhismus:* Welchen Ton gibt die ›K‹ von sich, wenn sie passiert?
- *Buddhismus des Großen Fahrzeugs (Mahayana-Buddhismus):* Liebe die, die in der ›K‹ sitzen.
- *Judentum:* Warum passiert die ›K‹ immer mir?
- *Religiöses Judentum:* Je mehr ›K‹ mir passiert, desto mehr klammere ich das Gesetz aus.
- *Christentum:* Dort, wo es ›K‹ im Überfluss gibt, gibt es auch Seelenfrieden im Überfluss.
- *Protestantisches Christentum:* Die ›K‹ wird mir nicht passieren, wenn ich nur mehr arbeite.
- *Katholisches Christentum:* Wenn mir die ›K‹ passiert, dann habe ich sie auch verdient.
- *Orthodoxes Christentum:* ›K‹ passiert überall, außer in der heiligen Liturgie.
- *Christentum der Sekten:* Klopf, klopf. Die ›K‹ kommt.
- *Islam:* Finde dich mit allem ab, was dir passiert, auch mit der ›K‹.
- *Gewalttätiger Islam:* Wenn die ›K‹ passiert, nimm eine Geisel.
- *Poetischer Islam:* Wenn du in der ›K‹ sitzt, oh Mensch, rieche nicht daran.«

Im Publikum waren viele aufgestanden und buhten den Narren aus. In aller Seelenruhe zerriss dieser den Zettel, den er gerade vorgelesen hatte, in tausend Fetzen, und sagte:

»Wenn ich tot bin, bin ich dann wirklich tot? Inzwischen hege ich daran meine Zweifel, und diese Zweifel haben mir meinen Glauben zurückgegeben.«

Dann kehrte er unter den verblüfften Blicken der Zuschauer auf seinen Platz zurück.

Die Synthese des Weisen

»Und du, Weiser, was hast du uns zu sagen?«, fragte ihn der König.

»In meinem Traum erhielt ich folgende Botschaft: ›Wie das Volk, so muss auch dein König sterben.‹ Die Worte waren unterzeichnet mit ›AYN‹. Als der Rabbiner uns erklärte, dass ›AYN‹ ›NICHT‹ bedeutet und einer der Namen für Gott ist, war ich höchst verwirrt, und zwar umso mehr, als der Traum des Königs mit ›ANY‹ unterschrieben war, dem Wort, welches das göttliche ›ICH‹ bezeichnet. Seitdem habe ich begriffen, dass der Gott der Bibel zugleich unbeschreibbar ist, wie es auch die Buddhisten erklären, und dass er das höchste ›ICH‹ ist, wie die Hindus bezeugen.

Als ich vorhin hörte, wie die Konkurrenten ihren Glauben in zwei Worten zusammenfassten, war ich immer stärker fasziniert, denn es gibt so viele verschiedene Punkte, die die Gläubigen von den Atheisten und die semitischen Religionen von den orientalischen unterscheiden. Doch plötzlich, wie ein Blitz aus heiterem Himmel, hatte ich eine Art Vision: In der ungeheuren Verschiedenheit der Weltanschauungen, die uns hier vorgestellt wurden, gibt es trotz allem eine Gemeinsamkeit, die sie alle verbindet. Ich habe nämlich eben etwas vergessen. In meinem Traum gab es noch ein rätselhaftes Postskriptum, welches lautete: ›Sucht die Nadel, und ihr werdet leben.‹ Scheich Ali ben Ahmed hat uns zu seiner wunderbaren Sufi-Parabel den Schlüssel zur Lösung dieses Rätsels in die Hand gegeben: Die Nadel fügt zusammen und verbindet, was die Schere zerschneidet und trennt. Dieses Bild bestärkt mich in der Vision, die ich soeben erwähnte. Was also gibt es Gemeinsames in all dem, was wir während der vergangenen vier Tage gehört haben? Ich will es Ihnen sagen: Es ist die gleichzeitige Erfahrung von *Loslösung* und *Verbindung*. Das höchste Gesetz des Universums ist das Mysterium des Geistes, der unterscheidet, um besser zu vereinen, und befreit, um besser verbinden zu können. Dies gilt für die christliche Dreieinigkeit, in der ›Vater‹ und ›Sohn‹ zugleich voneinander unterschieden und eins sind. Doch dasselbe gilt auch für die Naturgesetze, nach denen die Teilchen sich spezialisieren und zugleich zu immer komplexeren Gebilden vereinen. Wenn die Buddhisten an die Leere der Welt und des Selbst gemahnen, fordern sie uns zu einer Loslösung von unseren Begierden und unserer Unwissenheit auf, um zur wahren Freiheit zu gelangen; und wenn sie uns Mitgefühl lehren, ist dies eine Verbindung ohne feste Bande mit allem, was ›ist‹. Wenn die Hindus uns auffordern, unsere Determinationen und unseren Egoismus zu überwinden, rufen sie uns auf, frei von jeder Form der Bindung zu leben; und wenn sie uns dazu ermutigen, die universelle und unsterbliche göttliche Präsenz zu erfahren, ist dies eine neue Form der Bindung mit jedem lebenden und nicht lebenden Wesen. Wenn die Juden, die Christen und die Muslime uns von Gott in seiner Heiligkeit, seiner Liebe und Macht erzählen, fordern sie uns auf, uns von der sichtbaren Welt zu lösen und jede Form der götzenhaften Verehrung menschlicher Personen oder vergänglicher Güter abzulegen. Und wenn uns die Juden, die Christen und die Muslime von Gott in seiner Einheit erzählen, der alle Wesen geschaffen hat und liebt, dann wollen sie uns dazu anregen, neue Formen der Nähe und Zärtlichkeit zu leben. Heiligkeit, Gnade und Barmherzigkeit sollen uns wie Treue, Solidarität und Gehorsam motivieren, dabei helfen, uns von all unseren Fesseln zu befreien und eine Gemeinschaft mit der ganzen Schöpfung einzugehen.«

In der Stimme des Weisen schwang so etwas wie Jubel mit. Dann verdüsterte sich jedoch sein Gesicht.

»Loslösung und Verbindung, Vereinigung und Differenzierung, Tod und Auferstehung stellen die Dynamik des Geistes schlechthin dar. Das Tragische ist, dass in den meisten religiösen Traditionen und menschlichen Schicksalen diese Bewegung erstarrt, ja blockiert ist. Anstatt diese unendliche Erfahrung zu vertiefen, lösen sich zahlreiche Gläubige und Ungläubige zwar von bestimmten Oberflächlichkeiten, binden sich aber blind an alle möglichen Personen, an Gemeinschaften, an politische oder philosophische Theorien oder auch religiöse Vorschriften. Schlimmstenfalls werden sie zu Sklaven immaterieller Werte wie Freude oder Heil, Freiheit oder Solidarität. *Es gibt nichts Gefährlicheres als eine erstarrte Bindung.* Denn im Namen dieser blockierten Religiosität wird auch heute noch gemordet. Im Namen der spirituellen Freude hat man die legitimen menschlichen Freuden verachtet, und im Namen des Heils man hat die umgebracht, die dieses Heil nicht haben wollten oder es nicht verstanden. Im Namen einer Freiheit, die zum absoluten Wert stilisiert wurde, duldet man die schlimmsten Formen kultureller, ökonomischer oder sexueller Vergewaltigung. Im Namen der zur gesellschaftlichen Maxime erhobenen Solidarität hat man Menschen ermordet, deren Bewusstsein ›entfremdet‹ war, weil es vom ›Kapitalismus‹ oder der ›Bourgeoisie‹ deformiert war. Gott ist immer größer als unsere Vorstellung von Gott, und die Realität immer komplexer als unsere Erfahrungen dieser Realität.«

Nach diesen Worten verfiel der Weise in Schweigen, als ihn die Erkenntnisse, die er durch seine Vision gewonnen hatte übermannten.

Die Entscheidung des Königs

Der König war stolz auf den Weisen, doch in diesem Fall half ihm dessen brillante Synthese auch nicht weiter. Bei Wettkämpfen gibt es stets Gewinner und Verlierer, doch im Augenblick sah es kaum danach aus. Unmöglich konnte er den Wettstreit so beenden, als habe es ausschließlich Verlierer gegeben, noch so, als hätten alle gewonnen. Seine Jury hatte versagt und ihn, den König, mit der schweren Entscheidung allein gelassen. Sollte er wirklich eine Religion für sein Land auswählen, und wenn ja, welche? Da erinnerte er sich an seinen Traum: »Wie der Mond, so muss auch dein Volk sterben«, unterzeichnet: »ANY«. Nach den Ausführungen des Narren und des Weisen hatte er verstanden, dass der Tod vielleicht nur den Übergang in ein reicheres Leben bedeutete und ein Akt der Befreiung war, der in diesem Leben beginnt und sich im Jenseits fortsetzt. Meister Rahula hatte vom Mond im Zusammenhang mit dem buddhistischen Fest im Monat Mai gesprochen, Ali ben Ahmed hatte ihn als ein Symbol des neuen Lebens bezeichnet, und Christian Clément hatte ihn mit dem Tod und der Auferstehung Christi in Verbindung gebracht.

Der König erhob sich nun würdevoll und sprach:

»Sehr verehrte Damen und Herren, werte Kandidaten, wir

sind nun am entscheidenen Punkt unseres Wettstreits angelangt. Nach der Unentschlossenheit der Jury und der Synthese des Weisen muss ich ganz allein den Sieger bestimmen.
Auch wenn mir diese Aufgabe sehr schwer fällt, muss ich
doch meine königliche Pflicht erfüllen. Ich möchte Ihnen sagen, dass Sie alle uns durch Ihre Beiträge angeregt, angesprochen, belehrt und überrascht haben. Wenn ich an den Traum
denke, den ich gehabt habe, dann gibt es eine Religion, die
mir besonders geeignet erscheint, und zwar ...«

Das Publikum hing an seinen Lippen, die Journalisten krit-
zelten eifrig in ihren Notizbüchern herum, und einige Kandidaten hielten den Blick gesenkt.

Auf der Suche nach Inspiration schloss der König die
Augen und konzentrierte sich. Da kam ihm ein Bild in den
Sinn, und für einige Sekunden wurde er in eine ihm fremde
Welt entrückt. Er sah sich selbst in der leer stehenden Kathe-
drale seines Königsreichs. Im Hintergrund der Kirche er-
blickte er einen Geistlichen, der die Messe zelebrierte. Der
Pastor – oder war es ein Priester? – las vor einem spärlichen
Publikum einen Text aus der Offenbarung des Johannes. Der
König verspürte den Drang, diesen Ort zu verlassen, der muf-
fig roch und von dem eine bedrückende Atmosphäre ausging.
Doch er wurde wie von einer unsichtbaren Hand zurückge-
halten und musste der Lesung des Priesters zuhören. ›Ich bin
das Alpha und das Omega, der Erste und der Letzte, der Anfang und das Ende. Selig, wer sein Gewand wäscht: Er hat An-
teil am Baum des Lebens, und er wird durch die Tore in die
Stadt eintreten können‹ (Offenbarung 22,13 f.). In diesem Moment entsprang in der Mitte der Kirche ein kleiner Wasser-
strahl. Die erstaunte Gemeinde wurde aus ihrer Versenkung
gerissen, und der Geistliche unterbrach die Lesung, um das

seltsame Phänomen in Augenschein zu nehmen. Nach und nach schwoll das Rinnsal zu einem stattlichen Bach an. Alle, die vom Wasser benetzt wurden, begannen zu lächeln. Sie fühlten sich wie erfrischt von dieser Flut des Lebens und der Freude. Das Wasser sprudelte reichlich und floss schließlich aus der Kirche hinaus. Die Anwohner aus der Umgebung strömten herbei, um das Wunder zu sehen, und auch sie wurden von der Freude angesteckt. Als er all das sah, erfasste den König ein Gefühl großer Zufriedenheit und er freute sich über seinen neu erwachten Enthusiasmus. Er wollte schon rufen, die alte christliche Religion, von der sein Volk abgefallen war, verdiene den ersten Preis. Doch eine Stimme in seinem Inneren hielt ihn davon ab. Angezogen von dieser Präsenz, versenkte sich der König noch tiefer in sich selbst. Die strahlende Freude auf seinem Gesicht verwandelte sich in gelassene Heiterkeit.

Als er die Augen wieder öffnete, war der König fast ein wenig überrascht, sich im Kloster zu befinden. Die Blicke des Publikums, die alle auf ihn gerichtet waren, brachten ihn auf den Boden der Tatsachen zurück. Über sich selbst erstaunt, sagte der König folgendes:

»...die Religion, die mir am geeignetsten erscheint, ist die Religion... – die ich für mich persönlich auswählen würde. Ich kann sie nicht einzig auf Grund meines Status dem ganzen Volk aufzwingen. Mein Staat bleibt laizistisch, damit jeder Mann und jede Frau frei für sich entscheiden kann, welches für sie oder für ihn die wichtigste Wahrheit ist. *Gott allein, wenn es ihn denn gibt, hat das Recht, die Goldmedaille zu vergeben.* Wenn wir dereinst diese Welt verlassen müssen, werden wir zweifellos fähig sein, uns ein eigenes Urteil über die menschlichen Religionen und Philosophien zu bilden. Ich schlage daher vor, in vier Jahren derjenigen Religion eine *Silbermedaille* zu verleihen – die einzige, deren Verleihung uns gestattet ist –, die bis dahin die größten Anstrengungen unternommen hat, die Gläubigen der anderen Religionen wirklich zu verstehen und ihnen zu dienen. Damit hat die entsprechende Religion den Beweis erbracht, dass sie fähig ist, über sich selbst hinauszuwachsen, wirklich zu fühlen, was ihre Nächsten fühlen – ob Gläubige oder Ungläubige – und ihnen Gutes zu tun. Wäre das nicht ein Beweis für das Wirken des Geistes? Loslösung und Verbindung, Offenheit nach außen und Annehmen des anderen. Natürlich soll dies nicht bedeuten, dass man Doktrinen und Praktiken der anderen kritiklos übernimmt. Mitgefühl und gegenseitige Hilfe aber werden die verborgenen Fähigkeiten zum Zuhören, zum Verständnis und zur Solidarität an den Tag bringen, die allein eine Belohnung verdienen. Ich lade daher alle Konkurrenten dazu ein, in vier Jahren im Monat Mai, wenn der Vollmond am Himmel steht, wiederzukommen, sich in gegenseitiger Achtung zu messen und sich in bestmöglicher Weise für den Frieden einzusetzen. Außerdem gewähre ich Ihnen und dem atheistischen Delegierten freien Zugang zu unseren Medien und Schulen, damit Sie dort, ohne Missionierungsabsichten, meinem Volk die Quintessenz Ihrer Lehren vermitteln können. Die Aufgabe des Volkes wird es sein, Ihnen aufmerksam und kritisch zuzuhören und Ihre Handlungen mit Verstand zu beurteilen, damit es uns beim nächsten Wettstreit dabei helfen kann, den Gewinner der Silbermedaille zu ermitteln.«

Publikum, Jury und Konkurrenten waren zunächst überrascht und ein wenig enttäuscht von der Entscheidung des Königs. Irgendjemand begann doch zu klatschen, und nach und nach fing der ganze Saal an zu applaudieren, zunächst verhalten, dann immer stärker.

Der König bat die Menge um Ruhe und fügte hinzu:

»Meine Damen und Herren, ich halte diese Entscheidung für die einzig richtige. Doch ich wüsste auch gern, wie mein Volk darüber denkt. Ich schlage daher vor, dass alles, was sich bei diesem Wettstreit ereignet hat, Gegenstand einer seriösen Publikation wird und dass jeder, ob in unserem Land oder in anderen Ländern, die Möglichkeit erhält, seine Meinung über das hier Gesagte und Geschehene zu äußern. In Absprache mit dem Weisen werden wir eine vertrauenswürdige Person damit beauftragen, diesen Bericht abzufassen und Ihre Kommentare zu sammeln.[1]«

Die Versammlung war begeistert.

Der König ergriff noch einmal das Wort:

»Am Ende dieses Wettstreits bleibt mir nur noch eins, nämlich unseren verehrten Kontrahenten ganz herzlich zu dan-

---

[1] Ich weiß nicht, ob ich dieses Vertrauen verdiene. Ich fühle mich jedoch geehrt, dass ich den Auftrag erhielt, über den Wettstreit zu berichten. Ich möchte an dieser Stelle all denjenigen danken, die mir bei meiner heiklen Aufgabe geholfen haben. Zuallererst möchte ich ein großes DANKESCHÖN an meine Frau Mireille richten sowie an meine vier Söhne David, Olivier, Simon und Basile, deren Fragen und Lebendigkeit mich immer wieder auf neue Ideen bringen. Mein Dank geht auch an Elisabeth und Claude Hoffmann; an Marc und Alex, meine Brüder; an meine Eltern, Gulam und Martha; an Professor Carl-A. Keller; an meine Kollegen Franck Le Valois und Jean-Claude Basset; an Gérard und Sandra Pella; an Bernard und Claire Bolay; an Christiane Lavanchy und an Florence Clerc. Ich bedanke mich außerdem bei den Studenten, Assistenten und Dozenten der *Polytechnischen Hochschule Lausanne*, die meinen Kurs über das Verhältnis zwischen Religion und Wissenschaft besucht und bereichert haben;

ken. Während weltliche Wettkämpfer einem vergänglichen Ruhm hinterhereilen, sind Sie die Streiter für ewige Weisheit. Ich danke Ihnen dafür, dass Sie durch Ihr Leben, das dem Streben nach dem Höchsten geweiht ist, ein Beispiel für uns alle geben, und ich danke Ihnen für alles, was Sie für mein Volk getan haben. Ich möchte mich auch bei dem Moderator recht herzlich für seine ausgezeichnete Arbeit bedanken; der Jury danke ich für ihr aufmerksames Zuhören und dem Publikum für seine treue Teilnahme. Auch allen Helfern im Hintergrund möchte ich an dieser Stelle danken, da sie entscheidend dazu beigetragen haben, dass dieser Wettstreit ein voller Erfolg wurde. Ich wünsche Ihnen allen, dass Sie mit neuer Entschlossenheit nach Hause gehen, um sich in Zukunft auf der Suche nach Weisheit und der praktischen Umsetzung der Solidarität selbst zu übertreffen. Ich wünsche Ihnen eine gute Heimreise, möge Gott Sie beschützen.«

Ein letztes Mal ertönte die Hymne des Wettstreits. Der Ab-

bei meinen jüdischen, muslimischen, hinduistischen, buddhistischen und christlichen Freunden von *Arzillier*, dem Haus für interkonfessionellen und interreligiösen Dialog in Lausanne; bei den Mitgliedern des *Dialogue interreligieux monastique*, die mich brüderlich an ihren Treffen teilnehmen ließen; bei der Hausgemeinschaft von *Crêt-Bernard* in der Nähe von Puidoux für ihre Gastfreundschaft und die wunderbare Arbeitsatmosphäre; bei der *World Conference of Religions for Peace (WCRP)* für die Beispielhaftigkeit ihrer internationalen Zusammenkünfte; bei der *Reformierten Evangelischen Kirche des Kantons Waadt* und beim *Département missionaire des Eglises protestantes de Suisse romande* für ihr Vertrauen und die Unterstützung meiner Arbeit. Ohne diese wertvolle Hilfe hätte ich meine Aufgabe nicht zu Ende bringen können (Anmerkung des Berichterstatters).

schied löste viel Rührung aus, nicht nur im Publikum, sondern auch unter den Konkurrenten, die sich übrigens gar nicht mehr als solche betrachteten.

Eine Zärtlichkeit zu viel

Zahlreiche Journalisten und andere Anwesende wünschten den verschiedenen Delegierten noch einige Fragen zu stellen. Auch der König und der Weise waren umlagert, und sogar der Narr wurde eingehend befragt.

Zwei Stunden später begann sich der Klostersaal zu leeren. Die Repräsentanten der verschiedenen Religionen und Weltanschauungen verabschiedeten sich sehr freundschaftlich voneinander, nicht ohne vorher ihre Adressen ausgetauscht zu haben.

David Halevy war erfreut über den Ausgang des Wettstreits, obwohl er natürlich, genau wie alle anderen, im Stillen ein wenig enttäuscht war, nicht als Sieger daraus hervorgegangen zu sein. Er hatte sich noch nicht vom Scheich verabschiedet. Als er ihn in der Menge entdeckte, grüßte er ihn mit tiefem Respekt. Er drehte sich um und stand auf einmal Amina gegenüber. Die junge Frau hatte im Bewusstsein, dass die Stunde des endgültigen Abschieds gekommen war, all ihren Mut zusammengenommen und schaute David nun liebevoll und eindringlich an. Der Rabbiner wurde von ihrem Blick bis ins Innerste getroffen. Im Schutz der jubelnden Menge hob er die Hand und streichelte liebevoll Aminas Wange. Ein Band der Zärtlichkeit entspann sich zwischen ihren Blicken. Dem Rabbiner war, als erstünde ein ganzes Universum in seinem Innern. Plötzlich wurde diese süße Implosion roh gestört und schlug in heftige Schmerzen im Rücken um. Der Blick des Rabbiners trübte sich, und mit blutüberströmtem Körper sank er zu Boden. In seiner Bewusstlosigkeit konnte er die entsetzten Schreie Aminas nicht mehr hören.

Ausgleichende Gerechtigkeit

Als er Stunden später wieder erwachte, hatte der Rabbiner zunächst Mühe, die Augen zu öffnen. Nach und nach erkannte er schneeweiße Wände und entdeckte eine hochkomplizierte medizinische Apparatur. Ein stechender Schmerz zwischen den Schulterblättern ließ ihn gequält das Gesicht verziehen.

»Gott sei gepriesen«, rief eine Stimme, »Sie kommen wieder zu sich!«

Als David Halevy unter Schwierigkeiten den Kopf drehte, stellte er erstaunt fest, dass Christian Clément an seinem Bett saß und ihn erleichtert anlächelte.

»Warum bin ich hier?«, brachte der Rabbiner mühsam hervor.

Daraufhin berichtete ihm Doktor Clément, was sich seit seinem Zusammenbruch im Wettkampfsaal zugetragen hatte.

»Sie wurden niedergestochen, als sie gerade von Amina Abschied nahmen.«

»Aber warum denn? Und wer hat das getan?«

»Als die Tochter des Imams anfing zu schreien, stürzten sofort Polizeibeamte in Zivil herbei. Sie lagen bewusstlos auf dem Boden. Wir dachten zuerst, Sie seien tot. Vor Amina stand ein junger Mann mit einem Messer in der Hand. Er machte noch nicht einmal den Versuch zu fliehen. Die Polizei nahm ihn fest und brachte ihn aufs Präsidium. Erst später haben wir seine Identität erfahren.«

»Aber wer war es denn?«

»Sie werden es mir bestimmt nicht glauben. Es war der älteste Sohn von Ali ben Ahmed, Aminas eigener Bruder. Als er sah, dass Sie ihre Wange streichelten, ist er offenbar fuchsteufelswild geworden. Wir haben vom Imam persönlich erfahren, dass sein Sohn Hasan die Offenheit seines Vaters anderen Religionen gegenüber nie akzeptiert hat und ganz besonders gegen eine offenere Interpretation des Islam eingestellt ist. Hasan hasst speziell das Judentum, das er offenbar mit dem Zionismus und dem amerikanischen Kapitalismus in einen Topf wirft. Als er sah, wie Sie das Gesicht seiner Schwester berührten, hat er die Beherrschung verloren.«

Der Rabbiner war etwas verlegen und senkte den Blick.

»Aber das ist noch nicht alles.«

»Was denn noch?«

»Auf Grund dieser dramatischen Ereignisse konnte die Polizei auch den Angreifer Aminas entlarven oder besser denjenigen, der den Angriff fingiert hat.«

»Wie bitte? Es war ihr eigener Bruder?«

»Er hat alles gestanden. Aus Hass gegen die Juden wollte er den Verdacht eines abscheulichen Verbrechens auf Sie lenken. In seinem Gepäck fand die Polizei noch eine weitere Kippa, die Gleiche wie die, die Sie im Zimmer Aminas fanden. Mit Ihrem unerwarteten Einschreiten haben Sie allerdings seine Pläne durchkreuzt.«

»Also so war das!«, rief der Rabbiner mit einem etwas schadenfrohen Lächeln.

Eine Sekunde später verwandelte sich sein Lächeln in eine schmerzhaft verzerrte Grimasse.

»Geht es einigermaßen?«, fragte Christian Clément besorgt.

Mit den Augen signalisierte der Rabbiner, dass alles in Ordnung sei.

»Ich werde Sie jetzt allein lassen, nun, wo Sie alles wissen. Jetzt brauchen Sie erst einmal Ruhe.«

Mühsam bat der Rabbiner den Christen, näher zu kommen.

»Kann ich Ihnen ein Geheimnis anvertrauen?«

Überrascht von dieser Frage antwortete Doktor Clément spontan: »Aber natürlich. Worum geht es denn?«

»Die menschliche Gerechtigkeit ist oft fehlbar, doch die Gerechtigkeit Gottes ist es nicht. Als einer meiner Brüder während seiner Zeit beim Militär von einem Muslim schwer verletzt wurde, entstand in mir ein tiefer Hass. Nie hätte ich gedacht, dass ich zu so heftiger Feindschaft fähig wäre. Sie erinnern sich doch daran, dass Alain Tannier bei der Eröffnung des Wettstreits von einem Muslim verbal attackiert wurde. Da habe ich sofort meine Chance auf Rache gewittert. Ich wollte den Muslimen einmal zeigen, wozu ein Jude in der Lage ist.«

»Aber als dann Amina den Drohbrief von einem anderen Muslim bekam, haben Sie beschlossen, auf Ihre Rache zu verzichten.«

»Aber nein, Sie verstehen nicht!«

Christian Clément wusste tatsächlich nicht, worauf der Rabbiner hinauswollte.

»Da ein Muslim durch seine deplazierte Verwünschungen die ganze Glaubensgemeinschaft in Misskredit gebracht hatte, beschloss ich, noch ein wenig Öl ins Feuer zu gießen – und bediente mich dazu einer einfachen Feder.«

»Eine Feder ist doch ziemlich ungefährlich.«

»Aber nicht, wenn man damit Drohbriefe schreibt.«

»Der Brief auf Arabisch – das waren Sie?«

»Äh, ja. Aber es gibt eine ausgleichende Gerechtigkeit. Die Feder hat sich in Form eines Dolches gegen mich gewandt.«

In diesem Moment betrat eine Krankenschwester mit einem wunderbaren Blumenstrauß das Zimmer.

»Darf ich Ihnen noch eine letzte Frage stellen?«, bat Christian Clément, dessen Augen im Bewusstsein seiner geheimen Mitwisserschaft glänzten.

»Fragen Sie.«

»Wenn sich die *Gerechtigkeit* Gottes in Ihrem vom Dolch des Bruders verletzten Rücken manifestiert, könnte sich dann nicht die *Liebe* Gottes in Ihrem von der Schwester durchbohrten Herzen ausdrücken?«

David antwortete nur mit einem glücklichen Lächeln.

Schlussworte

Es wurde an die Tür geklopft. Doktor Clément stand auf und öffnete. Der Rabbiner war überrascht, Ali ben Ahmed in Begleitung von Alain Tannier, Rahula und Krishnananda zu sehen. An dem Gesicht des Imam mit seinen außergewöhnlich noblen Zügen war dessen tiefe Erschöpfung abzulesen. Nach einigen Augenblicken entstand eine bedrückende Stille.

»Ich bin gekommen, um mich nach Ihrem Befinden zu erkundigen«, sagte Ali ben Ahmed mit müder, leiser Stimme.

Der Rabbiner war gerührt von so viel Taktgefühl. Dass der Imam so viel Einfühlungsvermögen aufbrachte, obwohl er von der tragischen Handlungsweise seines Sohnes niedergeschmettert sein musste, beeindruckte alle Anwesenden.

»Nun ja, den Umständen entsprechend«, antwortete David Halevy. »Verehrter Scheich, ich muss Ihnen etwas gestehen.«

Und der Rabbiner beichtete zum zweiten Mal die Missetat, die er begangen hatte. Der Scheich tastete sich zu ihm hin und nahm seine Hand. Man bot ihm einen Stuhl an, und die beiden saßen minutenlang beieinander, ohne ein Wort zu sagen, verbunden durch diese einfache Geste und von Gefühlen übermannt. Die anderen Delegierten wagten nicht, sich zu rühren. Als sie die Gesichter des Imams und des Rabbiners genauer betrachteten, bemerkten sie, dass beide weinten.

Der Rabbiner brach schließlich das Schweigen.

»Ich bitte Sie aufrichtig um Entschuldigung«, flüsterte er.

Schon die Haltung des Imams drückte seine Bereitschaft zur Verzeihung aus, daher sagte er nichts. Dann redete er sich seinerseits alles, was ihn bedrückte, von der Seele.

»Dass mein eigener Sohn Ihnen etwas Derartiges angetan hat, trifft mich schwer. Ich kann es einfach nicht begreifen. Welches Licht wird das wieder auf den Islam werfen? Sowohl am Anfang als auch am Ende des Wettstreits war es ein Muslim, der unsere Zusammenkunft störte. Alle, die glauben, der Islam sei ein Synonym für Gewalt und Barbarei, werden sich nun in ihren einseitigen Überzeugungen bestätigt sehen. Unsere Anwesenheit hier war wirklich ein Trauerspiel.«

Wie aus einem Mund erklärten die anderen Delegierten, dass dies keineswegs ihre Ansicht sei. Die Worte des Rabbiners drückten die Meinung aller aus:

»Lieber Ali ben Ahmed, Sie haben uns alle hier schon allein durch Ihr verehrungswürdiges Auftreten beeindruckt. Ihnen hat das Publikum lauter als uns allen applaudiert, und das ist ja wohl der beste Beweis. Dank Ihrer fundierten Rede und Ihrer Persönlichkeit wird niemand mehr den wahren Islam mit den Gewalttätigkeiten einiger weniger verwechseln. Extremisten, die das Wesen ihres Glaubens verraten, kennt jede Religion. Ob in Israel, in Irland, in Bosnien oder in Indien: Auch im Namen des Gottes der Juden, der Christen und der Hindus wird gemordet. Zwar machen international die muslimischen Extremisten am meisten von sich reden, doch nun, nach diesem Wettstreit, wird niemand mehr auf die Idee kommen, diese Gewaltakte mit dem wirklichen Islam zu verwechseln, in dem Demut und Gastfreundschaft zentrale Werte darstellen. Wenn ich persönlich dem Vornehmsten unter uns eine Medaille verleihen dürfte, dann wäre sie Ihnen sicher.«

»Aber auf keinen Fall«, protestierte der Imam spontan. »Der, der die lebendigste Rede gehalten hat und am tiefsten verletzt wurde, sind doch Sie. Ganz unbestreitbar haben Sie eine Medaille verdient!«

Als sie den Imam und den Rabbiner so über ihre gegenseitige Wertschätzung debattieren hörten, fingen die anderen an zu lachen.

Glücklich, aber durch seine Verletzung erschöpft, sank David Halevy zurück auf sein Bett. Allen war klar, dass er Ruhe brauchte. In aller Freundschaft sagten sie sich Auf Wiedersehen.

Der Rabbiner seufzte. Er hatte zwar starke Schmerzen, doch nun erschienen sie ihm weniger quälend. Er betrachtete voll Freude den leuchtend bunten Strauß, der neben ihm stand. Plötzlich bemerkte er einen kleinen Umschlag, der zwischen den Blumen steckte. Trotz der brennenden Schmerzen, die ihn durchzuckten, gelang es ihm, ihn herauszunehmen. Als er den kurzen Brief las, wurde der Rabbiner von einem wunderbaren Glücksgefühl durchströmt.

Selbst der größte Riss im Universum
Könnte der Liebe nicht widerstehen.
Selbst die schmerzlichste Wunde der Welt
Wird eines Tages von Gott geheilt werden.

Der Brief war unterzeichnet mit: »Amina«.

IX

In einem
gar nicht so fernen Land

Der Narr kehrte nach Hause zurück, angeregt und beruhigt zugleich. Er streichelte Eloïse die Stirn und dachte über die Ereignisse nach, die er miterlebt hatte. Die verschiedensten Bilder wanderten ihm durch den Kopf. Er ging zum Kühlschrank und bereitete sich eine kleine Mahlzeit zu, die er anschließend mit Genuss verspeiste. Danach wanderte er ganz gelassen noch ein wenig in seiner Wohnung herum und legte sich schließlich, da er auf einmal sehr müde wurde, zu Bett. Beinahe hätte er sogar ein Gebet gesprochen. Dann schlummerte er friedlich ein. Gott allein weiß, was ihm sein Herz zuflüsterte.

Der Weise spielte länger als üblich mit seinen Kindern, bevor er sie zu Bett brachte. Danach speiste er in trauter Zweisamkeit mit seiner Ehefrau. Zum ersten Mal fiel ihm auf, dass ihr Haar graue Strähnen bekommen hatte. Auch sie war vom Mysterium der Zeit berührt worden; ihr Gesicht war nicht mehr so frisch wie mit zwanzig, doch die Reife hatte ihre Züge gerundet und schöner gemacht. Der Weise spürte bis in die Wurzeln seines Lebens, dass der Tod sie eines Tages auseinander reißen würde. Wer würde als Erster gehen müssen? Er? Oder sie? Nie zuvor hatte er gewagt, sich diese Frage so klar und deutlich zu stellen. Ein Gefühl der Angst beschlich

ihn. Beim Essen wechselten sie nur wenige Worte. Irgendetwas in ihrer Beziehung war dabei, sich zu verändern. An jenem Abend liebte der Weise seine Frau, als sei es das letzte
Mal, sehr intensiv und durchdrungen von einem merkwürdi-
gen Gefühl der Freiheit. Als hätte er die Gewissheit gewonnen, dass der Tod ihre Liebe nie würde zerstören können. Der
äußersten Loslösung würde eine unaussprechliche Bindung
folgen, unendlich und wunderbar.

In jener Nacht konnte der König nicht einschlafen. Er
stand auf und ging in die Bibliothek. Ferne Erinnerungen stie-
gen in ihm auf. Er sah wieder vor sich, wie er als Kind zusammen mit seinen Eltern gebetet hatte. Nach einigen Minuten
des Suchens fand er eine verstaubte Bibel. Der Wettstreit und
die Vision, die er gesehen hatte, hatten in ihm das Bedürfnis
geweckt, zu seinen eigenen Wurzeln zurückzukehren. Er öffnete die Heilige Schrift an einer beliebigen Stelle und las: ›Der
Geist Gottes, des Herrn, ruht auf mir; denn der Herr hat mich
gesalbt. Er hat mich gesandt, damit ich den Armen eine frohe
Botschaft bringe und alle heile, deren Herz zerbrochen ist,
damit ich den Gefangenen die Entlassung verkünde und den
Gefesselten die Befreiung, damit ich ein Gnadenjahr des
Herrn ausrufe, einen Tag der Vergeltung unseres Gottes, damit ich alle Trauernden tröste‹ (Jesaja 61,1–2).

Der König dachte über diese Worte nach, stammelte ein
Gebet und trat hinaus auf den Balkon seines Palastes. Ein
sanftes Licht lag über seinem Königreich. Überrascht von der
Helligkeit, schaute der König zum Himmel hinauf. Dunkle
Wolken zogen darüber hinweg, und auch der Mond war von
einem dichten Schleier verdeckt. Der König verstand nicht,
wo das Licht herkam. War es ein Traum? Oder hatte sich die
Realität verändert? Waren vielleicht seine Augen klarer ge-

worden, von einer geheimnisvollen Quelle erfrischt? Fasziniert von der neuen Welt, die vor ihm lag, blieb der König stundenlang stehen, um sie zu betrachten. Noch nie war ihm sein Königreich so schön erschienen, und noch nie hatte er darin so viele Schwächen entdeckt und Dinge gesehen, die es zu verbessern galt. Erfüllt von einer tiefen Freude und mit der festen Absicht, seinem Volk gerecht und rechtschaffen zu dienen, begab sich der König schließlich zu Bett. Doch dieses Erlebnis ließ ihn nicht los und erfüllte ihn mit einem tiefen Glücksgefühl, sodass er erst in den frühen Morgenstunden einschlief, ohne den Grund dieser mysteriösen Veränderung herausgefunden zu haben.

Aber wozu auch? Ein neuer Tag war angebrochen, und vielleicht begannen sogar ein paar Engel zu singen.

Anhang

Zusammenfassende Darstellung der Religionen,
erarbeitet von der *Plateforme interreligieuse* in Genf

Übersichtstafel der Religionen

Der Buddhismus

Gründer

Siddharta Gautama, der Shakyamuni (»weiser Einsiedler der Shakyas«) genannt, lebte zwischen dem 6. und dem 5. Jahrhundert vor Christus in Indien. Er führte zunächst ein Leben in Wohlstand, dann in strenger Askese, bevor er durch Meditation den höchsten Bewusstseinszustand erreichte, wodurch er zum Buddha, dem »Erwachten« oder »Erleuchteten« wurde. Durch seine Lehre begründete er einen vom Hinduismus abweichenden Glauben: *Buddha-Shasana*, d. h. Lehre des Buddha.

Schriften

Die überlieferte Literatur des Buddhismus wird traditionell in drei »Körbe« eingeteilt: *Vinaya* (Korb der Ordensdisziplin), *Sutra* (Korb der Lehrreden des Buddha) und *Abhidharma* (Korb der reinen Lehre). Die Tradition wurde im Laufe der Zeit und durch ihre Verbreitung in unterschiedlichen Kulturen ständig bereichert, sodass jede buddhistische Schule ihre eigene Sammlung von *Sutras* besitzt, auf Pali, Sanskrit, Chinesisch oder Tibetisch.

Glaubensrichtungen

Die verschiedenen Schulen werden in drei Glaubensrichtungen unterteilt, die sich in ihrer Sichtweise des Buddha, ihrer Philosophie und ihrer Ausübung unterscheiden: den *Theravada*-Buddhismus, die älteste Form der Lehre, die von Sri Lanka bis Vietnam praktiziert wird; den *Hinayana* (»kleines Fahrzeug«), der in zahlreichen Sekten aufgespalten ist; den *Mahayana* (»großes Fahrzeug«), verbreitet in China, Korea, Vietnam und Japan, zu dem die Schulen des Zen-Buddhismus und die Reines-Land-Schule gehören; sowie den *Vajrayana* (»das Diamantfahrzeug«), eine Schule des tantrischen Buddhismus, die den tibetischen Buddhismus stark beeinflusst hat.

Glaubensgrundlagen

Ausgehend von der indischen Vorstellung des *Karma*, der Auswirkung von Handlungen, und des *Samsara*, des Kreislaufs der Wiedergeburten oder Reinkarnationen, beruht die Lehre des Buddha auf der Abwesenheit des Selbst – *Anatman* –, der Vergänglichkeit aller Dinge – *Anitya* – und dem Leiden – *Dukkha*. Der Buddha entwickelte die Lehre der »Vier edlen Wahrheiten« über die Universalität des Leidens, das aus der Begierde hervorgeht, und des Weges, der zur Auslöschung des Leidens führt, den »Heiligen achtfachen Pfad« (rechte Anschauung, rechte Gesinnung, rechtes Reden, rechtes Handeln, rechter Lebensunterhalt, rechtes Streben, rechte Achtsamkeit, rechtes Sichversenken). Die Loslösung von allen Bindungen kennzeichnet das *Nirwana*. Im *Mahayana* ist die Leere aller real erscheinenden Dinge – *Shunjata* – von zentraler Bedeutung sowie das Streben nach dem Ideal, ein *Bodhisattva* zu werden, ein Wesen, das sich in der Welt für die Erleuchtung der Menschheit einsetzt.

Gebote

Der buddhistische Moralkodex – *Shila* – beruht auf zehn Geboten, von denen die ersten fünf alle Gläubigen betreffen: Respekt vor dem Leben, Respekt vor Besitz, Ablehnung sexueller Ausschweifungen, Respekt vor der Wahrheit und Abstinenz in Bezug auf alkoholische Getränke; fünf weitere Gebote gelten dagegen nur für Mönche. Im Zusammenhang mit dem Ideal des Bodhisattva nennt der Mahayana zehn erstrebenswerte Vollkommenheiten – *Paramita* –: Barmherzigkeit, Moral, Geduld, Energie, Meditation und Weisheit sowie die richtige Methode, die Gelübde, der weise Entschluss und die Anerkennung aller *Dharmas*.

Verhältnis zu anderen Religionen

Die buddhistische Lehre hat im Laufe ihrer Verbreitung von Indien aus über Asien eine ausgeprägte Fähigkeit zur religiösen und kulturellen Anpassung bewiesen. In der Koexistenz mit anderen Religionen beweist sie uneingeschränkte Toleranz.

Gebete und Praktiken

In Tempeln wird dem Buddha, meist von einer Statue repräsentiert und häufig umgeben von geringeren Gottheiten, gehuldigt und geopfert. Im Mahayana ist jeder Gläubige dazu aufgerufen, durch die Aufgabe jeglicher Leidenschaft und die Meditation, die zur wahren Sicht der Wirklichkeit führt, ein Buddha zu werden. Manche Schulen, etwa das Zen, bestehen auf der Notwendigkeit der Anstrengung (sitzende Position, intellektuelle Paradoxe, Disziplin, Beziehung zu einem Lehrmeister, Visualisierung); andere, wie der Buddhismus der Reines-Land-Schule, rechnen auf dem Weg zum Paradies mit

der Hilfe eines Buddhas. Die Mönche sowie in geringerem
Maße die Nonnen spielen im Buddhismus durch ihr vorbild-
liches Verhalten und die Verbreitung der Lehre eine wichtige
Rolle.

Ernährung
Grundsätzlich meiden die Buddhisten berauschende Getränke; viele von ihnen, besonders die Mönche, sind Vegeta-
rier.

Von der Geburt bis zum Tod
Der Buddhismus kennt bestimmte Rituale rund um Geburt
und Tod, die jedoch von Land zu Land unterschiedlich sind.
Der Eintritt ins Kloster, begleitet von vorläufigen oder endgültigen Gelübden, ist ein besonders wichtiges Ereignis.

Wichtige Feiertage
Der Vollmond wird in jedem Monat gefeiert. Beim *Vesak*-Fest
im Mai feiern die Anhänger des Theravada die Geburt, Erleuchtung – *Bodhi* – und das endgültige Verlöschen (den
Übertritt ins *Parinirwana*) des Gautama Buddha; Letzteres
wird im Mahayana getrennt gefeiert. *Asala* erinnert an die erste Predigt in Benares, und *Kathina* bezeichnet das Ende der
Exerzitien der Mönche in der Regenzeit. Im Mahayana werden außerdem die Meister der verschiedenen Schulen gefeiert.

Der Hinduismus

Gründer

Der Hinduismus kennt keinen Gründer; sein Ursprung geht auf indo-arische Stämme zurück, die sich vor über dreitausend Jahren im Norden Indiens niederließen. »Hindu« ist eine Bezeichnung, die die Muslime erstmals im 8. Jahrhundert n. Chr. für die Nichtmuslime im von ihnen besetzten Industal verwendeten. Seit dem 12. Jahrhundert nennt man die Religion allgemein *Hindu Dharma*, doch die klassische Bezeichnung ist *Sanatana Dharma*, das ewige Gesetz der Welt.

Schriften

Es gibt eine große Anzahl hinduistischer Schriften, die hinsichtlich ihrer Struktur und ihres Inhalts äußerst vielfältig sind: An erster Stelle stehen die vier Sammlungen der *Veden* (Veda = das heilige Wissen), gefolgt von den *Upanishaden*, den Geheimlehren der Meister mit philosophischem Inhalt; bedeutendste Werke der epischen Literatur sind die Heldengedichte des *Mahabharata* mit der darin enthaltenen *Bhagavadgita* (»Der Gesang des Glückseligen«) sowie der *Ramayana*; jüngeren Ursprungs sind die *Puranas* (enzyklopädische Schriften) und die *Dharmashastras* (Sammlungen von Gesetzestexten).

Glaubensrichtungen

Der Hinduismus vereint in sich äußerst vielfältige Glaubens-
praktiken und -inhalte ohne gemeinsame Lehre oder Praxis.
Die drei Hauptformen hinduistischen Kultes werden von der
Verehrung der großen Gottheiten bestimmt: *Vishnu*, dem
Beschützer der Welt und Hüter des *Dharma*, der sich als
Krishna und Rama manifestiert; *Shiva*, Zerstörer und Herr
der Yogis; sowie *Shakti*, Gattin des Shiva und Muttergöttin
des Tantrismus. Für ihre Anhänger repräsentiert jede dieser
Gottheiten die Gesamtheit des Göttlichen; der strenge Monis-
mus des Advaita-Vedanta mit seinem Bestehen auf der Identität des Ich – *Atman* – und des Absoluten – *Brahman* – ist
jedoch bis heute einflussreich.

Glaubensgrundlagen

Die verschiedenen Schulen erkennen einige gemeinsame
Grundlagen an: die Respektierung der *Veden*, die Vielfalt der
Möglichkeiten, sich dem Göttlichen anzunähern, den Kreislauf der Schöpfung, Erhaltung und Auflösung des Universums, die Folge der Reinkarnationen – *Samsara* – ausgelöst
durch die Konsequenzen der Handlungen – *Karma* – sowie
die Organisation der Gesellschaft mit Hilfe des Kastensystems.

Erlösung – *Moksha* – kann auf verschiedene Weise gesucht
werden: durch Loslösung, physische Kontrolle, Weisheit phi-
losophischer Systeme und die Ergebenheit – *Bhakti* – dem
Guru oder der bevorzugten Gottheit – *Ishta Devata* – gegenüber.

Gebote

Die traditionelle hinduistische Gesellschaft beruht auf dem Ständesystem, das im »Buch der Gesetze Manus« festgelegt ist. Die hierarchische Struktur besteht aus vier *Varnas:* Brahmanen (Lehrstand), Kshatriyas (Wehrstand), Vaishyas (Nährstand) und Shudras (Diener) sowie zahlreichen Kasten – (*Jati*). Das persönliche Leben ist idealerweise in vier Abschnitte unterteilt: Studium, Familienleben, Rückzug und letztlich völlige Entsagung.

Verhältnis zu anderen Religionen

Es gehört zur Natur des Hinduismus, verschiedene Wege anzuerkennen, die zum persönlichen Gott und durch diesen zum unermesslichen Absoluten führen. Daraus ergibt sich eine große Toleranz gegenüber verschiedenen religiösen Auffassungen sowohl innerhalb als auch außerhalb des Hinduismus. Die Hindus lehnen jedoch jegliche Absolutisierung einer Botschaft oder einer bestimmten Form des Kultes ab ebenso wie jeden Bekehrungseifer.

Gebete und Praktiken

Der Kult *Puja* kann auf einem Privataltar, in einem kleinen Tempel oder in einem der großen Pilgerzentren vor dem Bild oder der Statue der bevorzugten Gottheit ausgeübt werden; begleitet von Glocken, Weihrauch und Kerzen werden Blumen oder Speisen geopfert und Gebete oder ein *Mantra* rezitiert. Die Brahmanen zelebrieren diesen Kult dreimal pro Tag, wobei sie zumeist das Mantra *Gayatri* sprechen: »Lasst uns über das lichte Strahlen des anbetungswürdigen Wesens meditieren, das die Welt geschaffen hat! Möge es unsere Gedanken zur Wahrheit führen!« Die monistische Strömung des

Hinduismus verzichtet auf jedes göttliche Abbild und übt sich vor allem in Reflexion und Meditation.

Ernährung

Der größte Teil der Hindus, mit Ausnahme des Nordostens Indiens, lebt vegetarisch. In der Regel verzehren Hindus kein Rindfleisch.

Von der Geburt bis zum Tod

Alle besonderen Ereignisse im Leben eines Menschen haben auch eine religiöse Dimension: wenn das Kind seinen Namen bekommt, wenn es beginnt, feste Nahrung zu sich zu nehmen und wenn seine Taille mit dem heiligen Band gegürtet wird. Die Hochzeit wird traditionell von den Eltern arrangiert und gibt Anlass zu großen Feierlichkeiten. Wichtig sind auch der Eintritt in ein asketisches Leben oder in das Mönchsdasein sowie die Einäscherung eines Verstorbenen.

Wichtige Feiertage

Makara Sankranti, die Wintersonnenwende, Erntefest und Feier der Erneuerung der Sonne; *Mahashivrati*, große Nacht des Shiva während des Neumondes nach dem Ende des Winters; *Holi*, das Neujahrsfest; *Rama Navami*, die Geburt des Rama, Held des Epos Ramayana; *Janmashtami*, die Geburt des Krishna, Urheber der Bhagavadgita; *Ganesha-Chaturthi*, ein in Südindien gefeiertes Fest Ganeshas, des Gottes der Anfänge und des Handels; *Navaratri/Durga Puja-Dussera*, Erinnerung an den Konflikt Ramas mit dem König der Dämonen und an den Sieg der Göttin *Durga; Divali*, Lichterfest im Herbst, häufig assoziiert mit Wohlstand.

Der Islam

Gründer

Mohammed, »der Gepriesene«, wird nicht als der Gründer, sondern als der Prophet des Islam betrachtet, als Gesandter Gottes. Von 570 bis 622 nach Christus lebte er in Mekka, von 622 bis 632 in Medina. Seine Emigration (Hedschra) bezeichnet den Beginn der muslimischen Zeitrechnung, die sich auf den Mondkalender stützt.

Schriften

Der Koran, arabisch für »die Lesung«, gilt als das Wort Gottes, das Mohammed vom Engel Gabriel überbracht wurde. Der Koran ist ein einzigartiges Werk, welches aus 114 Suren oder Kapiteln besteht und das gesamte religiöse und soziale Leben der Muslime bestimmt.

Glaubensrichtungen

Bereits kurze Zeit nach dem Tod des Propheten teilte sich der Islam in zwei Hauptströmungen: die sunnitische und die schiitische. Die Sunniten (90%) beziehen sich auf die *Sunna*, die Gesamtheit der von Mohammed überlieferten Aussprüche, Entscheidungen und Verhaltensweisen, die sie neben dem Koran als wichtigste Glaubens- und Pflichtenlehre betrachten, sowie auf die von vier anerkannten Rechtsfakultäten gefassten Beschlüsse. Die Schiiten, Anhänger der Schia, die wiederum in mehrere Sekten aufgespalten sind, verehren den Kalifen Ali, den Schwiegersohn des Propheten sowie die Nachkommen seiner Tochter Fatima. Im Islam gibt es außerdem die mystische Richtung der Sufi-Bruderschaften, die nach dem inneren Zusammenhalt des Islam streben.

Glaubensgrundlagen

»Sprecht: ›Wir glauben an Gott und was uns und Abraham, Ismael, Isaak, Jakob und den Stämmen Israels offenbart wurde sowie an das, was Mose und Jesus und was die Propheten von ihrem Herrn erhielten. Wir machen zwischen ihnen allen keinen Unterschied, wo wir uns doch zu Gott hinwenden!‹ (Koran 2,136)

Gott (arabisch *Allah*) ist der Schöpfer aller Wesen und Dinge und allmächtig. Am Jüngsten Tag richtet er die Menschen. Er verkündete im Lauf der Geschichte durch Gesandte und Propheten, deren letzter Mohammed war, seine Botschaft. Auf dem Weg, der zu Gott führt – die Wahrheit –, sind die Offenbarung und der Glaube das Licht und die Orientierung.

Gebote

Das muslimische Leben richtet sich nach den Geboten des Koran und dem Vorbild des Propheten. »Gott befiehlt zu tun, was recht und billig ist, gut zu handeln und den Verwandten zu geben, was ihnen zusteht. Und er verbietet, zu tun, was abscheulich oder verwerflich ist, und gewaltsam zu sein. Er ermahnt euch damit« (Koran 16,90). Gläubige Muslime sollen Gott huldigen, als ob sie ihn sähen, denn nach dem Wort des Propheten sieht Gott sie ganz bestimmt.

Gottgefälliges Verhalten bedeutet die unablässige Ausübung von Gerechtigkeit, denn sie ist die praktische Aus-
strahlung des Glaubens. Maßhalten, Wohltätigkeit und Freigebigkeit sollen die persönlichen und sozialen Beziehungen
eines Muslims charakterisieren.

Verhältnis zu anderen Religionen

Den »Schriftbesitzern«, wie Juden und Christen im Koran genannt werden, wird ein besonderer Respekt entgegenge-
bracht, obwohl die Muslime glauben, dass es in den früheren
Offenbarungen Verfälschungen gab, die der Koran berich-
tigte. »Ruf (die Menschen) mit Weisheit und einer guten Er-
mahnung auf den Weg deines Herrn und streite mit ihnen
auf eine möglichst gute Art! Der Herr weiß sehr wohl, wer
von seinem Weg abirrt, und wer rechtgeleitet ist« (Koran
16,125).

Gebete und Praktiken

Fünfmal täglich wird das Gebet – *Salat* – gesprochen. Die Gebete bestimmen die Zeiteinteilung des Lebens eines Gläubigen und bringen ihn in direkte Beziehung zu seinem Schöpfer. Das Beten in der Moschee ist ein wichtiger Bestandteil
des Gemeinschaftslebens.

Das vorgeschriebene Almosen – *Sakat* – in Höhe von 2,5%
des Besitzes hat die Funktion einer Läuterung und gilt als Beitrag zur sozialen Gerechtigkeit.

Das Fasten im Monat Ramadan beinhaltet den Verzicht auf
Nahrung und Getränke sowie sexuelle Handlungen von Sonnenaufgang bis Sonnenuntergang. Es ist sowohl eine persönliche Huldigung Gottes als auch ein Zeichen der Solidarität
mit den Ärmsten der Armen.

Die Pilgerfahrt nach Mekka – *Hadj* – sollte, wenn möglich, mindestens einmal im Leben unternommen werden. Der Gläubige nimmt dadurch an der Versammlung der Muslime am symbolischen Ort der Einheit der Gläubigen teil.

Ernährung

Alles ist erlaubt außer Schweinefleisch und Alkohol sowie jede andere Form von Drogen. Zum Verzehr bestimmten Tieren wird traditionell die Halsschlagader durchgeschnitten, wobei man Allah anruft.

Von der Geburt bis zum Tod

Die Geburt ist ein Segen. Die Jungen werden in der Kindheit beschnitten; ab dem Ereichen der Pubertät müssen Jungen und Mädchen den Islam praktizieren. Muslime leben normalerweise in einer Ehe und rufen bei jeder Tat den Namen und die Barmherzigkeit Gottes an. Zur Stunde des Todes rezitiert der Gläubige selbst oder ein naher Angehöriger das Glaubensbekenntnis.

Wichtige Feiertage

Der Freitag ist dem Gebet gewidmet, und in der Moschee wird gepredigt.

Aid al-Fitr. Das Fest des Fastenbrechens am Ende des Ramadan ist ein Anlass zum Teilen und zur Freude.

Aid al-Adha: Opferfest am letzten Tag der Pilgerfahrt. Meist opfern die Muslime ein Schaf im Gedenken an das Opfer Abrahams.

Weitere wichtige religiöse Feste sind:

Achura: Die Schiiten erinnern damit an das Martyrium Husseins, des Enkels des Propheten.

Mulid: Volkstümliches Fest zur Feier der Geburt des Propheten.

Miraj: Erinnerung an die nächtliche Reise des Propheten und seine Himmelfahrt.

Das Judentum

Gründer

Die drei Patriarchen Abraham, Isaak und Jakob gelten als die Väter des Volkes Israel. Dreizehn Jahrhunderte vor der christlichen Zeitrechnung erhielt Moses auf dem Berg Sinai die Thora (die ersten fünf Bücher der Bibel), nachdem dem gesamten Volk Israel die Zehn Gebote offenbart worden waren.

Schriften

Die Thora ist die heilige Schrift der Juden. Die Thora sowie die übrigen Bücher des Alten Testaments (Geschichtsbücher, Lehrweisheiten und Psalmen, Bücher der Propheten) stellen die schriftliche Überlieferung dar. Zu den heiligen Schriften zählt außerdem der Talmud, der aus der Mischna und deren rabbinischen Kommentaren besteht, die beide in einem langen Prozess mündlicher Traditionsbildung entstanden. Die praktische Anwendung wird durch die Gesetzbücher (Schulhan Aruch), die rabbinischen Kommentare (etwa von Raschi Schlomo Jizchak), theologische und mystische Strömungen (Kabbala) und pietistische Bewegungen (Chassidismus) bestimmt.

Glaubensrichtungen

Als Konsequenz ihrer Zerstreuung in der Diaspora unterscheidet man zwischen aschkenasischen – aus Ost- und Westeuropa stammenden – sowie sefardischen – aus dem Mittelmeerraum stammenden – Juden. Das religiöse Leben der heutigen Juden ist von der Vielfalt der Auffassungen innerhalb zweier Hauptströmungen geprägt. Die eine (orthodox und traditionalistisch) fühlt sich zum Respekt gegenüber der Gesamtheit der Gebote der schriftlichen und mündlichen Überlieferung verpflichtet. Die zweite Strömung (liberales, konservatives und Reformjudentum) betrachtet die überlieferten Texte zwar weiterhin als grundlegend und unumgänglich, doch mehr oder weniger interpretierbar.

Glaubensgrundlagen

Gott ist Einer und einzig, er hat das gesamte Universum geschaffen. Er schuf den Menschen nach seinem »Abbild«, stattete ihn mit einem freien Willen aus und übertrug ihm die Aufgabe, die Schöpfung zu vervollkommnen. Durch das Geschenk der Thora geht Gott einen Bund mit seinem Volk ein. Die Geschichte hat einen Sinn, und der Mensch kann sie durch sein Handeln zu ihrem Ziel führen: dem messianischen Zeitalter, frei von Gewalt und Auseinandersetzungen, in dem Gerechtigkeit für alle herrschen wird (s. die dreizehn Glaubensartikel des Maimonides).

Gebote

Das jüdische Leben ist geprägt vom Festhalten an einem Volk, einem Land und einem Gesetz, der Thora und ihren 613 Geboten – *Mitzwot* – nach dem ausdrücklichen Befehl: »Achte und höre auf alle diese Worte, auf die ich dich verpflichte ...« (Deuteronomium 12,28). Dazu gehören auch die Gebote: »Darum sollst du den Herrn, deinen Gott, lieben mit ganzem Herzen, mit ganzer Seele und mit ganzer Kraft« (Deuteronomium 6,5), und: »Du sollst deinen Nächsten lieben wie dich selbst« (Levitikus 19,18), welches auch für den Fremden gilt (Levitikus 19,34).

Verhältnis zu anderen Religionen

Im Judentum, das keine Form der Bekehrung betreibt, ist man der Auffasung, für andere Völker würden nur die sieben Gebote Noahs gelten. Abgesehen von der Ablehnung jeglicher Kompromissbereitschaft auf der Glaubensebene stehen heute zahlreiche Juden einer interreligiösen Zusammenarbeit auf moralischem und sozialem Gebiet offen gegenüber.

Gebete und Praktiken

Der Tag wird von den Abend-, Morgen- und Nachmittagsgebeten bestimmt, deren Texte aus der Thora, den Psalmen, dem Talmud und jüngeren Schriften stammen. Das öffentliche Gebet, bei dem mindestens zehn Männer anwesend sein müssen, findet in der Synagoge statt. Zahlreiche liturgische Handlungen werden zu Hause verrichtet.

Grundsätzlich sollten die Männer eine Kopfbedeckung – *Kippa* – und während der Morgenandacht einen Gebetsschal – *Tallit* – sowie Gebetsriemen – *Tefillin* – tragen. In liberalen Synagogen nehmen die Frauen gleichberechtigt am Gottesdienst teil.

Ernährung

Nach dem jüdischen Religionsgesetz darf nur koschere Nahrung verzehrt werden. Koscher sind die vorderen Partien wiederkäuender Paarhufer sowie Geflügel. Fische müssen Flossen und Schuppen aufweisen. Die Tiere dürfen nur nach ritueller Schlachtung und ordentlich ausgeblutet verwendet werden. Da Fleisch und Milchspeisen auseinander gehalten werden müssen, besitzen fromme Juden zweierlei Geschirr.

Von der Geburt bis zum Tod

Jungen werden am achten Tag nach ihrer Geburt beschnitten. Knaben erlangen mit dreizehn Jahren religiöse Volljährigkeit, Mädchen mit zwölf. Der Jugendliche liest in der Thora und bekräftigt dadurch seinen Glauben an die Offenbarung.

Die religiöse Ehe stellt kein Sakrament dar, sondern das Paar bekräftigt vor Zeugen seinen Wunsch, einen gemeinsamen Hausstand zu gründen.

Die Bestattung ist ein eher nüchterner Akt, dem eine Trauerzeit folgt.

Wichtige Feiertage

Der *Sabbat*, der siebte Tag der Woche, ist ein Ruhetag, der dem Studium und der Meditation gewidmet ist. Der Verzicht auf jegliche Aktivität erinnert an das Ausruhen des Herrn nach der Schöpfung und an den Auszug aus Ägypten.

Pilgerfeste

Pessach (Passah): Erinnerung an den Auszug aus Ägypten und die Befreiung aus der Sklaverei.

Schawuot (Wochenfest): Gedenken an das Geschenk der Thora im Sinai.

Sukkot (Laubhüttenfest): Erinnerung an die vierzig Jahre, die das Volk Israel durch die Wüste zog.

Hohe Feiertage

Rosch Ha-Schana (Neujahr): Jahrestag der Schöpfung und Tag des Jüngsten Gerichts; der Mensch zieht die Bilanz seiner Taten während des vergangenen Jahres. Er ist bestrebt, seine Fehler wieder gutzumachen, und bittet die um Verzeihung, die er verletzt hat.

Jom Kippur (Versöhnungstag): Es wird 25 Stunden lang gefastet. In dieser Zeit bittet der Gläubige, versöhnt mit seinen Nächsten, um die Vergebung Gottes und den Eintrag seines Namens in das Buch des Lebens.

Das Christentum

Gründer

Jesus von Nazareth war jüdischer Herkunft und lebte zu Beginn der christlichen Zeitrechnung. Er predigte das Reich Gottes und heilte Kranke. Die Christen betrachten ihn als den Christus oder Messias, der am Kreuz gestorben und danach wieder auferstanden ist, um für immer in Gott zu leben.

Schriften

Die christliche Bibel enthält die jüdische Bibel (das Alte Testament), die Evangelien und die Schriften der Apostel (Neues Testament).

Glaubensrichtungen

Die Gemeinschaft der Christen ist heute aus historischen und theologischen Gründen in drei Hauptfamilien aufgespalten: Zahlenmäßig am bedeutendsten ist die römisch-katholische Kirche unter der Führung des Papstes und der Bischöfe. Die Gemeinschaft der orthodoxen Kirchen legt sehr viel Wert auf Tradition, während die unterschiedlichen Kirchen, die aus der Reformation im 16. Jahrhundert hervorgegangen sind, besonders die Bedeutung der Bibel in den Vordergrund stellen.

Glaubensgrundlagen

Der einzige Gott, Schöpfer aller Dinge, ist ein Gott der Liebe, der durch die Propheten Israels gesprochen und sich in der Person Jesu Christi offenbart hat, dem Mensch gewordenen Wort Gottes, der auf die Welt gekommen ist, um die Menschen von Übel und Knechtschaft zu erlösen. Der dreieinige Gott spricht durch seinen lebendigen Geist zu den Gläubigen. Das Heil, sowohl auf Erden als auch nach dem Tod, ist eine Gnade Gottes, für die die Gläubigen mit ihrem Glauben, dem Gebet und dem Einsatz ihrer ganzen Existenz danken.

Gebote

Das christliche Leben wird bestimmt vom zweifachen Gebot der Liebe zu Gott und zum Nächsten; es basiert auf den Zehn Geboten (Dekalog), die Gott auf dem Sinai erließ (Exodus 20) und strebt nach dem Ideal der Bergpredigt (Matthäus 5,7): Vergebung der Sünden, Bemühen um Wahrheit, Ausüben von Gerechtigkeit, Dienst am Nächsten (d. h. an jedem menschlichen Wesen).

Verhältnis zu anderen Religionen

Nachdem die Anhänger anderer Religionen lange Zeit abgelehnt wurden nach dem Motto: »Außerhalb der Kirche gibt es kein Heil«, führt heute eine neue Öffnung dazu, dass die Christen die religiöse Freiheit und die spirituelle Bedeutung anderer Religionen anerkennen, jedoch ohne religiöse Vermischungen zu akzeptieren.

Gebete und Praktiken

Das wichtigste christliche Gebet ist das »Vaterunser«. Die Gläubigen versammeln sich am Sonntag, um Gott zu loben und zu preisen, um die Lesung und Predigt seines Wortes zu hören sowie das Brot und den Wein des Abendmahls zu teilen. Auch während der Woche finden Gottesdienste statt.

Die Frömmigkeit der Gläubigen kann sich im persönlichen Gebet – entweder frei oder nach vorgegebenem Text –, in der Lektüre der Bibel, dem privaten Bekenntnis, Ikonen, Pilgerfahrten oder der Marienverehrung ausdrücken.

Jede Kirche hat ihren mehr oder weniger streng hierarchisch gegliederten Klerus. In vielen Kirchen gibt es Priester, Mönche oder Nonnen, die Gelübde des Gehorsams, der Armut und der Keuschheit ablegen. Allgemein ist man sich heute darüber einig, dass die Mitarbeit von Laien überaus wichtig ist.

Ernährung

Nach einer Debatte, die im Neuen Testament wiedergegeben wird, kennen die Christen zwar keine Speiseverbote, jedoch Empfehlungen zu Mäßigung und Abstinenz, welche besonders im Orient und in den Klöstern beachtet werden.

Von der Geburt bis zum Tod

Durch die Taufe wird ein Mensch, meistens als Kind, in die christliche Gemeinschaft aufgenommen. Später folgen Religionsunterricht und Konfirmation. Das christliche Leben ist zudem geprägt von Riten, »Sakramente« genannt, darunter die kirchliche Trauung, die Vergebung der Sünden, die Salbung der Kranken und die Priesterweihe beziehungsweise die Ordination von Pastoren oder Geistlichen. Im Trauergottesdienst wird der Verstorbene in Gottes Hände gelegt.

Wichtige Feiertage

Im christlichen Kalender werden (außer in den reformierten Kirchen) jeden Tag ein oder mehrere Heilige gefeiert; am Sonntag wird der Auferstehung Jesu gedacht. Das liturgische Jahr beginnt mit dem Advent, der die Geburt Jesu an *Weihnachten* verkündet. Nach der vierzigtägigen Fastenzeit, die der Vorbereitung dient, erinnert die Karwoche an den Einzug Jesu in Jerusalem am *Palmsonntag* an das letzte Mahl Jesu an *Gründonnerstag*, seine Kreuzigung an *Karfreitag* und seine Auferstehung an *Ostern*. Auch *Christi Himmelfahrt* sowie das Geschenk des Heiligen Geistes an die Apostel an *Pfingsten* werden gefeiert. Die katholischen und orthodoxen Christen begehen außerdem gemeinsam *Mariä Himmelfahrt* und das Fest der *Unbefleckten Empfängnis* Marias; die Katholiken feiern unter anderem noch mit *Fronleichnam* die Verehrung der Eucharistie und begehen *Allerheiligen* sowie den *Totensonntag*.

Bibliographie

Bachhofer, Joss [Hrsg.]: *Verrückte Weisheit. Leben und Lehre Milarepas.* Haldenwang: Edition Schangrila, 1986

Becke, Andreas: *Hinduismus zur Einführung.* Hamburg: Junius, 1996

Die Bibel: Altes und Neues Testament (Einheitsübersetzung). Freiburg im Breisgau [u. a.]: Herder, 1980

'Bstan-'jin-rgya-msho (Tenzin Gyatso, S. H., der 14. Dalai-Lama): *Das Auge der Weisheit. Grundzüge der buddhistischen Lehre für den westlichen Leser.* Bern [u. a.]: Barth, 1975

'Bstan-'jin-rgya-msho (Tenzin Gyatso, S. H., der 14. Dalai-Lama): *Logik der Liebe. Aus den Lehren des Tibetischen Buddhismus für den Westen.* München: Goldmann, 1989

'Bstan-'jin-rgya-msho (Tenzin Gyatso, S. H., der 14. Dalai-Lama): *Das Auge einer neuen Achtsamkeit. Traditionen und Wege des Tibetischen Buddhismus – eine Einführung aus östlicher Sicht.* München: Goldmann, 1987

Cohen, Claude: *Der Islam 1: vom Ursprung bis zu den Anfängen des Osmanenreichs.* Frankfurt, a. M.: Fischer Taschenbuch Verlag, 1991 (Fischer Weltgeschichte, Bd. 14)

Der babylonische Talmud. Übertr. u. erläutert von Jako Frommer. Wiesbaden: Fourier, 1998 (5. Aufl.)

Dschelaladdin Rumi, Maulana: *Aus dem Diwan* / aus d. Arab. übers. u. eingel. von Annemarie Schimmel. Stuttgart: Reclam, 1964 (UNESCO-Sammlung repräsentativer Werke, asiatische Reihe)

Dschelaladdin Rumi, Maulana: *Die Flucht nach Hindustan und andere Geschichten aus dem Mathnawi*. Amsterdam: Castrum-Peregrini-Presse, 1989

Dschelaladdin Rumi, Maulana: *Licht und Reigen. Gedichte aus dem Diwan des größten mystischen Dichters persischer Zunge* / ausgew., übertr. u. eingel. von Johann C. Bürgel. Bern [u. a.]: Lang, 1974 (UNESCO-Sammlung repräsentativer Werke, Reihe Meisterwerke Persischer Literatur Nr. 26)

Dschelaladdin Rumi, Maulana: *Mesnevi* oder *Doppelverse des Scheich Mewlana Dscheleal ed din Rumi* / aus d. Pers. übertr. von Georg Rosen. München: Müller, 1913 (Meisterwerke der orientalischen Literaturen; Bd. 1)

Eliade, Mircea; Culianu, Ioan P.: *Handbuch der Religionen*. Frankfurt: Suhrkamp, 1995 (Suhrkamp Taschenbuch 2386)

Eliade, Mircea: *Das Heilige und das Profane. Vom Wesen des Religiösen*. Frankfurt: Suhrkamp, 1990 (Suhrkamp Taschenbuch 1751)

Gami, Nur-ad-Din Abd-ar-Rahman Ibn-Ahmad (= Djami von Herat): *Medschnun und Leila*. Stuttgart: Lotta, 1890

Gami, Nur-ad-Din Abd-ar-Rahman Ibn-Ahmad (= Djami von Herat): *Liebe, Wein und Mancherlei. Persische Lieder*. Leipzig: Brockhaus, 1855

Gautama Buddha: *Die vier edlen Wahrheiten. Texte des ursprünglichen Buddhismus*. Hrsg., aus d. Pali übers. u. mit einer Einleitung, Anmerkungen und einem Glossar versehen von Klaus Mylius. München: Deutscher Taschenbuch-Verlag, 1985

Klimkeit, Hans-Joachim: *Der Buddha. Leben und Lehre.* Stuttgart [u. a.]: Kohlhammer, 1990 (Urban-Taschenbücher. Bd. 438) UB 11A 7391

Klostermaier, Klaus: *Hinduismus.* Köln: Bachem, 1965

Lexikon des Buddhismus. München [u. a.]: Barth, 1992

Lexikon der islamischen Welt. Stuttgart [u. a.]: Kohlhammer, 1974

Lexikon des Zen. München [u. a.]: Barth, 1992

Lieder des Rigveda. Übers. von Alfred Hildebrandt. Göttingen [u. a.]: Vandenhoeck & Ruprecht, 1913 (Quellen der Religionsgeschichte; Bd. 5, Gruppe 7)

Maier, Johann; Schäfer, Peter: *Kleines Lexikon des Judentums.* Stuttgart: Verlag katholisches Bibelwerk, 1987²

Messadié, Gerald: *Die Geschichte Gottes. Über den Ursprung der Religionen.* Berlin: Propyläen, 1998

Muhammad: *Der Koran.* Übers. von Rudi Paret. Stuttgart [u. a.]: Kohlhammer, 1966

Nagel, Tilman: *Der Koran. Einführung – Texte – Erläuterungen.* München: Beck, 1983

Neumann, Karl E. (Hrsg. u. Übers.): *Die Reden Gotama Buddhas. Längere Sammlung (4 Bd.) u. Mittlere Sammlung (3 Bd.).* München: Piper (Erscheinungsdaten der Bände: ab 1921)

Nietzsche, Friedrich: *Also sprach Zarathustra. Ein Buch für alle und keinen.* Stuttgart: Kröner, 1939 (Kröner's Taschenausgabe Bd. 75) UB P 4 1282/1

Nietzsche, Friedrich: *Die fröhliche Wissenschaft.* Leipzig: Kröner, 1930 (Kröner Taschenausgabe. Bd. 74) UB P 4 1291

Nyanatiloka (Übers. u. Hrsg.): *Die Fragen des Milindo. Ein historischer Roman enthaltend die Zwiegespräche zwischen einem Griechenkönige und einem buddhistischen Mönche über die wichtigsten Punkte der buddhistischen Lehre.* Aus d. Pali von Nyanatiloka. Bd. 1: Leipzig: Altmann 1919. Bd. 2: München-Neubiberg, 1924 UB S 6 1740

Die Reden des Buddha aus dem »Angúttara-Nikaya«. Bd. 1 u. 4. Aus d. Pali von Nyanatiloka. München-Neubiberg: Schloß [beide Bde. circa 1918] UB RG 7035

Rinpoche, Kalu: *Den Pfad des Buddha gehen. Eine Einführung in die meditative Praxis des tibetischen Buddhismus, von den vorbereitenden Übungen bis zur höchsten Stufe der Meditation.* München: Barth, 1991

Shankara: *Das Kleinod der Unterscheidung und die Erkenntnis der Wahrheit.* Bern [u. a.]: Barth, 1981

Shantideva. *Eintritt in das Leben zur Erleuchtung (Bodhicaryavatara).* Düsseldorf [u. a.]: Diederichs, 1981 (Diederichs Gelbe Reihe; 34)

Schimmel, Annemarie: *Der Islam. Eine Einführung.* Stuttgart, Reclam, 1990

Der Talmud. Ausgew., übers. u. erklärt von Reinhold Mayer. München: Goldmann, 1980

Upanishaden: Die Geheimlehre der Inder. München. Diederichs, 1990

Wie bereits im Vorwort dieses Berichtes bemerkt, würde der König sich freuen, Ihre Meinung zu erfahren. Folgende Fragen interessieren ihn ganz besonders:

- Fanden Sie die Reden der Konkurrenten wirklich repräsentativ für die Religionen beziehungsweise die Weltanschauungen, die in ihnen vorgestellt wurden?
- Wenn Sie ein Mitglied der Jury gewesen wären, wie hätte dann Ihr Beschluß gelautet?
- Was halten Sie von der Entscheidung des Königs?

Schicken Sie Ihre möglichst in englischer oder französischer Sprache verfassten Antworten und eventuellen Kommentare (bitte nicht länger als eine DIN A 4-Seite) an folgende Adresse:

M. Shafique Keshavjee
Editions du Seuil
27, rue Jacob
75261 Paris cedex 06

Der Weise und der Narr haben mich gebeten, Ihnen ihre besten Grüße zu übermitteln und Ihnen zu sagen, dass sie sich schon auf Post von Ihnen freuen.

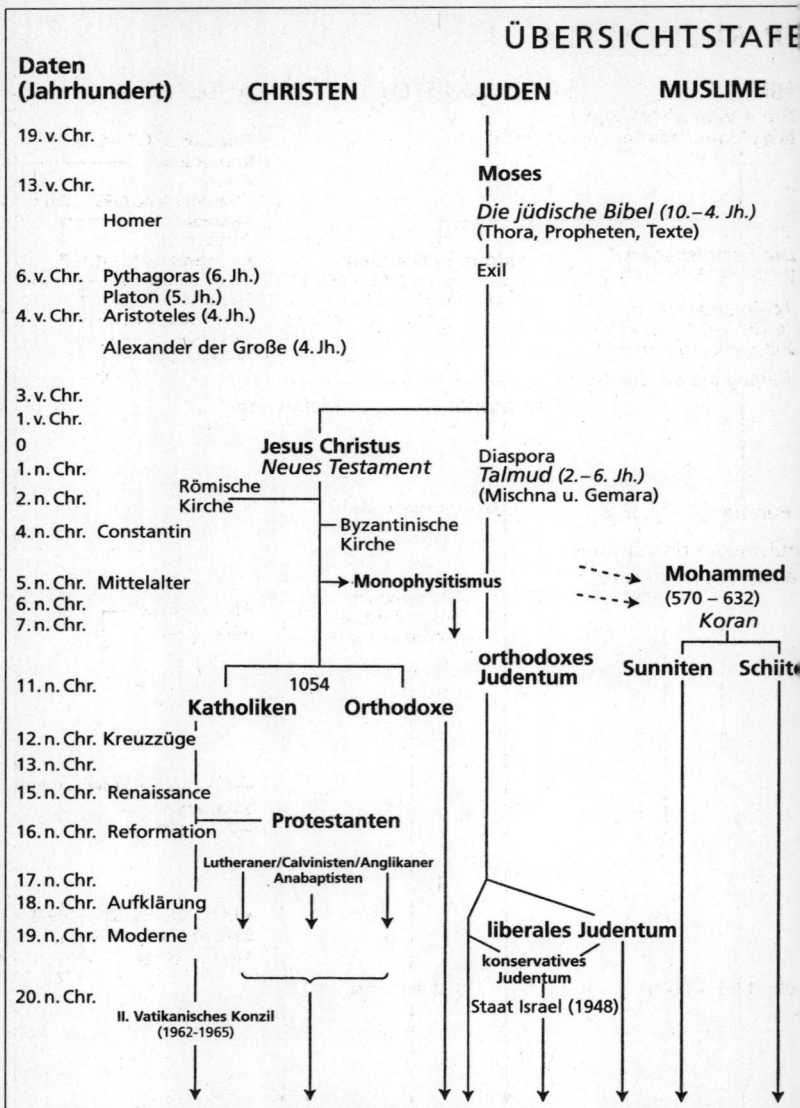

ÜBERSICHTSTAFE

Daten (Jahrhundert)	CHRISTEN	JUDEN	MUSLIME

Daten (Jahrhundert) CHRISTEN   JUDEN   MUSLIME

19. v. Chr.

13. v. Chr.   **Moses**

Homer   *Die jüdische Bibel (10.–4. Jh.)*
(Thora, Propheten, Texte)

6. v. Chr. Pythagoras (6. Jh.)   Exil
Platon (5. Jh.)
4. v. Chr. Aristoteles (4. Jh.)

Alexander der Große (4. Jh.)

3. v. Chr.
1. v. Chr.
0
1. n. Chr.   **Jesus Christus**
Neues Testament   Diaspora
2. n. Chr. Römische   *Talmud (2.–6. Jh.)*
Kirche   (Mischna u. Gemara)
4. n. Chr. Constantin   — Byzantinische
Kirche

5. n. Chr. Mittelalter   → **Monophysitismus**   ----→ **Mohammed**
6. n. Chr.   ----→ (570 – 632)
7. n. Chr.   *Koran*

11. n. Chr.   **orthodoxes Judentum**   **Sunniten** **Schiite**
1054
Katholiken **Orthodoxe**

12. n. Chr. Kreuzzüge
13. n. Chr.
15. n. Chr. Renaissance
16. n. Chr. Reformation — **Protestanten**

Lutheraner/Calvinisten/Anglikaner
Anabaptisten
17. n. Chr.
18. n. Chr. Aufklärung
19. n. Chr. Moderne   **liberales Judentum**

konservatives
Judentum
20. n. Chr.   Staat Israel (1948)

II. Vatikanisches Konzil
(1962-1965)

HINDUS   **BUDDHISTEN**   **ANDERE**

Die 4 Veden (19.–7. Jh.)
(Rig-, Sama-, Jadschur-, Atharvaveda)

Zarathustra (17.–6. Jh.?)
Mazdaismus ———
Avesta
• Vardhamana (599–526) ↓
Jainismus ———
Triratna

Die Upanishaden   Siddharta Gautama   • Konfuzius (551–479) ↓
(6. Jh. v.–13. Jh. n. Chr.)   oder Buddha (558 – 468?)   **Konfuzianismus** ———
   Tripitaka (6. – 1. Jh.)   *I-Ging-*
Mahabharata   (Logias, Vinaya, Abhidharma)   • Lao-Tse (6. Jh.)
(4. Jh. v.–4. Jh. n. Chr.)   **Taoismus**
mit der Bhagavadgita   *Tao-te king*

Ramayana (ab 3. v. Chr.?)

   Theravada   **Mahayana**

Puranas (3. – 10. Jh.?)

   Reines-Land-Schule

nuismus (Krishnaismus)   Zen-Buddhismus
aismus | Shaktiismus
   ◄ - - - Tantrismus - - - ► **tantrischer**
   Buddhismus   • **Shintoismus** ———
   (Tibetischer B.)   *Kojiki (712)*

   • Guru Nanak (1469–1538)
   Sikhismus ———
   Adi Granth

   • Baha Ullah (1817–1892)
   Bahaismus ———
   Kitab-i Akdas

dhi (1869 – 1941)   14. Dalai Lama